温金海 著

谁来撑起明天的中国

人才问题热点透视

中国社会科学出版社

图书在版编目（CIP）数据

谁来撑起明天的中国：人才问题热点透视/温金海著．
北京：中国社会科学出版社，2007.1
ISBN 7-5004-5874-6

I. 谁…　II. 温…　III. 人才研究—中国　IV. C964.2

中国版本图书馆 CIP 数据核字（2006）第 129110 号

出版策划　　任　明
责任编辑　　孔继萍
责任校对　　安　然
封面设计　　弓禾碧
技术编辑　　王炳图

出版发行　中国社会科学出版社
社　　址　北京鼓楼西大街甲 158 号　　　　　邮　编　100720
电　　话　010 - 84029450（邮购）
网　　址　http://www.csspw.cn
经　　销　新华书店
印　　刷　北京奥隆印刷厂　　　　　　　　　装　订　三河鑫鑫装订厂
版　　次　2007 年 1 月第 1 版　　　　　　　印　次　2007 年 1 月第 1 次印刷
开　　本　710×980　1/16
印　　张　19.5　　　　　　　　　　　　　　插　页　2
字　　数　320 千字
定　　价　28.00 元

目　录

中国高校打响人才反击战

人才流失成高校隐忧

2005 年 3 月，在全国"两会"上，兰州大学校长李发伸忧心忡忡地说，在过去 10 年，兰州大学流失的高水平人才，可以再办一所同样水平的大学。在西部地区，兰州大学无论是教学质量还是师资队伍水平都是一流的，但近年来人才流失却使这所大学遇到了前所未有的挑战。

兰州大学的例子并不是一个孤立的个案，近年来我国高校的人才流失，已经成为一种普遍现象。

中西部地区是人才流失的重灾区。据统计，山西全省高校"九五"期间硕士研究生以上的人才流失达 1500 多人，这些流失的人才相当于两所现代化大学的师资。山西师大是山西省属五所老校之一，也是山西办学历史较早的本科学校，由于受各种因素的影响，该校具有硕士学位以上学历或副高以上职称的高层次人才，近年来流失 120 多名，其中在职流失的 71 人，外出学习毕业后未归者 51 人。在流失的人才中，具有副高以上专业技术职称的 35 人、博士学位的 35 人、硕士学位的 55 人。从年龄结构来看，流失时年龄在 35 周岁以下的 72 人，35 岁以上至 45 岁的 34 人，45 岁以上至 60 岁的 10 人。这些流失人才中，从事外语、计算机、数学、物理、化学以及文史哲各方面的都有。地处太原市的华北工学院，在"九五"期间，人才流失也达 160 人之多，山西省近 20 所高校，20 世纪 90 年代以来约有 1400 名教师调离原校，其中青年教师占调出总数的 70%。在调出教师中有博士和硕士学位的比例也在逐年增长，1991 年为 7.3%，1996 年为 50.6%，已逾半数。这些人才的流向除少数去了国外，主要是流向东南部发达省、市，还有部分往中西部地区和省内流动。这些人才流失的原因，除少数属于工作需要、解决夫妇分居等，绝大多数与待遇和工作环境有直接的关系。

东南沿海等发达地区的企业、高校、科研单位，利用高工资和优厚的工作条件争夺中西部地区高校的优秀人才，是造成中西部地区高校优秀人才流失的重要原因。然而，东部沿海的形势也不容乐观。据华东交大的统计，该校调出和不辞而别（讲师及以上）人数2001年为11人，2002年增加到19人，虽然这个数字低于学校引进人才的数字，但流失人员逐年递增的状况着实让学校头痛。一些高校为了防止人才流失，与教师签订协议。但一些教师并不在乎这些协议，宁愿"花钱买自由"。华东交大处理的违约事件中，违约教师缴纳的违约金，最高金额不过8万，这个数字对于知名教授而言并不多，一些教授坦言："这点钱我们一年就可以赚回来！"据了解，在现实中，很多违约金并不需要跳槽者自己掏，有些挖人单位愿意为其支付这笔费用。这些状况使协议很难起到实质性的制约效果。

高校的人才流失，大体呈现这样一个格局：中西部地区向沿海地区流动，而沿海地区向外企或国外流动。

统计资料表明，我国教育系统每年公派出国留学的人员中，90%以上为中青年学者，而学成回国率不足40%。太原理工大学1990—1997年共调出157人，其中自费出国的50人，归国的仅有1人。山西大学1991—1998年间出国的中青年教师共85人，返校率仅为19%。即使回国的人员也有相当一部分流动到企事业单位，而不是回到学校。据2000年一份对深圳一些公司青年高级职员的问卷调查显示，在162名跳槽者中，原工作单位性质属高等院校的占44%。这一数字说明，教师流动到其他单位的比例相当高。

据统计，目前已有来自14个国家的400多家世界500强企业在我国建立研发机构，多家大型外资企业在京研发机构的投资已达10亿多元，这一数字相当于2002年北京市财政投入科技研发资金的总和。这些机构中，以朗讯麾下的贝尔实验室规模最大，拥有科研人员500多人，其中具有博士、硕士学位的达96%。微软中国研究院的60多名研究人员中，20

名有国外留学背景，40 名是中国著名学府的博士。IBM 公司中国研究中心的 60 多名研究人员全部具有博士或硕士学位。从现实情况看，这些外资研发机构已经成为外企争夺我国高层次人才的桥头堡，他们争夺的对象很大一部分就是高校的优秀人才。

除了人才流失，我国高校还存在着人才使用效率低、职称结构老化现象严重等问题。据报道，山西全省高校具有副高以上专业技术职称的教师中，35 岁以下的仅占 14%，56 岁以上的占 65%。由于中青年教师中副高以上人才比例偏低，导致一段时期内高校人才出现断层，发展后劲不足。另据有关部门对全国 100 名硕士学位以上的中青年教师开展的问卷调查，自认为能充分发挥作用的仅占 10%，基本发挥作用的占 21%，有相当余力未发挥作用的占 44%，不能发挥作用的占 25%。一方面人才短缺、人才外流，另一方面又人才闲置、人才浪费，这种现象不能不令人深思。

近些年，我国高校招生规模持续扩大，对优秀教师的需求也相应增多。但高校许多骨干人才却相继流失，与扩招形成鲜明反差。人们不禁要问：学生增多，优秀教师流失，高校的教育质量谁来保证？高校是我国培养人才最重要的基地，如果高校教师不断流失、教学质量下降，那么我国的人才队伍建设又将靠谁来支撑？

人才争夺最激烈的"战区"

清华大学老校长梅贻琦先生有句名言："大学者，非大楼之谓也，乃大师之谓也。"它强调了人才和教师对于高等学校的特殊意义。人才问题始终是高等学校改革与发展的核心问题和头等大事。哈佛大学前校长陆登庭教授也明确指出："在大学中，没有比发现和聘用高级教师更重要的问题，只有教师的绝对质量达到了国际水平，一个大学才能称得上是一个优秀大学。"

高等院校是国家科学技术创新的主要基地，国家创新体系的动力源和辐射源，也是推动我国经济发展和社会全面进步的重要力量。中国要想在日益激烈的国际竞争中取得一席之地，必须有若干所具有世界先进水平的一流大学，也必须有一批达到国际领先水平的学科和一大批高素质、高层次的创造性人才。

面对人才流失的悲凉现实，高校该怎么办？

答案只有一个：高校必须勇敢地应对这场旷日持久的人才争夺战！

2004年，华中师范大学制定了一项人才引进计划，明确对引进的两院院士可提供安家费150万元，岗位津贴一年30万元，同时提供300万元的科研激活经费，数额总计近500万元。花500万元争抢院士人才，在社会上引进了极大震动。华中师范大学的举措也向世人表明，高校已不再坐视人才流失，面对愈演愈烈的人才争夺，高校已经打响了人才反击战。

这场反击战一经打响，就注定激烈。目前人才争夺已成为社会的普遍现象，但毫无疑问高校是最激烈的"战区"之一。为了引进和稳住中高级人才，各大高校争相采取优惠措施。对引进的人才，开出的价码越来越高。许多部属院校对引进人才定下的学历底线为博士，给出的待遇为1万—10万元的安家费、二室一厅的住房及数万元的科研激活经费。武汉大学对引进"杰出人才"开出的条件是：安家费及住房补贴30万—40万元，年薪12万元以上，科研激活经费理工医科50万—500万元，文科10万—30万元。在解决人才的后顾之忧方面，有的高校分别为院士、博士、硕士建院士楼、博硕楼，筑巢引凤。除了承诺帮配偶安排工作、解决子女的求学问题外，一些高校甚至承诺，如配偶无法获得满意的工作岗位，校方可提供每月800—1500元的生活补贴。为了改善科研条件，各高校也不惜血本，武汉大学投入巨资改善实验室硬件设施，其中仅为引进的田波院士，就投资1000万元建实验室。华中科技大学为引进的海外学者徐涛教授投资400万元建立生命科学实验室。

从各地一浪高过一浪的引才政策，我们确实可以嗅到特殊战场的浓浓硝烟。

灵活优惠的政策，确实使高校吸引、凝聚了一批人才。湖北省人事厅2004年对武汉23所高校人才流动情况的一项调查显示：在不到5年的时间里，这23所高校共有5347人实现了人才流动，其中在落户进入这些高校的人才中，具有博士学位者达680名。

然而值得注意的是，高校的人才争夺，很大程度上是高校之间的人才争夺，而不是高校与其他单位之间的争夺，更不是中国高校与外国高校之间的争夺。我国高校发展很不平衡，实力千差万别。部属高校发展历史较长，本身有相应的资金积累，而教育部下拨的经费往往是地方院校的数倍乃至数十倍，仅每名本科生的国拨经费就比省属高校多了近一倍。这就使得高校无法处在同一起跑线上，人才竞争出现了"弱肉强食"的局面，实力强的院校纷纷到实力差的院校挖墙脚。高校的人才流动呈现了地方院校向部属高校流动，一般大学向重点院校流动的格局。尽管一些重点院校在喜滋滋地品尝着人才引进的成果，许多地方院校却面临着更加严重的人才流失。这种状况制约着高校人才总量的增长。

毫无疑问，高校的人才反击战，不应该仅仅是高校之间的争夺。面对国际人才争夺的严峻挑战，中国不应该沉默，应该在国际大循环中占据有利地形，争取更多的人才资源！

到国外引进高层次人才，这才是高校人才反击战的最高层次！

早在20世纪90年代中期，教育部就在思考着一个问题：如何采取一批超常规的政策和措施吸纳海内外学者精英，凝聚高素质、高层次的创造性人才？在高层的积极推动下，一个"科教兴国、人才为先；人才强国，教育为本"的理念应运而生，一个"高层次创造性人才计划"的构想逐步成熟，中国高校吹响了延揽海内外精英的号角。

从海外吸引精英人才，必须有强大的资金做后盾。在国力并不强大的情况下，光靠政府投资，显然有限。要解决这一实际难题，必须动员全社会的力量。

一向爱国重教的香港实业家李嘉诚先生早就有意捐款资助国家的教育大业。1998年8月，教育部与李嘉诚先生一拍即合，共同筹资设立"长江学者奖励计划"，使这一计划作为"高层次创造性人才计划"中的核心项目，率先启动。李嘉诚先生及其领导的长江基建（集团）有限公司第一期投入港币6000万元，教育部筹集相应配套资金，用于在高等学校实行特聘教授岗位制度。李嘉诚先生还另行捐赠港币1000万元，用于设立"长江学者成就奖"，一等奖奖励人民币100万元，二等奖奖励人民币50万元。

"长江学者奖励计划"包括实行特聘教授岗位制度、讲座教授岗位制度和长江学者成就奖两项内容。其宗旨是"延揽学界精英，造就学术大师，带动学科建设、赶超国际水平"。通过这一计划，吸引、遴选、培养高层次创造性人才，带动所在学科赶超或保持国际先进水平，并逐步造就一批真正具有国际领先水平的学术带头人和学术大师，提高我国高校在世界范围内的学术地位和竞争实力。

按照这一计划，我国高等院校将围绕国家重点科研领域、重点学科发展方向、重点科技创新平台或科研基地，设置"长江学者"特聘教授岗位，面向海内外公开招聘在国际学术界有一定影响，具有创新性构想和战略性思维，能带领本学科跟踪国际科学前沿并赶超国际先进水平的学科带头人，开展原创性、重大理论与实践问题研究和关键领域攻关，力争取得重大标志性成果。同时，聘请国外知名学者担任长江学者讲座教授，短期回国进行合作研究。

计划规定，每年聘任特聘教授和讲座教授各 100 名，聘期三年。教育部在聘期内给予特聘教授每年 10 万元的奖金，讲座教授每月 1.5 万元奖金，按实际工作月支付。长江学者特聘教授每年必须在受聘高等学校工作9 个月以上。高等学校必须为聘任的特聘教授配套必要的科研经费，其中自然科学特聘教授科研配套经费不低于 200 万元，人文社会科学特聘教授科研配套经费不低于 50 万元。

党中央、国务院对"长江学者奖励计划"给予高度重视。原中共中央政治局常委、国务院副总理李岚清同志曾先后四次出席"长江学者奖励计划"受聘仪式，接见代表并发表重要讲话。国务委员陈至立（时任教育部部长）1998 年亲自提议实施该计划，并定名"特聘教授"。

一项凝聚精英人才的计划

一石激起千重浪，"长江计划"一经实施，立刻在海内外激起强烈反响。一大批海外杰出的青年科学家在"长江计划"的吸引下，在爱国热情的驱使下，踊跃回国服务，参与我国高等学校建设。在首批 73 位特聘教授中，直接从海外回国应聘的有 17 位，其余绝大多数也都具有海外留学或工作的经历。

　　经过世界范围的公开招聘遴选，"长江学者奖励计划"有效地吸引、稳定了一批高层次人才到高校从事科研、教学工作，特别是吸引了一批学术上卓有建树的海外学者回国工作。在高等学校遴选推荐的基础上，经教育部组织同行专家评审，并经"长江学者奖励计划"专家评审委员会审定，目前共有 88 所高校聘任了 727 位"长江学者"，其中特聘教授 605 位，讲座教授 122 位。先后有 6 位优秀学者荣获"长江学者成就奖"。727 位"长江学者"中，714 位具有博士学位，占总数的 98%；94% 的"长江学者"具有在海外留学或工作的经历。上岗时平均年龄 42 岁，最小的 30 岁。中国籍 587 位，外国籍 140 位。特聘教授中，直接从海外应聘的 175 人，讲座教授全部为海外应聘。"长江学者"学科分布为：数学力学 90 位；物理学 54 位；化学 56 位；地学 34 位；生命科学 179 位；信息科学 63 位；工程技术科学 224；人文社会科学 27 位。

　　一批"长江学者"已经成长为领军人物。据初步统计，有 12 位"长江学者"分别于 1999—2003 年当选为中国科学院、中国工程院院士；有 31 位"长江学者"担任"973"计划首席科学家，占首席科学家总数的 19.6%。有 27 位"长江学者"担任了"十五"、"863"计划专家；有 33 位"长江学者"及其科研集体受到了国家自然科学基金委员会"创新研究群体科学基金"项目资助，占全部 95 个群体的 34.7%。有 6 位"长江学者"作为首席科学家承担了国家自然科学基金重大项目，占总数的 9.2%。有 34 位"长江学者"担任了国家重点实验室、国家工程技术研究中心主任职务，还有许多"长江学者"主持承担了大量"863"计划项目、国家科技攻关计划项目以及国家自然科学基金重大项目。

　　"长江学者奖励计划"的实施，激励和支持一批"长江学者"在聘任岗位上取得了一系列重大科研成果，极大地促进了高校科技创新和学科建设。据教育部统计，1999—2004 年，共有 67 项由"长江学者"主持或作为主要完成人参加的科研成果获得了国家自然科学奖、国家技术发明奖、国家科技进步奖，其中一等奖 3 项，二等奖 64 项。共有 18 位特聘教授的 21 项重大突破性科技成果入选"中国十大科技进展新闻"、"中国基础研究十大新闻"、"中国高校十大科技进展"。1999—2004 年，共有 9 位"长江学者"作为第一作者在 *Nature*、*Science* 上发表论文 16 篇，占高校总量的 2/3 左右。

"长江学者奖励计划"作为一种新的思想，推动中国的高等学校解放思想、转变观念，进一步深化用人制度、分配制度改革，这种示范作用和导向作用是始料未及的。通过"长江学者"特聘教授岗位制度的建立和实施，在高校引入并强化了按需设岗、公开招聘、竞争上岗、合同管理的意识，为高校全面实行人员能进能出、职务能上能下、待遇能高能低的用人机制改革起到了积极的示范作用。目前，绝大多数高校都已按照特聘教授岗位制度的思路进行了校内人事分配制度改革，按岗择优聘任、以岗定薪的观念逐渐深入人心，许多高校还拿出教授、副教授岗位面向海内外进行公开招聘，成效显著。该计划的实施还催生了人才强校思想的产生和一批高层次人才工程，在人才工作机制创新方面产生了积极的推动作用。继"长江学者奖励计划"之后，广东、福建、四川、湖南、湖北、河北、山东等省分别在省内高校实施了"珠江学者计划"、"闽江学者计划"、"天府学者计划"、"芙蓉学者计划"、"楚天学者计划"、"燕赵学者计划"、"泰山学者计划"等，北京、天津、黑龙江、吉林、河南、浙江等省市和许多高校也相继制定并实施了一系列高层次人才选拔和引进的办法，一个吸引、稳定、集聚高层次人才，最大限度地发挥他们的作用的制度环境正在高等学校逐渐形成。

中山大学校长黄达人感慨地说："长江学者奖励计划"给了高层次人才以荣誉，给了他们施展才华的平台，同时也保障了他们较好的生活条件。如果说，在十多年前的中国高校，这一点可能还是特例的话，那么在今天，由于这个计划的实施，这些特例已日益成为一种常态，中国大学中的人才工作也正是由于这种常态的形成，而进入了一个良性发展的轨道。

据了解，首批实施"985 工程"项目的 9 所重点大学直接从海外引进高层次人才数量，从 1998 年的 92 人增加到 2003 年的 251 人。清华大学聘请了美国工程院院士、普渡大学教授萨文迪担任该校工业工程系主任，浙江大学引进了柏林工大前副校长施泰恩米勒等一批国际上有影响的知名学者，组建了有影响的创新团队；南京大学成功实现了成团组引进海外高层次人才，哈尔滨工业大学通过"海外百名英才协作与引进工程"目前已聘任 72 位海外优秀学者加盟哈工大深圳研究生院工作。许多高校还设立专项人才基金用于人才的培养和引进，加大了对优秀人才在科研和学科建设方面的支持力度，为优秀人才营造良好的工作条件和生活条件。一些高校还在制度建设和机制创新上进行了积极的探索，比如北京大学、中山大学等高校推行的教师聘任制改革，南京大学、复旦大学建立的"学科特区"、"人才特区"，清华大学、北京航空航天大学、华中科技大学组建创新团队等等。经过各高校的共同努力，这几年高等学校人才队伍实现了跨越式发展。

人才反击战仍在继续

2004 年，教育部部长周济直接领导了高等学校"高层次创造性人才计划"的制定工作，该计划对"长江学者奖励计划"进行了继承和创新。

"高层次创造性人才计划"是一个宏大的人才规划，其目标在于构建定位明确、层次清晰、衔接紧密、促进优秀人才可持续发展的培养和支持体系；培养和汇聚一批具有国际领先水平的学科带头人、一大批具有创新能力和发展潜力的青年学术带头人和学术骨干，带动高等学校教师队伍整体素质的提升；积极探索以重点学科、创新平台、重点科研基地为依托，以学科带头人为核心，围绕重大项目凝聚学术队伍的人才组织模式，形成一批优秀创新团队，促进学科交叉融合和集成发展；支持优秀人才在关键领域取得重大标志性成果，提高高等学校的人才培养质量、创新能力和核心竞争力，为全面建设小康社会提供强大的人才支持和重要的知识贡献。

"高层次创造性人才计划"主要包括三个层次的人才培养与支持体系：

第一层次：着眼于吸引、遴选和造就一批具有国际领先水平的学科带头人，形成一批优秀创新团队，重点实施"长江学者和创新团队发展计划"。

第二层次：着眼于培养、支持一大批学术基础扎实、具有突出创新能力和发展潜力的优秀学术带头人，重点实施"新世纪优秀人才支持计划"。

　　第三层次：着眼于培养数以万计的青年骨干教师，带动教师队伍整体素质的提升，主要由高等学校组织实施"青年骨干教师培养计划"。

　　经过改革和完善，新一轮"长江学者奖励计划"认真落实中央关于哲学社会科学与自然科学同等重要的方针，将实施范围扩大到人文社会学科领域。增加了讲座教授招聘数量，努力吸引更多的海外著名学者短期回国进行合作研究，更加重视发挥高等学校在"长江学者"岗位设置、遴选聘任和提供科研配套条件等方面的作用，进一步增强"长江学者"岗位设置的针对性，强化"长江学者"招聘与国家创新平台、重点研究基地和创新团队建设相结合，积极探索"学科带头人＋创新团队"的人才组织新模式，努力实现设岗、选人与做事的有机统一，为优秀人才的发展提供更大的空间。

　　在2004年度"长江学者"特聘教授、讲座教授受聘仪式上，新产生了111位特聘教授、79位讲座教授。在新受聘的190位"长江学者"中，自然科学领域163人，人文社会科学领域27人；具有在海外留学或工作经历的181人；特聘教授中直接从海外应聘或近两年从国外全职回国工作的40人，79位讲座教授全部从海外应聘，绝大部分为国外知名大学教授或副教授，其中包括两名诺贝尔经济学奖获得者。

　　教育部副部长李卫红曾经说过一段话：从总体上来说，我国高校学科建设、学术水平与世界先进国家水平还有较大差距，对国民经济、社会发展和科技进步的知识贡献率还比较低，特别是高等学校高水平的学科带头人和领军人物匮乏，人才队伍的整体素质和创新能力还不能适应新的要求，这已经成为制约我国高等教育发展和建设一流大学、高水平大学的一个主要瓶颈。比如，我们的高等学校高层次人才数量不足、结构不够合理的矛盾还比较突出，高校中具有高学历教师的比例偏低，一些国民经济建设急需的学科和前沿性的基础研究学科人才短缺；促进高校高层次人才脱颖而出和充分发挥作用的机制不够完善，高校优秀拔尖人才的积极性和创造力尚未被充分调动和激发出来。当前，国际竞争日益转向人才竞争，尤其是高层次人才竞争。世界各国纷纷采取各种手段，在全世界范围内吸引优秀拔尖人才。国内各行各业都在落实人才强国战略，都在抢抓机遇、抢抓人才。在这样的情况下，我们必须从国际国内形势的新变化、高等教育面临的新任务出发，进一步解放思想，在观念创新、制度创新、机制创新方面下工夫；必须以超常规的热情，付出超常规的努力，采取超常规的举措来抓人才工作；必须创新工作思路，要分析形势，明确方向，突出重点，扬己所长，把我们的高校建设成为人才汇聚的战略高地。

所幸的是，教育部门正在做不懈的努力。

2005 年初，周济部长在第十四次部直属高校咨询会上指出，今后相当一个时期高校人才队伍建设的主要任务，一是要培养和汇聚一批帅才、将才，一批具有国际先进水平的学术大师和学科带头人。二是要培养和造就一大批具有创新能力和发展潜力的中青年学术带头人和学术骨干。三是要大力推进创新团队建设，培养和建设一批特别能战斗的创新团队和优秀群体。

2005 年 3 月，国务院已经批准转发了教育部制定的《2003—2007 教育振兴行动计划》，新的行动计划确立了今后一个时期我国教育工作的两大战略重点，一是加强农村教育，一是推进高水平大学和重点学科建设。

教育部对高等学校教师队伍建设提出了一个总体目标：到 2010 年，不同类型和层次的高校要结合自身的战略定位和发展需要，在保证教师总量需求的基础上，使教师队伍的整体素质和创新能力明显提高，满足经济社会和教育事业发展的要求。培养和汇聚一批具有国际领先水平的学科带头人、一大批具有创新能力和发展潜力的中青年学术带头人和学术骨干、数十万高素质的教师，形成一批优秀创新团队。到"十一五"末期高校教师队伍结构进一步优化，高学位人员比例明显提升，国家重点建设的大学具有博士学位的教师争取达到 60% 以上；职务结构基本合理，学缘结构进一步改善，中青年学术骨干基本具有校外学习、工作或国外留学、研究的经历；国家急需和优先发展学科的创新人才基本得到满足，西部地区高校学科带头人和学术骨干紧缺状况得到明显缓解。用两到三年时间要基本形成科学完善的教师培养、选用、评价、激励、约束等机制，在人才组织模式和教学科研运行机制方面有重大突破。

"海归"是否真的成了"海待"

"海归"待业的背后

"海归",回国留学人员的俗称。"海待",指的是留学人员回国后暂时找不到工作而待业。

一段时间以来,有关留学人员归国后身价贬值,甚至成为"海待"的报道接连出现,给人们一个错觉,似乎留学人员回国真的已"浪潮汹涌",留学人才已经出现过剩,国内已接纳不了那么多的留学人才。一些用人单位为此感到困惑:我们挖空心思都难以引进高素质留学人才,留学人才怎么就过剩了呢?一些原本打算回国的留学生心里也感到纳闷:既然回国也不好找工作,还是先在国外混一混吧。

"海归"是否真的成了"海待"?留学人员回国就业状况究竟如何?

2004年12月21日,人事部副部长王晓初在全国青联2004海外学人回国创业论坛上的讲话中,透露了这样一个数字:"从1978年到2003年底,我国共有70.02万人出国留学,分布在世界上100多个国家和地区,其中学成回国的17.28万人。"另据统计资料显示,近几年出国留学人数增长颇多,2002年为12.5万人,2003年为11.7万人,目前在外的留学人员尚有50多万人。相对每年十多万的出国留学人数而言,17.28万的回国人数并不为多。有关"留学人员回国潮"的说法,"海归贬值过剩"的说法,说到底不过是一种片面的炒作。

2004年末,在中国留学服务中心2004年年会上,该中心副主任邵巍进一步分析了留学人员回国状况。邵巍称,这几年留学回国人数出现了较大幅度增长,2003年达到2.1万多人。但无论从数量上看还是从规模上看,都远远谈不上"回国潮"。回国人员增多有一些具体原因,一方面,在激增的归国留学人员总量中，包括了进修人员、访问学者，他们在外学习时间一般为半年到一年，学习结束后即回原单位工作。另一方面，学成归国的多是硕士，博士很少。许多人大学毕业后出国，读完硕士就回来了，而许多国家攻读硕士学位所需时间很短，有的甚至只需一年，这就造成了短、平、快的归国留学人员数量增多，给人归国留学人才猛增的印象。从邵巍的分析可以看出，近年海归增多，实质上只是流动的速度在加快，去也匆匆，回也匆匆。

从回国人员的学历构成来看，情况也不容乐观。

中国留学服务中心安置派遣的留学人员数据显示，获得硕士学位后归国的留学人员数量，近年呈增多趋势：2001 年为 43.2%，2002 年为 47.1%，2003 年为 57.2%，2004 年为 64.1%。但获博士学位归国的留学人员，所占的比例则大幅度下降：2001 年为 35.7%，2002 年为 28.1%，2003 年为 18.6%，2004 年为 14.7%。在国内读完博士、出国进修或做博士后而又回国的人数也在下降：2001 年为 14.8%，2002 年为 13.4%，2003 年为 11.2%，2004 年为 10%。读完学士就回国的 2001 年为 6.4%，2002 年为 11.4%，2003 年为 13%，2004 年为 11.2%。

这一情况表明，归国留学生中低学历者占了多数，真正的高学历高层次留学人员，回国的并未增多，相反呈下降趋势。这种状况警醒我们，不应该仅仅看到回国留学生总量增加，就简单地认定"回国潮"已经到来，更不能说留学生在国内已经过剩、贬值。高层次人才流失海外，形势依然十分严峻！

中国留学服务中心的人士称，目前我国根本不存在"海待"现象，个别处于待业状况的，大都属于一般性人才。而且，之所以"待业"，也与他们的择业心态有很大关系，这些人只盯着大城市或沿海发达城市，面临较大的就业竞争压力是必然的，一时找不到合适的工作也很正常，不值得大惊小怪。

引才告别"形象工程"

为什么少数归国留学人员一时找不到合适的工作？这与各地用人观念

的变化有很大关系。

近一时期，各地吸引留学人员在做法上与前几年相比，已经迥然有异。前些年，各地更多地把吸引留学人员作为一项政治任务来抓，政府投入大量经费，免费乘机，免费吃住，盛情邀请留学人员回国参观考察。组织了多少留学人员考察团，成为地方官员的一项政绩；引进了多少留学人才，成为地方形象的一种标志。至于留学人员考察团对地方经济发展带来了什么实效，引进的留学人才是否为当地经济社会发展急需人才，则往往被忽略。

近一时期各地的做法已明显有变，花架子不搞了，政绩工程、形象工程也不搞了，一切都讲求实效。2004 年夏天，笔者在江苏省南通市采访时，南通人事局官员直截了当地说：我们现在以项目引才，只引进对经济发展有用的人才，不追求数量，更看中质量，看是否实用。

也正因为务实的考虑，各地引进留学人员时，量才录用，把关更加严格。烟台留学人员创业园是全国成立较早的创业园之一，经过近十年发展，园区规划正从追求企业数量向提升质量转变。为了适应这种转变，从 2003 年开始，园区为了提高孵化成功率；设立了专家答辩评审制度，对留学人员入园项目进行答辩论证。2004 年有 32 家企业申请入园，通过专家答辩评审，其中 10 家被挡在门外，最终进来了 22 家。当地有关人士称，引进留学人员不是充当摆设，而是为了让他们实现人生价值，为国家创造财富。政府所能做的就是搭建一个舞台，谁能表演节目就让谁上台，否则就该把位子让给更合适的人。

这种想法颇有代表性。这也是引进留学人才由单纯的行政行为向市场调节演变的一种标志。归国留学人员应当调整心态，适应市场环境。

人才供需信息不对称，也是造成个别归国留学人员找工作难的重要原因。由于各地招才引智更强调针对性，强调有的放矢，这就对人才市场的信息沟通提出了更高的要求。哪些单位需要人才，需要什么人才，有哪些留学人才愿意到这里工作，他们适合在什么岗位，这一切都必须进行信息对接。但目前与留学人员信息沟通并不十分通畅，缺少有效的中介服务，一些学有专长的留学人员找不到合适的"婆家"，而一些急需人才的用人单位却找不到中意的人才。这种因渠道不畅而造成的供需脱节，使得部分海归出现暂时性待业。

国家鼓励海外留学人才归国创业，但信息服务滞后却成了开展这项工作的软肋。为此一些人士呼吁，要吸引海归，信息服务必须跟上，要为海归回国创业架设有效的信息桥梁！

所幸的是，国家有关部门已经充分注意到这一问题，并且提出了新的工作思路。在全国青联2004海外学人回国创业论坛上，人事部副部长王晓初明确提出：要把留学人员回国工作的重点切实转到搞好服务上来，逐步建立健全无障碍、一站式、个性化、全方位的服务工作机制。逐步建立全国统一的留学人才信息系统和海外高级留学人才数据库，编制留学人员回国指南，为留学人员提供便捷、高效、畅通的信息服务渠道。

政府重视留学人才

留学人员是我国高层次人才队伍的重要组成部分，留学人员回国服务工作是实施人才强国战略的重要内容。我国一直非常重视留学人员工作。据了解，我国鼓励留学人员回国工作或以适当方式为祖国服务的措施，概括起来有以下几个方面：

一、努力营造良好的社会氛围。2003年中组部、中宣部、统战部、人事部、教育部、科技部等六部门联合召开了留学回国人员先进个人和先进工作单位表彰大会，表彰了311位留学回国人员先进个人和22个留学回国工作先进单位。胡锦涛、温家宝、贾庆林、曾庆红、李长春等十位党和国家领导人亲切接见了受表彰人员和单位代表，胡锦涛、曾庆红分别发表重要讲话，提出了"拓宽留学渠道，吸引人才回国，支持创新创业，鼓励为国服务"的新时期留学工作新要求，为做好新时期留学人员回国服务工作指明了方向。2004年2月，人事部会同中宣部、教育部、科技部共同举办了"中国留学人员回国创业成就展"，展出了1100多项回国留学人员的杰出成果。现在，许多省市、部门都在对本地区、本部门的优秀留学人员予以宣传表彰，积极弘扬他们爱国、奉献的精神，一个更加有利于留学人员工作、创业的社会氛围正在形成。

二、积极完善吸引留学人员回国服务的政策措施。近年来，从中央到地方出台了许多政策措施，鼓励留学人员回国工作、为国服务。国务院办公厅、中组部、人事部等 14 个部门先后下发了 32 个文件，内容涉及留学人员回国安置、创办企业、科研经费资助、入出境和居留便利、行李物品验放通关、子女上学、工龄计算、户籍管理、计划生育、海外留学人员为国服务等 12 个方面。其中，综合性的政策规定主要有两个：一是 2000 年6 月，经党中央、国务院批准，人事部印发的《关于鼓励海外高层次留学人才回国工作的意见》，在高层次留学人才回国任职条件、工资津贴水平、科研经费资助以及住房、保险、探亲、家属就业、子女上学等方面都做出了明确规定，并且有新的突破。二是 2001 年 5 月人事部会同教育部、科技部、公安部、财政部等 5 个部联合印发的《关于鼓励海外留学人员以多种形式为国服务的若干意见》，鼓励海外留学人员通过兼职，开展合作研究，回国讲学，进行学术技术交流，在国内创办企业，从事考察咨询活动，开展中介服务等多种方式，为促进国家经济社会发展贡献力量，国家积极提供支持。目前全国绝大多数地区根据中央的要求，结合各地实际情况，制定出台了关于吸引留学人员的政策措施，营造了良好的政策环境。

三、加大吸引高层次留学人才回国工作力度。中央领导对高层次人才引进工作十分重视，批准出台了一系列政策，对留学人员回国工作做了多次重要指示，给予直接关注。许多地区和部门设立了引进海外高层次留学人才的专项计划，如教育部的"长江学者计划"、中科院的"百人计划"、国家自然科学基金委员会的"国家杰出青年科学基金"、上海市的"万名海外留学人才集聚工程"等。人事部也开展了海外高层次留学人才回国资助试点工作，加大了对高层次留学人才资助的力度。许多部门和单位主动拿出高层次岗位，或制定专门的吸引措施，或组织专门的招聘团，面向海外招聘高层次人才。

四、积极发挥留学人员创业园的重要作用。为鼓励和支持留学人员以先进的技术、项目、管理经验回国创业，自 1994 年以来，全国 28 个省、区、市相继建立了各类留学人员创业园 110 家。创业园通过制定优惠政策和提供综合服务，吸引了一大批留学人员回国创业，促进了高新技术研发及产业化。截至 2003 年底，全国入园企业超过 6000 家，约 15000 位留学人员在园内创业，当年技工贸总收入达到 327 亿元。创业园培育了一批高新技术含量高、市场前景广阔的留学人员企业，在毕业出园的留学人员企业中很多已成为资产过亿、能带动地方经济发展的龙头企业，如大家熟知的 UT 斯达康等等。

为加强留学人员创业园管理，人事部印发了《留学人员创业园管理办法》，并与地方政府共建了 24 家创业园，还与科技部、教育部、国家外国专家局共同开展了创业园示范试点活动。留学人员创业园正在成为促进地方高科技产业化和经济增长的新的亮点。

五、逐步完善留学人员回国服务体系。随着留学人员回国工作的发展，近年来，全国逐步形成了较为全面的服务体系，为留学人员提供落户安置、学历认证、信息咨询、人才推介等全方位服务。在服务机构上，许多部门成立了包括留学人员服务中心、留学人员创业园、留学人员工作站等在内的专门的留学服务机构，配备有专门的工作人员；在科研经费上，人事部、教育部等部门设立专门资金资助留学回国人员的科研工作和在外留学人员短期回国服务；在短期回国服务上，许多部门发挥职能优势，组织多种形式的留学人员为国服务活动，如人事部组织的留学人员东北行、西部行活动，教育部的"春晖计划"等；在信息网络上，许多部门和地方开通了专门面向留学人员的网络平台，如人事部的"中国留学人才信息网"等。同时，人事部、教育部、科技部、国务院侨办、中科院等部门和单位与地方一同开展了一些留学人员科技交流示范活动，有些已成为吸引留学人员回国工作或为国服务的"品牌"，比如中国广州留学人员科技交流会、中国辽宁海外学子创业周、中国山东海外人才暨经贸项目洽谈会等。

六、进一步健全留学人员回国服务工作机制。为了加强留学回国工作的统一协调，经国务院批准，人事部、教育部、科技部、财政部等 13 个部门和单位成立了留学人员回国服务工作部际联席会议，人事部为组长单位，教育部、科技部、财政部为副组长单位。联席会议制度的建立，对增强部门间的协调配合，有效发挥各部门优势，形成合力共同推进全国留学人员回国服务工作将发挥重要作用。

人事部副部长王晓初称，下一阶段，我国在从整体上完善鼓励吸引海外留学人员回国服务工作政策体系的同时，将重点抓好海外高层次留学人才和急需紧缺留学人才引进工作。根据我国经济建设和社会发展对人才的实际要求，下大力气引进一批掌握核心技术，具有自主创新能力的学术技术领军人才，引进一批熟悉国际惯例，具有国际运作能力的高级经营管理人才，引进一批具有特定专业技能，为我国经济建设和社会发展急需紧缺的专门人才。

"海归"依然是香饽饽

伴随新闻媒体对"海待"现象的炒作，一些人不禁产生疑问：是不是归国留学人员不那么吃香了？各地对留学人才的需求下降了？

非也！在采访中我们了解到，目前，各省市都在采取积极措施，鼓励留学人员回国工作，或以适当方式为祖国服务。留学人才依然是各地引进海外高层次人才的重点。

上海为了打造国际人才港，吸引留学人员来沪工作、创业，从1992年起建立了一套较为完善的政策创新体系，在"出国留学人员投资兴办企业"以及"引进海外高层次留学人员"等若干规定中，对注册资本金、税收等给予优惠待遇，如1万美元创办企业等；鼓励并资助近百家留学人员软件企业，资助总额近1000万元；设立引进海外人才专项资金，先后有377名留学人员获得资助，资助总额高达1284万元。此外上海还着力构筑海外人才服务平台，及时推出《上海市居住证》制度，突破人才柔性流动的政策瓶颈，为留学人才提供更灵活、更有效的生活保障。这一政策实施一年，即有3800多名海外人才申领B证，较好解决了他们的后顾之忧。针对留学人员子女基础教育问题，上海设立了"回国留学人员子女班"，想方设法为留学人员来沪创业提供便利条件。由于措施得力，上海吸引了大批海归人才。上海市人事局的统计资料显示，截至2004年10月，到上海工作的留学人员已达5万余人，约占全国的1/3，他们中有90%以上获得了博士或硕士学位。仅全国人才工作会议召开后的一年多时间，上海就引进了4086名留学人员！

广州市也将采取多项措施巩固和扩大留学归国人员在穗创业。广州市人事局官员称，将加大力度促进留学人员进入政府机构和公共服务机构工作，重视和研究如何加大政府对留学人员社团的支持和投入，建立良性互动机制，充分利用留学归国人员的"自我组织"能力，将广州市吸引留学人员来穗工作和创业触角伸向海外。

福建省将引导、聚集社会力量，加大留学人员创业园投入。为了吸引留学人员来闽创业，福建举办了留学人员创业项目竞赛活动，对经专家评审确认的优秀项目，省里给予配套资金支持。此外还将建立海外人才信息库，加强与海外留学生团体和专家组织的联系，支持高层次人才筹办国际学术会议，积极引进海外人才智力。在服务方面，福建将依托福州、厦门优质中小学创办国际学校或双语班级，为引进的海外留学回国人才和华侨、外国专家子女提供与国际接轨的教育服务。

据厦门市人事局介绍，截至 2005 年 5 月，厦门市共吸引 844 名留学人员来厦工作或创办企业，这些人中 70% 属厦门紧缺的高科技、高层次人才，同时还吸引了 1500 多名留学人员来厦考察和进行学术交流。目前，在厦门创业、工作的留学人员已达 1600 多人，创办的各类企业近 300 家，主要集中在科研院校、各创业园区和各类企业，他们所从事的专业大都属厦门重点发展的行业，如电子信息、精密机械及光机一体化、生物工程及生物医药、环保科技、新材料、新能源等高新技术领域，他们中有的拥有多项国家级科研项目，研究成果填补了国内、市内空白，有的开设了新专业，成为学科领域的学术带头人，有的开辟了厦门市新的产业，为厦门经济和社会发展做出了重大贡献。这些企业已有 2/3 开始营利，其中 10 家产值上千万、两家产值上亿元；三达膜技术有限公司已在新加坡主板市场成功上市，成为福建企业首家在海外主板上市的高科技企业，创办该企业的留学人员个人财富已超过亿元，被列入福布斯中国富豪榜排名第 75 位；入驻厦门市留学人员创业园的留学人员企业 210 多家，吸引了 3000 多名高新技术人才就业，已成为厦门高新技术人才聚集地，被国家科技部授予"实施火炬计划十五周年先进高新技术创业服务中心"荣誉称号。厦门正在成为海外留学人员回国施展才华、实现抱负的大舞台。

改革开放以来，武汉市公派和自费出国留学人员已近 4 万人。为鼓励他们回国创业，武汉市设立了"海外学仁创业投资基金"和"留学人员创业择优资助基金"，并在武汉东湖高新技术开发区创立了武汉留学生创业园，通过改善投资环境、提供优质服务，聚集了一批技术精英和管理人才。据统计，武汉已先后吸引、扶持来自美、英、法、德、日等14个国家和地区的600多名留学人员前来创业，其中70%以上具有博士学位或高级职称，他们创办的320家高科技企业发展势头良好，年税收达3000多万元人民币。

2006年初，河南省委组织部、省人事厅、省编委办联合下发了《关于加强海外高层次留学人才引进工作的通知》，要求该省每年引进留学回国的全日制博士、硕士须在200名以上，省管高等院校、科研单位领导班子中至少要配备1—2名海外高层次留学回国人才，中层干部中应有一批海外高层次留学人才。具有全日制博士、硕士学位的海外留学人才，其家属、子女的户籍关系可同时随迁，家属就业由用人单位妥善安排，子女入学由当地教育主管部门积极协调解决。对愿意从事公共管理工作的海外高层次留学回国人才，积极提供工作岗位。《通知》还明确指出，凡是在国（境）外取得全日制博士或硕士学位的人员；在国内取得全日制博士或硕士学位后，到国（境）外进修或作为访问学者或工作均在一年以上的人员；具有全日制博士或硕士学位，已加入外国国籍、并取得外国永久居留权并到河南连续工作服务9个月以上的人员，都属于河南省引进留学回国的全日制博士、硕士的范围。

人事部部长张柏林强调，要大力吸引高层次留学人员和海外人才，健全完善吸引留学人员回国工作和为国服务的政策措施。他在一次全国人事厅局长会议上透露，我国将研究制定"十一五"留学人才回归计划和《关于建立海外高层次留学人才回国工作绿色通道的意见》，并将进一步做好回国（来华）专家工作，继续开展回国留学人员科技基础上择优资助和留学人员创业园共建工作。

可以想见，我国吸引留学人员回国的措施将更加得力，为留学人员回国服务也将更加到位。

留学人才回国服务，正当其时！

"院士热"中的冷思考

院士人才知多少

我们通常所说的院士，包括中国科学院院士和中国工程院院士。

中国科学院成立于 1949 年 11 月 1 日，是我国在科学技术方面的最高学术机构和全国自然科学与高新技术的综合研究与发展中心。中国科学院学部成立于 1955 年，它由中科院院士（学部委员）组成。学部的最高权力机构是全体院士大会，其常设领导机构是学部主席团，由中国科学院院长担任执行主席。学部现设有数学物理学部、化学部、生物学部、地学部和技术科学部五个学部。1993 年 10 月，经国务院批准，中国科学院学部委员改称中国科学院院士。根据《中国科学院院士章程》的规定，中国科学院院士是国家设立的科学技术方面的最高学术称号，为终身荣誉。80 岁以上的为资深院士。

中国科学院院士从国内外最优秀的科学家中选出，每两年增选一次。新中国成立以来，我国进行过 10 次增选，累计有 1027 人当选院士。自 1994 年以来，我国还进行过 6 次外籍院士增选，累计有 52 人入选。当选的外籍院士都是在国际上享有较高声誉、并对中国科学技术事业的发展做出过重要贡献的知名学者。由于一批院士年事已高相继离开人世，截至 2006 年，我国有中国科学院院士 707 人，其中外籍院士 51 人。

中国工程院是我国工程科学技术界的最高荣誉性、咨询性学术机构。它是 1994 年在王大珩、师昌绪、张光斗、张维、罗沛霖、侯祥麟等中科院院士的倡议下成立的。中国工程院现设有 8 个学部，即机械与运载工程学部，信息与电子工程学部，化工、冶金与材料工程学部，能源与矿业工程学部，土木、水利与建筑工程学部，农业、轻纺与环境工程学部，医药卫生工程学部，工程管理学部。中国工程院院士是国家设立的工程科学技术方面的最高学术称号，为终身荣誉。根据《中国工程院章程》，院士增选每两年一次，逢奇数年进行。在工程科学技术方面作出重大的、创造性成就和贡献的专家可被提名并当选为院士。截至 2005 年末，我国累计已有 704 人当选中国工程院院士，其中外籍院士 32 人。截至 2005 年 1 月，有 43 名院士去世。

院士队伍老化严重

我国院士队伍老化一直比较严重。据中国科学院的统计，2003 年，在当时的 688 名院士中，平均年龄为 72.1 岁，如不含资深院士，平均年龄则为 67.5 岁。其中 60 岁以下的 68 人，占 9.9%，50 岁以下的 27 人，占 3.9%。据中国工程院 2003 年末的一项统计，在 663 名院士中，平均年龄为 69.6 岁。其中男院士 627 名，平均年龄 69.7 岁。女院士 36 名，平均年龄 68.5 岁。非资深院士 603 人，平均年龄 68.2 岁。

近些年，院士队伍老化的问题深为社会各界所关注，也引起了中国科学院和中国工程院的高度重视。在 2003 年院士增选中，中科院和工程院从国家科技事业长远发展的需要出发，更加关注对符合院士标准和条件的中青年科学家的遴选。

在 2003 年当选的 58 位中国科学院院士中，60 岁以下 28 人，50 岁以下 12 人。60 岁以下新院士占 48.28%，比 2001 年提高了近 9 个百分点。新当选院士的平均年龄为 58.86 岁，是自 1991 年院士增选工作制度化以来平均年龄最小的一次。

在 2003 年新增选的 58 名中国工程院院士中，年龄最大的 73 岁，最小的 44 岁，60 岁以下的有 20 人，占 35%，其中 50 岁以下的有 5 人，时年 44 岁的欧进萍和 45 岁的刘志红（女）是其中最年轻的新院士。在新院士中，超过 70 岁的只有 3 人。平均年龄 62 岁，比 2001 年当选院士的平均年龄降低了 1 岁。

尽管新院士中年轻结构有了改善，但从总体上看，我国院士队伍老化现象依然相当严重。

专家认为，一个民族科学的振兴，必须拥有一批平均年龄不超过 50 岁的杰出科学家。如果杰出科学家队伍平均年龄超过 50 岁，则可能逐步出现科学衰落。若以此为标准，我国院士人才队伍老化现象甚为严重，这样一个状况，对我国的科技创新必将带来不利影响。因此我国的院士队伍建设，应该充分考虑老中青三结合，吸纳更多的中青年科学家加入到院士行列中来。

2005 年是院士增选年。中国科学院和中国工程院的院士增选工作启动后，受到社会各界的强烈关注。中国科学院宣布，这次将增选不超过 60 名新院士，并对 65 周岁以上的候选人首次做出严格限制，规定 65 周岁以上的候选人需要 6 名或 6 名以上院士推荐，且至少有 4 名院士所在学部与候选人被推荐的学部相同方为有效。中国工程院也宣布，候选人专业范围涵盖 8 个学部。增选总名额不超过 60 名，年龄一般不超过 70 岁。年龄超过 70 岁的专家，须经其专业所属学部至少 6 位院士提名，方可成为有效候选人。对年龄的限制，无疑将使增选的院士更加年轻化。

2005 年岁末，经过几轮讨论、评审后，选举结果终于揭晓。中国科学院选举产生了 51 名新院士。其中，数学物理学部 8 名，化学部 9 名，生命科学和医学学部 12 名，地学部 7 名，信息技术科学部 6 名，技术科学部 9 名。新当选的院士隶属于 6 个部委和 2 个省区。中国科学院有关人士称，在这次院士增选过程中，院士们严格坚持院士标准和条件，切实注意从我国科技事业的长远发展出发，对候选人中的中青年学者给予更多的关注，继续坚持对正式候选人的年龄结构要求。新当选院士中 60 岁（含）以下的 24 名，占新当选院士总数的 47.1%。本次新当选院士的平均年龄为 58.7 岁，是 1991 年院士增选工作制度化以来平均年龄最小的一次。

在中国工程院院士增选中，有 50 人当选，其中女性 4 人，年龄最大的 74 岁，最小的 40 岁，平均年龄 62 岁。这次院士增选，使中国工程院院士队伍进一步年轻化。

塔尖上的人才

院士作为塔尖上的人才，是我国的宝贵财富。几十年来，院士充分发挥自身的聪明才智，为我国社会经济发展献计献策，起到了举足轻重的作用。

早在中国科学院学部成立之初，广大院士就积极参与制定"十二年科学发展远景规划"，为我国经济建设、国防安全和科技进步做出了重大贡献。1986年，89位学部委员建议在中国科学院实行面向全国的自然科学基金，在此基础上成立了国家自然科学基金委员会。同年3月，王大珩、王淦昌、陈芳允、杨嘉墀4位学部委员上书党中央，建议加强我国高科技的研究和发展，形成了国家"863"计划。

进入21世纪，我国大力实施人才强国战略，中国科学院和中国工程院的院士们更是在国家经济建设、社会进步、国家安全的重大问题上，携手合作，发挥智力资源优势，提出了许多重大建议，并得到决策部门的采纳。

中央提出西部大开发战略后，中科院及时组织院士就西部地区生态环境建设与可持续发展问题展开咨询，通过对我国西部地区具有代表性的干旱区、黄土高原、喀斯特地区、青藏高原等关键生态区的深入调研，陆续完成了"新楼兰工程——塔里木河下游及罗布泊地区生态重建与跨越式发展咨询报告"、"关于进一步在黄土高原地区贯彻中央退耕还林（草）方针的若干建议"、"关于推进西南岩溶地区石漠化综合治理的若干建议"和"关于青藏铁路建设与西藏社会经济发展若干问题的建议"等系列咨询报告，报告受到国务院和地方政府的高度重视，为西部大开发和可持续发展战略的顺利实施做出了贡献。

在国家发展进程中，院士们深知自己肩上所担负的责任，积极关注国家经济社会可持续发展中的重大科技问题，并主动提出了各自的意见和建议。院士人才层次很高，他们研究思考的往往是一些综合性、跨学科、跨领域的重大问题，所发挥的作用非一般人所能替代。

近两年，院士们在资源开发、国防建设、环境保护、灾害防治等方面，先后提出了一批价值很高的建议，如"我国农业发展的区域战略及其科技问题"、"关于加强公共卫生建设及突发事件应对问题"、"我国中长期能源科技发展战略研究"、"空间科学前沿及其学科布局"、"我国人口老龄化的若干问题和建议"、"关于国家安全问题中的空天安全问题"、

"我国电子商务发展与对策研究"、"东南沿海经济快速发展地区环境污染状况调查及其治理对策"、"关于海南热带陆海生物资源保护和利用的对策建议"、"关于改进和提高我国基础研究的建议"和"关于全面加强艾滋病宣传教育和行为干预的建议"等。特别是 2003 年我国抗击"非典"的关键时期，院士们站在国家科技事业发展全局的高度，从维护广大人民健康福祉的角度出发，提出了"以非典型肺炎防治为切入点，构筑预防医学体系，全面加强我国医学科学研究"和"关于加强野生动物资源保护，完善野生生物资源保护法律法规，建立健康饮食观的呼吁"。两份院士建议上报国务院后，受到温家宝总理等领导同志的高度重视并做出重要批示，在社会上产生了很好影响，为国家制定相关政策措施提供了重要的科学依据。

在开展院士咨询评议方面，中国科学院和中国工程院发挥了重要的组织引导作用。他们重视发挥院士群体的整体优势和学科特点，抓住国家发展中的重大问题，及时设立了学科发展战略、科学教育改革、国家安全问题和西部发展战略等重大咨询课题，组织跨学部、多学科的咨询工作，取得了很好的效果。

"院士热"中的不和谐音符

中央提出实施人才强国战略后，各省市政府更加重视发挥院士人才的智囊作用。他们不断加强与中国科学院和中国工程院的联系、沟通与合作，采取多种形式，组织院士咨询组，邀请院士进行座谈研讨、汇报交流、实地考察等，为地方社会经济发展提出对策、建议。

2003 年 11 月，受浙江省委托，中科院学部组织十余位院士组成评审组对"浙江省环杭州湾产业带发展规划"进行评审，评审组在对杭州、宁波、绍兴进行实地考察，并听取省有关部门情况介绍后，经过认真讨论，提出了评审意见。2003 年 12 月，受广东省委托，中科院学部组织数十位院士和专家，对"广东省高新技术产业竞争力战略研究报告"进行咨询论证，事后广东省有关部门专门致函中科院表示感谢。

2004 年 11 月，云南省组织在滇两院院士赴临沧市考察调研，院士们先后到了 6 个县区，实地考察了糖、茶、水电、矿业、生物制药、农村发展、城市建设等情况。在为时 7 天、千余公里的行程中，尽管走的都是蜿蜒曲折的山路，但年岁已高的院士每到一地都不顾疲劳，兴致勃勃地了解情况，一丝不苟地记录、拍照，并同临沧市委、市政府领导和市直有关部门领导进行座谈。调研中，院士们围绕临沧市经济社会发展战略和产业结构布局，就如何提升糖、茶、水电三大支柱产业，以及具有地方特色的旅游业、林果业、矿产业、生物药业等新兴产业的培育及品牌开发提出了中肯的意见建议。在这过程中，临沧市委市政府不失时机举行了两院院士专题报告会，邀请马洪琪、孙汉董、戴永年、周俊 4 位院士，分别以《现代化是中药植物药发展的必由之路》、《矿电结合多产品深加工》、《谈绿色经济——绿色经济》、《循环经济与绿色 GDP 的关系》等为题作了精彩演讲，受到了热烈欢迎。

一些省市为了更好地发挥院士作用，还成立了相关机构，加强组织协调。2004 年 8 月，黑龙江省为了更好地发挥该省院士等高级专家学者的智力资源，成立了"黑龙江省院士工作办公室"，以期为黑龙江省院士的科技攻关、重大工程项目决策咨询、国际交流与合作、培养专业人才及院士遴选等工作提供相关服务。

院士们不仅对国计民生重大问题发表意见，同时也通过自身的影响力，积极弘扬科学精神，普及科学知识，传播科学思想，倡导科学方法，推动社会进步。2002 年 12 月，中科院、中宣部、教育部、科技部、工程院、中国科协六部门共同启动了"科学与中国"院士专家巡讲团活动。在这一活动中，院士们围绕"科学发展历史回顾"、"科技前沿的热点探讨"、"科技伦理道德建设"、"科技促进经济发展"、"科技推动社会进步"等主题，通过巡回报告的形式，阐释科学技术作为先进生产力对于经济发展和社会进步的巨大推动作用，宣传科学精神和科学文化作为先进文化重要内容在精神文明建设中的不可替代作用，揭示科学技术对于提高广大人民群众物质文化生活水平的主导作用。

这项活动前后持续了两年多时间。两年来，"科学与中国"院士专家团巡讲活动的足迹遍及全国 21 个省市自治区，共邀请 115 位院士和专家，组织了 150 人次的巡讲报告、电视访谈或电视录像，受到社会各界的广泛欢迎。"科学与中国"院士专家团巡讲活动，已经成为社会关注和认可的科技文化传播领域的知名品牌。

由于院士人才受到社会各界的普遍尊重，各地在招才引智中对院士人才的争夺日益激烈。许多省市、单位出台政策，把院士作为人才引进的首要目标，并制定颇有诱惑力的优惠政策，如引进的院士可获高达100万元的安家费和购房补贴及50万—200万元的科研建设费等，对院士人才"明码标价"。

一些省市为了留住院士人才，防止院士人才流失，纷纷出台措施提高院士待遇。如河南省制定一系列政策措施，规定从2004年起，河南省省属单位院士年薪不低于20万元，省财政为院士每人补贴20万元配备工作用车，院士享受相当于副省级的医疗待遇，医疗费用实报实销。院士所在单位为院士挑选业务素质强工作热情高、有培养和发展前途的青年学者担任院士的工作助手，并发给每位院士每月500元护理费用。对于新当选院士及与用人单位签订5年以上合同的引进院士，省财政给予100万元科研启动经费。对于与用人单位签订5年以上工作合同的引进院士，省财政一次性给予安家补助费15万元。

各地争抢院士人才，提高院士待遇，是"尊重知识、尊重人才"的体现，为院士工作提供有利条件，营造良好环境，有利于凝聚高层次人才，促进经济发展。但与此同时，这也意味着院士面临着许多金钱、物质的利诱。

由于院士为终身荣誉，一旦当选院士，他所能够获得的物质待遇是相当可观的。一些人为了当选院士，采取不正当的竞争手段，夸大成果，到处活动，请客送礼，导致不正之风出现。在院士人才争抢中，有些单位看中的不是院士的才智，而是院士的名分。当前很多项目的评估，包括一些国家级的评估，都把院士人数作为一个重要指标，院士多了似乎这个单位实力就强。一些单位为了显示单位实力，多争取一些研究项目，多谋取一些科研经费，就用各种办法去拉院士。为了增加本地区本单位的院士数额，往往运用行政手段干预院士增选，请求科学院"照顾"。在院士热中，院士被推上神坛，被神化，院士成了一种万能的行政职务，什么活动都让院士参加。在这种浮躁的氛围下，个别院士对名利处理失当，过于看中特权，参加评审和社会活动过多过滥，四处兼职并对兼职单位的福利待遇处理不当。凡此种种，影响了院士队伍的纯洁性，引起了公众的关注和争议。

对于这些问题，中科院科学道德委员会主任许智宏院士一针见血地说："不要把院士和学术以外的东西挂钩，这种挂钩可能导致不良科学作风问题。院士就是院士，只是学术荣誉称号。很多院士是很专业的，个性也不一样。让他们对非自己学术领域的事情发表看法，这样做难为了院士。"

2005年春，一些媒体报道过这样一件事情：一个本已被其他国家反复研究、确认是完全错误的研究项目，在中国某大学和部分院士的推动下竟又强行开展，结果近1亿元的投资白白浪费，却没有任何形式的责任追究。

这样的事情应当引进我们的反思，内在的原因，也值得深入剖析。也正因为院士热中存在这样那样的不和谐音符，引发了人们对院士制度改革的思考。

院士制度何时走出官本位

中国人民大学教授顾海兵近年一直在呼吁进行院士制度改革，他认为，在市场经济条件下，像创新、学术之类的问题，国家的任务是制定公平公正的游戏规则，除了对教师、医师、律师等有一个执业资格要求外，不要仿照行政管理方式把科技人员定等分级。绝大多数专家教授的价值在市场经济条件下只能由市场决定，而不能由政府认定。此外，与奖励制度相比，院士制度的终身制背离了优胜劣汰原则，减弱了推动创新的竞争强度。古今中外，取得突出成就者皆会受到政府或非政府的奖励。比如举世公认的诺贝尔奖等等。奖励制度的本质是有什么功论什么赏，对事不对人，一事一奖，绝不搞终身制。相反，院士制度是从人出发而不是从事出发，类似于选劳模，并且公开规定获得这种所谓的最高科技学术称号者，皆为终身荣誉，且年满80周岁转为资深院士。这样的院士制度设计，因为只能上不能下，其利益无限，使得一些科技人员把争取这种功名放在不恰当的位置上，也使得院士评定过程加大了诸多不和谐的声音，如送礼之风，对候选人夸大其词的评价炒作等。顾海兵提议，院士实行任期制（连任不得超过两届）、淘汰制（每年或每两年淘汰 5% 或 10%）、交费制（不仅不应拿津贴，还应交纳会费，这也是国际通行规则）。

许智宏院士说，院士制度本身是在发展的，有许多方面需要不断完善和补充。他提出了五个方面的改进意见：（1）严格院士遴选评审制度，坚持学术标准，抵制行政干预，切实严把增选质量关；（2）强化责任意识，明确在科研和成果发表中的学术责任；（3）开展学术批评，提高学术民主意识，杜绝学术霸道；（4）引入监督机制，主动接受科技界和社会舆论的监督；（5）规范荣誉评价，减少院士的行政化色彩，避免对院士的不实报道，建议有关部门不再以院士人数作为各类评审指标。

所幸的是，这些问题已引起中国科学院和中国工程院的高度重视，并对院士增选工作进行逐步改进。

在 2004 年 6 月召开的两院院士大会上，中科院院长路甬祥说，自1992 年制定《中国科学院院士增选工作实施细则》以来，院士增选工作逐步向科学规范、公平公正、符合国际惯例的方向发展，已经形成了一套比较完善的增选工作规程。路甬祥强调，要切实从国家科技事业发展的需要出发，超脱行业、部门、单位、领域、学科等各种关系的局限，把代表我国科技发展水平的优秀科技工作者选到院士队伍中来。各学部和院士们要更加重视院士候选人的学风道德问题，严格按照《中国科学院院士增选投诉信处理办法》的规定，认真审查候选人的学风道德问题，调查核实是否存在夸大水平、不实署名、侵占成果、抄袭剽窃等情况，严格把好质量关。

我们有理由相信，在社会各界的推动下，院士人才队伍建设将迈向新的高度，院士人才在我国和谐社会的建设中，将发挥更大作用。

人才流动何时实现零障碍

夹缝中的尴尬

曾有一段时期，在深圳一些人才招聘会上，一些招聘单位罗列的条件中增加了一条："深户担保"，意思是你要来应聘这个职位，要么具有深圳户口，要么得有深圳户口的人给你担保。一些远道而来的求职者，学历、能力等各方面条件都很过硬，本以为很有竞争力，谁知在"深户担保"这道坎前，却碰了一鼻子灰，只好无奈地伤叹：我在深圳人地生疏，谁愿意给我做担保？招聘单位怎么提这种要求？

企业也有自己的苦衷。当地个别企业曾发生过财务人员、营销人员私自挪用资产的事件，给企业带来不少的损失。这些营销人员、财务人员中，有一些正是没有深圳户口的人。这种现象让企业深感忧虑。一些公司为了企业安全，聘用财务、营销等关键岗位人员时，都格外小心，设置了层层"防火墙"。对类似关键岗位，企业更希望录用本地人，认为本地人"跑得了和尚跑不了庙"。但因为深圳户籍人口太少，人才难觅，一些企业不得已才退而求其次，要求有深圳户口的人担保，规定担保人须满25岁以上，有稳定工作及收入。办理担保手续时，担保人必须亲自到公司填写担保书，一式两份，公司、担保人各一份，担保人还得留下身份证复印件。一旦聘用人员出了问题，担保人就得承担连带责任。

企业的本意是以此降低用人风险，谁知此举却引发了一连串令人哭笑不得的现象。由于深圳常住人口只有130多万，其中有担保能力的人口只有70多万，而很多人又不愿意给求职者担保。严重的供需矛盾使得一个地下"户口担保群体"悄然出现。一些人把担保看成一种产业，徘徊在人才市场周围，为求职者提供服务，每担保一个人收取三四百元不等的佣金。这其中，不少担保者使用的是假证件。一旦企业有事需要找担保人，才发现"查无此人"，手续齐备的担保原来是个骗局。这种状况使用人单位深感尴尬。企业纷纷感叹：什么时候才能建立个人信用制度，让我们选才用人没有后顾之忧？一些企业为了求稳，只好录用看起来可靠但能力未必很强的人，从而给人才流动打了个大折扣。

上述的苦恼并非深圳独有，许多大中城市因为人才流动环境的局限，都面临这样那样的尴尬。

北京的中关村是人才流动较为频繁的地区。由于"京漂一族"更有吃苦耐劳的拼搏精神，中关村许多高科技企业更愿意聘用外地人。但这又使他们陷入另一种烦恼。外埠人才来京难以解决户口问题，生活上面临着许多困难。在住房方面，他们不能购买经济适用房，动辄每平方米六七千、八九千的商品房，让他们望楼兴叹。在教育方面，孩子上学要交"借读费"，在京读书却须回原籍高考，录取分数线高。此外在办理出国、上社会保险、评职称、买车上牌甚至购买手机等方面，外地人都可能遇到一些麻烦。

近年北京实行"工作居住证"制度，在一定程度上缓解了外埠人才的户口矛盾。但"工作居住证"仍有种种限制，许多人"看得见摸不着"，只能望梅止渴。比如按文件规定，非北京生源的外地高校毕业生可办理工作寄住证，工作3年后可向企业申请转为北京市正式户口。但我国企业的平均寿命只有6—7年，而民营企业仅为2.9年。中关村的上万家企业中，生存时间超过5年的不足一成。一旦3年内跳槽、被炒或企业倒闭，3年后解决户口的梦想也将随之化为泡影。不少外埠人才由于一些实际困难无法解决，不得不离开中关村，中关村为此失去了大批人才。

人才流动的障碍有哪些

人才流动是人才市场化配置的必要条件，也是人尽其才的基本前提。

近些年，我国不断深化干部人事制度改革，落实单位的用人自主权和个人的择业自主权，优化人才流动和发展环境，培育和发展人才市场，有力地促进了人才流动。但从总体上看，我国人才流动状况还不能完全适应经济社会发展的需要。人才流动的观念需要进一步转变，流动的渠道还没有畅通，人才流动的服务体系还不健全，人才的社会保障有待进一步完善，人才流动管理政策法规有待进一步健全。尤其是人才流动中的体制性、机制性障碍仍没有从根本上消除，制约着人才流动。

一、单位用人自主权和个人择业自主权落实不够。由于聘用制尚未落到实处，许多单位人员进口与出口不够畅通，无法真正从市场渠道配置人才。一些单位和地方把人才当作"私有财产"，自己用不完、用不上，也不让别人用，对人才流动设置关卡，有的要求"跳槽"人员退出合法已购公房；有的省份还要交纳"出省费"；有的以人事档案为关卡卡住人才，不让其外流等等。

二、身份对人才流动的限制。很多单位在招聘时比较强调"身份"，甚至非"国家干部"不要，往往使得一些通过成人教育或自学成才的"工人"或"农民"被拒之门外。在党政人才、企业经营管理人才、专业技术人才三支人才队伍的流通渠道上，"体制内"向"体制外"流动较易，"体制外"向"体制内"流动很难。党政机关向非公企业流动较易，非公企业向党政机关流动则很难。此外，在人才招聘中重男轻女、性别歧视等现象也依然存在。

三、户籍对人才流动的束缚。我国在传统计划经济体制下形成的城乡分割的户籍管理制度，以及以此为基础形成的在住房、教育、医疗、养老保险等方面形成的城乡二元隔离的各种制度安排，既阻碍了大量农村人才向城市流动，也妨碍了城市中高级人才流向广阔的农村市场。

四、人才流动中的社会保障衔接机制不够完善。企事业单位用人制度还未统一，还未完全实行合同聘用制；职称评定，干部考核，福利待遇等还未有统一标准，等等，都制约着人才流动。要解决这个问题，必须制定完善人才流动中不同单位、地区间社会保障关系转接的政策法规，为人才跨地区、跨行业、跨所有制流动提供方便。

五、人才流动的法律法规不够健全。由于相应的法规建设跟不上，缺乏人才流动中知识产权保护方面的法规，导致人才流动争议增加，利用人才流动来窃取专利技术、企业秘密及由此产生的纠纷经常发生。法规的不健全也在一定程度上限制了人才流动。

期待政策更宽松

人才环境建设直接关系到人才竞争力的提升。在人才流动的壁垒普遍存在的情况下，哪个地区率先采取灵活的引才政策，哪个地区人才竞争力就强，就能吸纳更多的人才智力资源。近些年，各省市进行了许多有益的探索，努力摆脱现有体制、机制的束缚，多方吸纳人才。

早在1997年，浙江开始对急需人才采取"柔性引进"的办法，允许人才采取调动、兼职、咨询、讲学、科研和技术合作、技术入股等形式，到浙江长期工作或短期服务。相对转移工作关系、迁入户口的"刚性流动"而言，柔性流动打破了地域、户籍、身份等诸多制约，是一种适应市场经济和人才社会化发展要求的政府引导、市场调节、来去自由的人才流动方式，因而很快受到用人单位和广大人才的欢迎。浙江实施柔性流动策略，迅速在全国人才争夺战中占据了主动地位，仅在1998—2003年的五年中，浙江就以这种方式吸引了173名院士前去工作和服务，其中任大学校长、学院院长等实职的达43名。

此后，柔性流动的模式很快被其他省市所借鉴，许多省市出台柔性引才的政策。引才机制的创新，给各地带来了丰厚的回报。据统计，2003年上海共引进各类人才37527人，比2002年的24640人增加了52.3%。其中，"刚性流动"与"柔性流动"之比为1∶1.28。

2003年10月13日，上海、浙江、江苏三省市教育委员会在上海共同签署了《长三角高校毕业生就业工作合作组织合作协议书》。根据该合作协议，高校毕业生到其他两省（市）就业可以不迁户口，并且享受就业所在地户籍高校毕业生的有关待遇，其人事关系由原户籍所在地省（市）级高校毕业生就业指导中心负责代理，其就业所在地省（市）级高校毕业生就业指导中心反馈其工作情况。这项政策将使三地高校毕业生在长江三角洲（以下简称长三角）地区实现无障碍自由流动，形成长三角地区高校毕业生就业大市场和就业指导服务体系，这也意味着毕业生就业在打破地区壁垒方面，实现了又一重大突破。

事业单位是专业技术人才聚集之地。但由于用人机制和收入分配机制等原因，事业单位人浮于事的现象一度比较严重，不少人感到能力无法充分发挥。但在很长时间里，事业单位工作人员兼职一直是个禁区，这就造成大量人才闲置。有的人想多干点事，让能力尽可能发挥，实现自己的人生价值，但也只能偷偷摸摸地兼职。一旦被单位发现，还有遭到处分的危险。

2004 年 7 月，江苏省出台了《关于事业单位工作人员实行兼职兼薪的指导意见（试行）》的文件，其中明确规定：政府鼓励、支持事业单位工作人员在不侵犯单位知识产权、不泄露单位商业秘密、不冲击单位经济利益、不损害社会和公众权益的前提下，可以从事技术开发、技术成果转让、信息咨询、技术服务和提供劳务等兼职工作，从而获取兼职报酬。以往人们从事第二职业，只能偷偷摸摸进行。有了政策的保护，这一切骤然间变得堂堂正正，为此人们称之为"阳光兼职"。这一政策的出台，进一步打破了人才部门所有，促进了人才由"单位人"向"社会人"的转变。

然而，柔性流动也罢，阳光兼职也罢，人才绿卡也罢，尽管已是很大进步，但仍有不够完善之处，仍有不少局限性，一些人才流动中的深层次矛盾依然不能解决。用人才学专家王通讯的话说："绿卡只是一个过渡，绝对不是理想状态。"王通讯认为，我国的户籍制度改革将毫无疑问地按照 WTO 规则发展进行，最终实现自然人无障碍流动。他解释说："自然人无障碍流动，就是人们想去哪儿就去哪儿。取消户口簿，一卡通天下，像美国的社会保障号一样，驾驶执照、身份证等等，都使用一个号码。但我国现在还做不到这一点。"

中央《人才工作决定》指出，要"进一步消除人才流动中的城乡、区域、部门、行业、身份、所有制等限制，疏通三支队伍之间、公有制与非公有制组织之间、不同地区之间的人才流动渠道"。目前，构建"和谐社会"成为人们关注的焦点。促进人才流动，最大限度地发挥人才的潜能，推动社会经济的发展，也是"和谐社会"的重要内容。因此，进一步打破人才流动的体制、机制障碍，势在必行。

有关专家还指出，促进人才流动，除了打破有关障碍，还必须全面提升人才流动的社会化服务水平，强化人才流动公共服务，发展人才流动市场服务，完善人才流动信息服务。同时，还必须健全人才流动的政策法规，加大人才流动监管力度，加强人才流动的规范与引导。

珠江三角洲*还是人才"磁场"吗

辉煌似已成往事

珠三角,一个充满激情、令人神往的地方。

改革开放以来,珠三角得风气之先,率先打破传统人事管理制度,不断创新人才引进政策,采取灵活多样的引才机制,用新体制、新机制、新事业引来了大批才俊。曾几何时,"东南西北中,跳槽到广东",成了人们向往广东的生动写照。人们只要一说起跳槽,就是"孔雀东南飞",不由自主会想到珠三角。珠三角可谓是成千上万优秀人才求职择业、追寻梦想、实现自我的首选之地。

深圳作为经济发展最为迅猛的特区之一,是珠三角地区的代表性城市,也是各类人才最看好的城市之一。二十多年来,大批国内外人才涌入深圳,使深圳人才总量迅速扩大。建市之初,深圳的人才总量只有6466人,其中工程师只有2名,到2004年,深圳人才总量已经达到93万人,其中有6位院士、482位享受国务院特殊津贴的专家、3052名博士、3.53万名硕士、5300多名留学回国人员。伴随着经济的腾飞,深圳实现了人才资源的快速积累。在人才总量增加的同时,深圳的人才结构也不断地得到优化,人才逐步向高新技术产业、现代金融业、现代物流业集聚,超过九成的科技研发人员集中在企业。特别是在高新技术企业,集聚了一批以信息、通讯为主的高新技术人才群体,为深圳高新技术产业的发展提供了强有力的人才支撑。

广州、中山、佛山、惠州、东莞、江门等地的人才拥有量也迅速增

---

   * 以下简称珠三角。

加。"九五"期间广州年均增加 6 万—7 万人才，到 2003 年底，广州地区大专以上学历或取得中级以上专业技术职称、职业资格的人才资源已达 88.48 万人，人才资源总量位居全国特大城市第三位。其中 25—34 岁的人才资源占总量的 1/3 强。用广州市一位副市长的话说："黄金年龄的黄金人才"是广州人才资源的最大亮点、最大优势和最大期望所在。到 2003 年末，中山市人才总量已达 229913 人，其中博士 67 人，硕士 2206 人，本科 51407 人，全市人才数量每年平均增长 2.18 万人。惠州市人才总量达 285301 人，其中博士 104 人，硕士 736 人，本科 27890 人。

可以说，改革开放二十多年来，珠三角各个城市的人才总量都有较大增长。不断壮大的人才队伍，为珠三角经济的迅猛发展提供了坚实保障。珠三角也一度以强劲的人才竞争力，在我国人才发展史上写下了辉煌的一页。

然而近年来，随着长三角的迅猛发展，环渤海经济区的崛起，西部大开发的不断升温，以及振兴东北老工业基地的全面启动等，珠三角一枝独秀的人才优势正逐步丧失，人才竞争面临着新的格局、新的挑战，人才引进的深层次矛盾开始显现。

种种迹象表明，珠三角对人才的吸引力正在下降。武汉地区高校毕业生的就业流向，就是一个反映内地人才流动的"风向标"。据武汉大学毕业生就业办公室的同志介绍，从 2002 年开始，前往长三角地区就业的毕业生数量，超过了多年来一直"一枝独秀"的珠三角地区。湖北大学学生处的一位负责人也表示，近两三年该校赴外省就业的毕业生中，选择上海、苏州、杭州、宁波和温州等华东地区城市的人，已经超过 40%，而前往珠三角地区就业的仅有 20% 左右。这无疑是个信号，珠三角已经不再是毕业生求职择业的首选之地！

笔者从深圳市人事局了解到，近些年尽管每年仍有大批来自全国各地的大学生、中高级技术人才前往深圳，但是深圳对人才的吸引力已经下降，甚至出现"人才倒流"现象。据深圳市人事局统计，2002 年深圳引进人才数量比 2001 年减少 936 人，负增长 3.21%，其中接收市外毕业生减少 3920 人，负增长 23.56%。2003 年通过进一步加大引才力度，特别是重点做好接收优秀应届毕业生的工作，才止住负增长势头。据内地部分高校的调查，深圳已由毕业生第一就业选择地，下降为居上海、北京之后的第三位。

另一组数字也可说明珠三角人才竞争力正在下降。改革开放以来，我国已有17万多留学人员回国创业，其中北京吸引的留学回国人员达4万多人，仅中关村的留学回国人员企业就有1400多家；上海吸引的留学回国人员达到5万多人，创办的企业达2100多家。但到广东创业的留学人才只有1万人，创办的企业仅有200多家，南下深圳的只有6500人。珠三角的人才竞争力弱化由此可见一斑。

在吸引力下降、引才势头趋缓的同时，珠三角的人才流失却有加速迹象。据统计，1999—2001年，调离深圳的户籍人才每年平均57人，2002年增至117人，增幅高达105%，2003年又增至187人。流走的户籍人才总数虽小，但流失速度却在加快。

由于竞争力减弱，珠三角面临着人才总量偏小的局面，特别是高层次人才严重不足，复合型人才、技能型人才比例偏小，适应不了高新技术产业发展的要求。据统计，2002年每万人口中的科技人员数量，上海有109人，江苏有40.8人，广东只有20人。广东的十大高新技术开发区中，大专以上人才为11.1万人，平均每区1.1万人。而北京中关村高新技术园区大专以上人才就达37.5万人。人才层次方面，上海有两院院士152名，江苏有87名，而广东只有46名（含16名聘请），整个广东省的两院院士数量还没有南京大学的院士多。

珠三角是制造业比较发达的地区，制造业的发展必须有大批技能人才支撑。然而令人忧虑不安的是，珠三角不仅高层次人才短缺，连一般的技工人才也出现短缺的局面，昔日 "民工潮" 的火爆场景，正在被冷清的 "技工荒" 所取代。据重庆地区一家人才中介机构的调查显示，在重庆达州地区，2003年以前，60%以上的输出劳动力去了广东，但是2004年7月以后，只有40%的输出劳动力去广东打工，有超过50%的劳动力到了江、浙、沪。广东省东莞市有关部门的调查显示，近年东莞企业技工流失严重，在流失的人才中有9%的人转到苏州工作。原因很简单，苏州企业的待遇比较好，普通工人的工资多数在1000元以上，基本上有三金（医疗保险金、退休养老金、住房公积金）；相比之下，2004年以前，东莞地区制衣、鞋帽、玩具、电子、塑胶等行业的普通工人工资多数在600—800元之间。这样一种工资待遇，对技工的竞争力就显得非常弱。

由于工人难招，珠三角几个城市普遍出现缺工，深圳市缺工 10 万人，东莞市缺工则在 30 万人左右，南海目前缺工人数估计约 5 万人，其中普通生产工占 95%。这些地区严重缺工的多是电子、玩具、制衣、电脑、制鞋等行业，而这些恰恰是珠三角的重点产业。"技工荒"已经对企业生产造成严重影响，一些企业由于工人不够，造成开工不足，有的企业拿到了订单，因为没有工人而无法生产，眼看到手的生意终又飞走，而企业老板则徒唤奈何。

从八方人才趋之若鹜，到"人才倒流"，直至"技工荒"的出现，珠三角人才竞争中的剧烈落差，令人深思！

失衡的现状

从现实情况看，一个地区人才培养能力的强弱，直接关系到这个地区人才总量的多少、人才质量的高低。

同京津冀、长三角相比，珠三角地区的人才培养能力相对较弱。目前北京有普通高校 78 所，上海有 59 所，而深圳只有 10 所。上海、南京、杭州汇集了全国 1/3 以上的高等院校和科研院所，高等院校、高校教师、在校大学生、科研机构数及科技人员数目等是珠三角的数倍。

调查表明，哪个地区高校多，哪个地区就可能获得更多的人才。2004年北京地区高校毕业生数量超过 13 万人，其中半数以上为京外生源。从这些毕业生的流向看，北京仍是毕业生的就业首选地，北京高校培养的毕业生相当数量仍在北京就业。上海的情况也是如此。由于上海经济环境较好，许多知名企业在上海落户，对毕业生有很大吸引力。很多外地生源的高校毕业生都选择了留在上海发展，其中有很大一部分进入外资或三资企业工作。上海高校毕业生的就业地域选择，首选上海的达 86.2% 的，其后依次是苏浙、北京、珠三角等地区。

这些情况说明，当地培养人越多，人才总量也就越多。由于人才培养能力较弱，珠三角对人才引进的依赖性较强，人才引进的成效如何，直接影响着当地人才总量、人才结构、人才素质。

目前，珠三角除了对人才的吸引力减弱外，在引才结构方面，也出现了失衡。主要表现在以下几个方面：

引才质量失衡。据深圳人事局的官员分析，近几年深圳引进一般人才相对还是比较容易的，但引进高、精、尖人才却比较难。具体表现为：一是对名校毕业生吸引力下降。以全国综合排名前10位院校毕业生的接收为例，1999—2002年间，全市接收人数分别为1355人、1104人、1446人、896人，分别占全市当年接收总数的14.00%、10.43%、8.69%、5.80%，接收比例总体偏小，而且逐年下降的趋势明显。二是引进的高学历人才比例下降。博士（含博士后）、硕士人数占全市引进人才总数的比例已由1999年的17.95%下降到2003年的10.77%。这和一些地方引进高学历人才总量上升的趋势形成了鲜明的反差。三是引进高新技术人才数量跟不上高新技术产业发展的需求，某些专业人才仍然缺乏。目前IT、生物医学、新材料等专业人才和通晓国际贸易规则的高素质人才奇缺，又难以引进，这直接影响到深圳产业结构优化和转型。四是引进的高级人才偏少。目前在深圳工作、居住的各类高级专家仅563人，占大专学历以上人才的0.1%（上海为0.6%），数量少，比重低。

引才区域失衡。近年，深圳从国内引进的人才主要来自华南、中南等南方地区，从华东、华北引进的比较少，人才"产地"不平衡。国内人才引进与海外人才引进不成比例。深圳提出建设国际化城市的目标，而目前国际化人才仅占人口总数的0.1%，低于上海的0.4%，更低于香港的7.1%，这与国际化大都市5%的最低标准相比，差距甚大。

引才载体失衡。从近年的实际情况看，深圳吸纳人才主要依赖少数用人大户，如华为、中兴通讯、中航、招行、平保、富士康等公司。1999—2002年，仅华为、中兴通讯两家公司就引才11694人，占全市同期引进人才总数的13.32%。而其他单位吸纳人才的数量则很有限。这种类似于"把鸡蛋放在一个篮子"的现象，不利于深圳可持续地大量引进人才。

引才潜力挖掘不足。据深圳市工商行政管理局统计，至2003年5月，深圳企业总数为13.4万户，而同期在深圳市、区人事部门办理人事立户的企业只有1.12万家，仅占全市企业总数的8.36%，尚有12万多家注册企业未办理人事立户。这意味着这些企业尚无"刚性"引才的准备，可挖掘的潜力非常巨大。尤其是近年发展迅速的民营企业，人才相对缺乏，但引才意识却有待增强。2003年3月深圳实行所有企业均可平等立户的政策后,至年底有1350家民营企业到市人事部门立户,占新立户企业数的85%。即便如此,已办理人事立户的民营企业也仅占全市民营企业总数的7.27%。

根据调查,中小型民营企业对人事立户缺乏积极性的原因,首先是引进人才成本较高。由于企业规模小,需引进的人才数量不多,若要"刚性"引才,其市场招聘、外出考核、人事代理等支出费用较高。同时深圳户籍员工的使用成本又比非户籍人员高,出于经营成本的考虑,对"刚性"引才积极性不高,因而不急于立户。其次是企业对人才引进及立户政策了解不够。不少中小企业,有的缺乏专职人力资源管理人员,有的人力资源管理人员轮换频繁,导致企业无法及时、准确地了解引才政策。而政府职能部门对中小企业,特别是对民营企业的政策宣传和人事业务培训也存在不到位的问题。

珠三角为何魅力消退

珠三角对人才的吸引力为什么下降?人才引进同前些年相比,为什么会出现如此强烈的反差?

还是让我们先来分析一下前些年珠三角的魅力所在。

20世纪八九十年代,珠三角之所以一度成为广大人才向往的地方,细究起来莫过于两点,一是政策超前,二是机制灵活。这两大因素,使珠三角在吸引人才方面具有相当的比较优势,从而焕发出诱人的魅力。

早在1987年,深圳市委常委会就讨论通过了《深圳经济特区干部调配暂行规定》,出台了一些引进人才措施。之后,深圳又相继制定了《关于引进国内人才来深工作的若干规定》、《深圳市办理人才居住证的若干规定》、《深圳市海外留学人员人才居住证管理办法》、《深圳企业博士后工作站管理暂行办法》、《深圳经济特区人才市场条例》等一系列政策法规。20世纪八九十年代,许多地方人才流动都被户口、档案等困扰。深圳却很早就实行了"柔性"引才政策。从建立特区开始,在坚持做好"刚性"人才引进工作的同时,他们就实行了户口不迁、关系不转、双向选择、来去自由的人才 "柔性" 引进的新模式。到2003年底，全市持有深圳暂住户口，在深圳工作的人才达42.83万，占全市人才总量的52.09%。特别值得一提的是，1988年深圳在全国率先颁布了《深圳市鼓励出国留学生来深圳工作的暂行规定》，留学人员可享受再次出国来去自由、市内自由流动、评职称不限指标、优先申请科技发展基金等十多项优惠待遇，在留学人员中产生了极大反响，使深圳网罗了许多优秀人才。

1998年，为了吸引更多的高层次人才到深圳，促进高科技产业的发展，根据市政府颁发的《关于进一步扶持高新技术产业发展的若干规定》，深圳专门制定了加快高新技术产业人才队伍建设和人才引进工作的 "十四条"，使高新技术企业人才倾斜政策制度化、规范化，开辟了引进高新技术人才的 "绿色通道"。对于博士、高级职称人员、出国留学取得学士以上学位人员及其配偶，实行 "免进人指标、免调干考试、免城市基础设施增容费" 的 "三免" 政策。此后，为了进一步突破引才制度性障碍，深圳又宣布 "六大" 取消：从2001年开始，取消人事计划单列制度，取消下达人才引进指标制度，取消人才引进考试制度，取消引进人才的地区限制，取消先男后女的人才引进规定，取消人才入户前的统一培训。同其他地区相比，这些政策显得相当超前，对广大人才显现出了充分的吸引力。

在激励机制方面，深圳之所以能吸引大量人才，重要的原因之一就是激励机制比较好，分配制度比较活，建立了较为优厚的人才报酬机制，能够发挥人才的积极性，激发人才的创业激情。深圳在股权、期权和技术入股以及重金引才方面是开国内先河的，这种机制对于人才有很大的吸引力。可以说，当初 "孔雀东南飞" 的景象能够形成，与深圳激励机制的健全有很大关系。

历史走进21世纪，随着人才竞争的不断升级，各地竞相出台人才引进的优惠政策，相继降低引才门槛，实行了柔性引才。在收入分配机制方面，纷纷进行改革。在优惠政策方面，各地还竞相攀比，你优惠，我比你更优惠；你对引进的优秀人才补贴10万，我补贴20万。所有这些，使珠三角原本比较超前并且颇有诱惑力的政策，渐渐失去了光环。

深圳市人事局的官员认为，深圳出现引才弱化的苗头，有其深刻的背景：一是国内外人才竞争加剧。长三角经济圈的迅猛发展、环渤海经济圈的重新崛起、西部大开发的全面启动以及东北老工业基地的振兴，各地都在大张旗鼓揽才，导致人才分流加剧。近年港澳地区和新加坡、澳大利亚等国家也相继采取针对性措施抢夺内地专才，使得人才争夺战更加激烈。二是深圳创业发展的空间局限。随着特区优惠政策的普惠化，加之深圳部分资源供求矛盾有增无减，企业运营成本居高不下，投资吸引力有所下降。"大户不来，小户观望"，引才载体难以做大。各类人才，尤其是高层次人才感觉来深圳投资创业和施展才干的空间有限。三是深圳已从高速发展期进入相对稳定的持续发展期，传统产业的人才需求已趋饱和，而急需的高新技术产业人才又呈全球性供给不足，引进困难。

然而，珠三角引才弱化还有一个重要原因，即人才竞争的优势已经减弱。在薪酬方面，薪酬是激励机制的核心，也是引进人才的重要砝码。曾几何时，深圳就是高收入的代名词。许多人到那里工作，图的就是优厚的待遇。但近几年深圳这一优势已经丧失。据《21世纪人才报》2002年12月一项调查显示，2002年深圳个人平均年薪为49038元，上海为48757元，北京为45903元，广州为42834元，四者相差甚微，与前几年鹤立鸡群的情况相比，目前深圳的薪酬水平已无优势可言。而在高科技行业，深圳中高级人才的薪酬水平已居于劣势。北京一家咨询公司把所有的工作岗位分为21级，其中12—17级相当于企业的中高级人才。2001年该公司在北京、上海、广州、深圳四个城市对高科技行业年薪状况进行调查，结果为：17级，北京市超过65万，上海、广州接近58万，深圳在37万左右；16级，北京为58万，上海、广州50万，深圳30万；12级，北京24万，上海、广州20万，深圳16万。2002年该公司的调查又显示，上海高科技行业的薪资标准以13.8%的高增长率赶上北京，而深圳则增长缓慢。深圳中高级技术、管理人才的年薪在各层级上明显居于劣势，这无疑揭示了深圳的激励机制对中高级人才已失去吸引力。

在人才环境方面，珠三角也还存在许多有待改善之处。

法制环境。近些年深圳涉及引才的规定大多以政府规章、部门规范性文件的形式出台，法律效力层次低，对人才引进、流动的保障力度不够强。在市场经济条件下，对于人才使用中出现的新问题、人才流动产生的新纠纷，存在着法律难以规范或者无法有效执行的问题，既影响人才来深的安全感，又抑制了企业引才的积极性。

政策环境。由于管理体制原因，出现人才引进政策政出多门的局面，既造成用才主体和人才无所适从，又使政策执行力度削弱。如推出人才居住证后，一度出现部分拥有居住证的人才无法享受相关待遇的情况，个别矛盾迟迟无法解决。引才评价标准欠多样化。现行的引才标准侧重于学历、职称，无法全面、有效地评价人才。受政策限制，一些学历、职称不高，但用人单位急需的有才干、有贡献的实用和有效人才，无法顺畅引进。据中国社会科学院对深圳社会阶层的调查，私营企业主阶层在深圳约有7.54万人，平均年龄36.53岁，高中/高职/中专文化程度占33.8%，大专文化程度占38%，本科以上文化程度只占18.8%。从这些人的实际能力和现实作用看，无疑是有效、实用人才。他们中的大多数希望在深圳安家落户，但因学历低、无职称，与目前引才条件有差距，还难以引进。落户政策不够灵活。随着特区内可利用土地资源日渐减少，许多大型企业选择在特区外落户。深圳规划的高新技术产业带有相当部分也在特区外。按深圳现行户籍管理制度，特区外企业新引进人才的户口必须落在特区外，有相当部分人才出于生活和子女入学问题的考虑，不愿意把户口落在特区外，无形中削弱了深圳对人才特别是高层次人才的吸引力。

生活环境。由于深圳面积狭小，房价、房租高居全国前列，许多人才只能散住于环境欠佳的出租屋。随着深圳的发展，城市逐年拥挤，城市公共资源供给日趋紧张，交通堵塞严重，空气质量下降，这些在一定程度上也降低了深圳对人才的吸引力。

人文环境。深圳科研、教育、卫生和文化生活与其他经济发达城市相比，还有相当差距，直接影响到人才的学习、交流和生活。反映最多的问题有两个：一是基础教育滞后，影响到子女的教育，二是缺乏高水平的大学和科研学术机构，影响到人才自我提升。

东莞市人事局提供的情况也表明，人才环境欠佳，使不少人才离开了珠三角，流向长三角等地。东莞市人事局人士分析道，人才环境欠佳主要包括以下几个方面：一是东莞人文环境欠佳。与具有丰富文化底蕴的长三角相比，东莞吸引力不足。东莞是近二十年来高速发展起来的新兴城市，文化基础较弱，在发展过程中，城市建设、城市管理不可避免地出现种种混乱，同时，市民和外来流动人员文化素质普遍偏低，不能形成良好的文化氛围，影响了中高级人才长期扎根东莞的意念。二是劳动法规执行不到位。虽然改革开放初期那种劳动强度大、工资报酬低的"血汗工厂制度"已不复存在，但劳动时间长、工作节奏快的特点却保留下来，给务工人员的身体和心理造成了极大的压力。相比之下，长三角地区对劳动法规执行得比较完善，东莞部分人才因而选择了离开东莞前往长三角谋求发展。此外，东莞的产业结构不合理，大部分产业还是以制造加工为主的劳动密集型产业，科技含量过低，难以吸引人才特别是高层次人才。

这些状况警醒我们，珠三角要增强人才竞争力，必须加紧优化人才环境，重建人才竞争的优势。

人才难题掣肘珠三角

珠三角地区由于对人才吸引力下降，引进人才难度加大，使得人才结构显现出不少新问题。

首先是高层次人才、高技能人才缺乏，适用人才、后备人才不足。目前在深圳工作、居住的各类高级专家563人，占大专学历以上人才的0.1%（上海为0.6%），数量少，比重低。珠三角第三大城市佛山市高层次人才也明显不足，其中国务院特殊津贴专家、承担国家"863"和"973"重大科技项目带头人，高级专业人才、高级技能人才、博士、引进长期专家、吸收留学人员7个类别的人数与浙江宁波都有较大差距。东莞市未来3年技能人才需求总量将达到300万人，而目前只有240万人，特别是具备中高级技术职称的高技能人才只有3000多人，侨乡江门市高级职称人才仅占专业技术人才总量的2.8%，每10万人口中具有大专以上学历的仅有0.28万人，人才总量的差距非常明显。

其次是人才结构和分布不够合理。以惠州市为例，截至2003年末，该市国有、集体单位人才过于集中，非公企业、农村人才密度较低，国有集体单位人才有113012人，占人才总量的近40%，而非公企业人才、农村人才分别只占人才总量的25.8%、28.5%。又如江门市，该市文教、卫生专业技术人才占人才总量的41.86%，而工程类技术人才只占13.5%，农业人才仅占0.95%。人才结构不合理，无疑将制约着产业的发展。

这些情况表明，人才已经成为制约珠三角进一步发展的瓶颈。只有尽快解决人才问题，珠三角才能实现新的腾飞。

据珠三角地区人事部门的统计分析，珠三角今后几年人才缺口较大的领域主要集中在电子信息、生物技术、新材料、先进制造业、环保技术、国际经贸等方面。其中生物技术研发人才尤为紧缺，已经明显成为珠三角高新技术产业发展的 "软肋"。

广州电子信息业重点需求的是软件开发人才，目前广州的软件开发人才缺口2万人。汽车制造业重点需求汽车工程技术人才，这类人才缺口0.6万人。而建筑与房地产业则紧缺高级房地产营销策划人才、高级估价师和物业管理人才。

深圳目前最缺的是IT、生物医药、新材料等专业人才和通晓国际贸易规则的高素质人才，这将直接影响到深圳产业结构优化和转型。

中山市需重点引进的紧缺专业人才为高科技研发、高级经济管理、高级企业管理、IT产业、外贸外语、金融会计、法律、营销、文化艺术、高级技工等十类人才。

江门市的会计、审计、金融，特别是新材料、新能源、电子技术、生物技术、环境保护等专业技术人才紧缺，复合型人才方面也呈现短缺现象。

面对人才危机，珠三角地区也在奋起提升人才竞争力。

高层次人才是珠三角人才争夺的焦点。深圳市提出，要制定专门的引进高层次人才的政策，在引进条件、引进方式、经费资助和奖励、创业条件、使用机制、分配激励机制、综合服务等方面作出规定，有效引导用才主体打破常规，以争、抢、夺、挖的气势，引进高层次人才到深圳开创事业。企业博士后工作站既是引进高层次人才的载体，又是培养高层次人才的摇篮。深圳准备完善《企业博士后工作站管理暂行规定》，加强企业博士后工作站建设，加大博士后工作站的数量和规模。

在广州市委八届二次全会上，广州提出了建设 "人才汇集、机构合理、机制健全、市场主导、流动有序的现代人才都会" 的发展目标，决定以改善人才综合环境为目标，完善人才工作政策法规体系，打造产业优势，汇聚各路英才，努力实现引进人才由注重数量向注重质量转变，由一般人才向高层次人才、创新人才转变。

中山市实施了高科技人才创业工程，以"一区一园三基地"为龙头，协助企业大力引进和聚集高科技人才前来创业，大力支持国内外知名院校到中山设立教学园区，提高人才培养、研究开发、成果转化的能力。

提升珠三角的人才竞争力，必须改善珠三角的人才环境。在这方面，珠三角各大城市也颇费了一番心思。深圳市提出，实行一流人才给予一流待遇的分配制度，建立与市场对接，按经营要素、技术要素、人才资本分配的机制，对聘请的海外人才，可以按国际人才市场价格给予待遇。广州也提出，依据不同岗位的职责、知识、技能要求，确定其工资分配档次和工资发放标准，以事定岗，以岗定薪，根据各类人才的工作实绩和贡献大小，实施奖励工资，对机关特殊专门人才，探索实行特殊的工资、津贴政策。江门市则设立优秀人才贡献奖，每两年评选一次，对在当地经济和社会发展中作出突出贡献的科技拔尖人才和优秀的经营管理人才，由各级政府颁发荣誉证书，并根据其贡献大小一次性给予20万元以下的奖励。

提升珠三角人才竞争力，还必须充分盘活人才资源，破除人才的地区、单位壁垒，实现政策一体化，信息网络化，人才、智力流动市场化，成果共享互惠化，最大限度地发挥区内人才作用和人才效益，形成人才区域集聚裂变效应。深圳市人事局一位副局长说，当前珠三角分割、本位的单个城市难以有效提供和开发其所需的高端、紧缺、急需或各自重点产业所需的人才。珠三角要提高自己的竞争力必须在人才开发合作方面全面提升。

2005年1月27日，广州、深圳、珠海、佛山、惠州、东莞、中山、江门等珠三角八市人事局在广州共同签署了《珠三角人才资源开发一体化合作协议》。根据协议，珠三角将在职业资格证书互认、区域内高级专家信息资源共享、人才交流信息共享、联合举办珠三角人才招聘会、开展人事人才服务合作等方面开展合作。这是顺应区域经济一体化的要求，推动区域人才资源开发合作，建立珠三角的整体人才优势的一个重大举措。

珠三角毕竟是经济发达地区，人才资源开发上有着诸多优势。可以想见，随着相关政策的调整，对人才开发力度的加大，珠三角的人才竞争力必将迅速提升，成为强有力的人才磁场。

西部靠什么凝聚人才

2005 年3月，在全国"两会"上，不少来自西部省区的人大代表痛心地伤叹：西部人才难留，别说孔雀东南飞，现在连麻雀都要东南飞了！

人大代表的呼声令人震撼，也激起我们对西部人才问题的进一步关切。西部人才状况究竟如何？西部人才难留，究竟难在什么地方？为了深入探究这个问题，我们与西部诸省区党委组织部、人事厅取得联系，展开了调查与采访。

人才流失仍是最大隐忧

必须看到，实施西部大开发战略以来，西部各省区加大了人才开发力度，同前些年相比，各省区人才总量均有所增加，人才素质也进一步提高，这可以说是不争的事实。

据贵州省组织人事部门的统计，到 2004 年底，贵州省人才总量为180.33 万人，人才总量占全省人口总数的 4.62%。按老口径计算，党政人才、专业技术人才、企业经营管理人才三支队伍总量比"九五"期间增加 5.92 万人，增长率为 7%，年均增加 1.2 万人。在总量增加的同时，人才队伍整体素质也得以提高，结构进一步改善。到 2004 年底，全省党政、专业技术、经营管理人才中，研究生以上学历 3898 人，本科以上学历 15.28 万人，大专以上学历 49.2 万人。分别比 2000 年增加 2288 人、6.57 万人和 19.88 万人。此外高技能人才和农村实用人才也逐步成为人才开发新的增长点。

广西壮族自治区区委组织部提供的数据表明，到 2004 年底，广西社会人才总量达 200 万余人，其中党政人才 18 万余人，国有企事业单位专业技术人才 78 万余人，企业经营管理人才和其他社会人才 104 万余人，同前些年相比均有明显增加。

据新疆维吾尔自治区人事部门的统计，截至 2003 年底，新疆人口总数为 1933.95 万人，人才资源总量 130 万人（测算数），占全区人口总数的 6.7%。而 1999 年底，新疆人口总数 1775 万人，人才资源总量约为 115 万人（测算数），占全区人口总数的 6.47%。这表明西部大开发战略实施后的人才资源总量占全区人口总数的比例提高了 0.23 个百分点。全区各类干部中，大学以上学历的 12.3 万人，占干部总数的 19%；大专学历 26.2 万人，占干部总数的 40.5%。而 1999 年底，全区各类干部中，大学以上学历的仅有 8.3 万人，占干部总数的 12.5%；大专学历仅有 23.1 万人，占干部总数的 34.8%。这表明人才队伍学历结构得以优化，整体素质有所提高。

然而从调查情况看，西部省区在人才总量增加的同时，人才也在不断流失，人才流失仍然是西部省区的最大隐忧。

据云南省委组织部所做的一项调查：近年来，虽然西部绝大部分地区人才总量不断增加，但每万人拥有的人才存量在全国的排位却不断下降，许多地区、许多单位人才特别是高层次人才外流加剧，人才断层加剧，"孔雀东南飞"甚至漂洋过海的现象仍较突出。实施西部大开发以来，云南省共计流失人才 597 名，其中副高以上人才 72 名。甘肃省近十年来每年外流的高中级职称和高学历专业技术人员超过 1000 名，仅高校系统（不含兰州大学）自 1992—1999 年间，调出的中级以上专业技术人员有 576 名，而从外地引进的专业技术人员仅为 150 名左右，引进人员占流失人员的 1/4，全省每年在外省高校毕业的学生有 5000 余人，每年回到甘肃的却不到 1/3，尤其是工科类本科以上毕业生回省率更是低得惊人，从而使甘肃省人才相对存量在全国位于倒数第五位，在西北五省中倒数第一。宁夏自 1985—1995 年间，调往外省的专业技术人员 5089 人，而同期调入 2329 人，外流人员中，年龄在 30—45 岁之间的高中级专业技术人员约占 57%。新疆从 1979—1998 年，通过正常渠道调出的干部就达 4 万人，而同期由外省调入新疆的干部仅 7248 人，调出与调入的比例为 6∶1。

宁夏回族自治区区委组织部的统计分析表明，改革开放二十多年来，宁夏通过各种形式大约流失人才 3 万名，而同期引进的人才不到 3000 人，流失与引进比为 10:1。

据宁夏组织人事部门的分析，西部地区的人才流失大体上分为两种情况：一是"返籍式"流失。时间大体上从改革开放伊始至 20 世纪 80 年代末，流失人才大多为五六十年代的支边人员。他们大多以专业不对口、夫妻分居等理由，通过工作调动的方式返回东部原籍。二是"淘金式"流失。时间大体上从 20 世纪 90 年代至今，流失人才大多为学科带头人、技术骨干等，流失意向以争取更好的工作、生活条件为主。以上两种情况尽管有一定区别，但总的看，具有三个共同特点：一是"优秀人才"流失多。宁夏流失的人才中，80% 具有大专以上学历，其中包括一大批全区有名的专家、学者、文化名人。据统计，宁夏大学近年来流失的 159 名人才中，教学骨干、学科带头人占大多数；宁夏长城须崎铸造股份有限公司近年来流失的 40 名人才中，80% 以上都是关键生产岗位上的优秀人才。二是"年轻人才"流失多。据统计，宁夏流失的人才中，45 岁以下的中青年专业技术骨干占 67%。三是"怀才不遇者"流失多。许多外流人才，往往与在原单位受到"冷遇"有关。任人唯亲、论资排辈、妒贤嫉能等不良风气在西部一些地区比较严重，"千里马"受排挤，"驽马"被重用的现象司空见惯。

新疆维吾尔自治区区委组织部、区人事厅的调查显示，"十五"期间，新疆人才流失的数量有所减少，但人才流失的强度没有减弱，高职称、高学历、高素质人才流失现象依然十分严重，外流人才中有大专以上学历和具有中级以上专业技术职称的约占 80% 左右。新疆考取内地高等学校的研究生、大学生，学成返疆的比例继续下降，每年返疆工作者不足 50%。新疆引进高层次人才和吸引海外留学归国人才的数量仍然很少。

目前从总体上看，新疆生产建设兵团已初步实现了人才进大于出的良性循环，但从局部分析，边境团场人才不稳、人才外流的形势依然严峻。据兵团人事局的调查，2004 年与 1991 年相比，边境团场从业人员和国有单位在岗职工总数分别减少了 3.1 万人和 4.1 万人。更为严重的是，一方面边境团场的第二、三代子女有相当多因职工负担过重等原因而不愿在团场工作，另一方面国有单位在岗职工年龄老化。据统计，边境团场国有单位在岗职工中，年龄在 18—35 岁的所占比重由 1991 年的 38% 下降到2003 年的 32%。有一半以上的职工将在 10 年内退休，边境团场干部队伍也同样存在"断层"问题，2004 年末，35 岁及以下人员占干部总数的32.5%（这一比例兵团为 37.6%），55 岁及以上人员占干部总数的 4.9%（这一比例兵团为 3.8%）。"进"与"出"的矛盾如不妥善解决，将严重影响边境团场守边固边的人才资源基础。

青海省人才的双向流动颇不协调。从省内人才流动的情况看，基层流向城镇的多，城镇流向基层的少；企业流向行政事业单位的多，行政事业单位流向企业的少。从省内外人才流动的情况看，流出的人才多于流入的。2000—2003 年，青海外流各类人才 2646 人，而同期来青海的各类人才只有 671 人，流出和流入比为 4:1。2004 年，青海普通本科院校中通过各种渠道流出的专任教师为 50 人，而同期引进的只有 22 人，流出和流入比为 2.3:1。此外，流出的多是具有中高级职称和高学历的优秀人才，而流入的多是高校应届毕业生，流出人才的素质明显高于流入人才的素质。

西部省区劳动者平均素质本来就不高，优秀人才的大量流失不仅严重制约了西部地区经济社会及各项事业的发展，给西部地区市场经济的发展造成了巨大的困难，而且在西部地区人才队伍中形成了普遍的消沉、懈怠、迷茫等灰色情绪，严重影响了整体人才队伍的活力。

人才现状凸显四大难点

在调查中我们发现，西部省区的人才矛盾相当突出，其矛盾主要表现在四个方面：

一、人才拥有量相对不足，高层次人才严重缺乏。2004 年，贵州省人才总量仅占总人口数的 4.62%，距离国家人事人才"十五"规划要求的 6.3% 还有一定的差距。现有人才主要集中在党政、教育、卫生、社会保障和社会福利等行业，约 58.14 万人，占人才总量的 32.2%；企业经营管理人才和企业单位专业技术人才约 12.47 万人，仅占人才总量的6.9%。支撑贵州省重点产业发展的煤及煤化工、磷及磷化工、电力、旅游、高新技术等重点产业人才不足，农业、金融、法律、高技能、农村实用人才数量少。同时人才质量也不容乐观。

据贵州省委组织部介绍，在该省人才队伍中，有的党政领导班子和领导干部观念落后，理论水平不高，依法行政能力不强，解决复杂矛盾的本领不大，素质和能力同实现历史性跨越的要求还不适应。有的党员领导干部事业心和责任感不强，思想作风不端正，工作作风不扎实，脱离群众等问题比较突出。企业普遍存在"三少一弱"问题，即熟悉市场、熟悉管理、熟悉资本运营的少，财务管理薄弱；企业经营管理人才选拔机制不健全，一些大企业经营管理人员青黄不接。专业技术人才队伍自主培养、自主创新、自主创业能力不强，科研成果拿到国家级大奖的不多，科研成果与市场的结合度不高，转化率低，难以对经济社会发展形成学术技术支撑。劳动者整体素质不高，教育投入严重不足，基础人才资源开发任务重、难度大。

宁夏回族自治区人才与人口之比为 3.9%，每万人口中仅拥有人才390 人，每万从业人员中仅拥有人才 847 人，按经济起飞人才资源配置密度 7% 的要求，相差 3.1%；与全国平均人才密度 5.1% 相比，低 1.2%，人才群体中最有代表性的国有单位专业技术人才只占人口总数的 2.8%，在专业技术人才中，具有高级职称者不到 10%，全区现有博士仅 60 多名，硕士研究生不足千人，高级企业经营管理人才、知名学科带头人以及新材料、生物工程、特色医药、煤化工、天然气化工、世界经济与贸易、现代农业等方面的高精尖和复合型、创新型人才十分短缺。

二、引进人才效果不明显。西部地区由于经济发展比较滞后，对人才提供的待遇较低，对人才的吸引力差，难以对优秀人才产生聚合力；工作条件也比较差，科研经费缺乏，虽然每年科研项目不少，但资助额度太小，难以使优秀人才成就事业，制约了优秀人才的引进。

就如何吸引和稳定人才，新疆维吾尔自治区曾多次组织专门力量进行调研论证，近年来自治区也陆续出台了一些优惠政策，但由于新疆的经济、环境、财力等各种因素，在优惠政策及相关待遇上，与内地发达省区还有一定的差距，事实上形成了人才待遇上的不平等，人才稳不住、引不进的问题一直比较突出。

　　贵州省委组织部的调查显示，贵州县乡村对人才的需求很大，但由于基层条件较艰苦，缺乏必要的激励机制，许多大学生和专业技术人才不愿意去基层工作。有的县因财政困难，无力接受大学生，致使高校毕业生就业困难，人才闲置。

　　三、人才流向不合理，人才分布与经济建设需求不协调。按有关规定，我国人才的基本导向是引导人才向第三产业流动，向中小城市流动，向企业流动。但在一些西部省区，人才的流向却主要是首府城市、东南沿海、党政机关和事业单位。这种状况造成了人才分布不够平衡，一是行业分布不均，人才过于集中在个别行业；二是地区分布差异明显，大城市人才相对密集，县乡人才稀少；三是企业人才少。

　　目前，新疆人才队伍存在数量多而整体素质偏低的矛盾。新疆万名成人中大学生数量为 514 人（全国平均为 361 人），列全国第五位，但一般性的人才较多，高层次人才，特别是适应新疆基础产业、支柱产业和特色经济发展的实用型人才、科研人才、学科带头人紧缺。目前新疆仅有 2 名院士、18 名博士生导师、181 名博士，研究生以上的人才仅占人才总数的0.2%。人才专业结构也不合理，文科、长线专业过剩，从事卫生工作的专业技术人才所占比例高达 72.5%，而工程、农业专业技术人才分别只占9.2% 和 7.7%，高新技术、复合型创新人才严重短缺，行业、产业布局不足。人才效能作用发挥不到 60%。同时人才布局不合理的问题也依然存在，主要表现在大中城市人才相对集中、相对过剩，乡镇、基层、企业人才相对紧缺；经济发达地区人才相对集中，经济欠发达地区人才紧缺；全区技术性开发人才的 70% 集中在乌鲁木齐和克拉玛依市；具有高级专业技术职称的专业技术人员 81% 集中在区、地两级；专业技术人员的 81% 在事业单位，企业只占 19%。基层干部特别是汉族干部补充困难，人才"断流"情况仍然存在。和田、喀什、克州、阿克苏等四地州的乡镇干部队伍中（不含事业单位和教师），汉族干部仅占 16% 左右，这些地区汉族人口比例很低，靠本地补充干部来源明显不足。

　　贵州省两高人才主要集中在文化、教育、卫生部门，全省高学历人才中省直单位占 77.7%，地区占 14.2%，县以下仅占 8.16%；高级专业人才中，省直单位占 47.7%，贵阳市占 13.7%，其他 8 个市仅占 38.5%。

全省企业单位仅有高学历人才79人，高级专业技术人才2798人。目前贵州高新技术产业、特色产业、重点产业人才缺乏。现有人才在学科结构上，理科偏多，工科偏少，农科更少；社科领域、传统学科偏多，经济、法律、金融、贸易、中介等应用学科专家少，尤其是特色产业、高新技术产业专业人才和跨行业、跨学科的复合型人才更少，制约着经济的发展。

宁夏的人才中，直接服务于经济建设的实用型人才不足。分布也很不合理。在单位分布上，60%以上的人才聚集在机关和事业单位，在年龄结构上，高级专业技术人员年龄偏高，断层危机突出。

四、继续教育乏力、人才队伍知识陈旧、老化现象严重。西部省区的许多企业目前面临着不同程度的困难，有的连职工的工资都难以保障，更拿不出钱来对专业技术人才进行培训，高层次人才进修和进行国际、国内学术交流的机会少，造成人才队伍知识老化。宁夏区委组织部对区内17家中型国有企业进行调查发现，这些企业90%的专业技术人员几乎没有参加过任何形式的职业技能培训。而贵州对46位省管专家、博士的调查资料显示，41.3%的人反映工作后没有接受过专业培训，45.7%的人因缺路费不能参加国际国内学术交流活动。

西部最缺的是什么

有一位高级工程师，原在西北某国有企业工作，前些年跳槽到浙江台州一家民营企业，谈起自己"孔雀东南飞"的经历，他坦诚地说："西部条件艰苦，但这并不是人才外流的根本原因，最重要的是那里人才环境不行。用人机制陈旧，不看能力靠关系；分配机制僵化，干多干少一个样。"他还介绍说，初到台州时，因为企业刚刚起步，生活条件也很艰苦，如果单纯比生活条件，当时的情况和原单位相比并无优势。但浙江民企的用人机制和激励机制很活，让人觉得有奔头，给了他承受困难的勇气。他和公司老板素不相识，更谈不上特殊关系。但因为他技术过硬，研制出来的产品颇受市场欢迎，能给企业创造效益，老板就器重他，提升他为技术总监，还给他股份。他说，在这里我凭本事吃饭，工作干好就什么都有了，很单纯。

西部人才流失不是什么新闻，流失的原因却值得认真回味、反思。每个人才"东南飞"都有各自的具体原因，但许多人都有一个共同的感慨：西部环境不行。这不能不让我们有所感悟：西部人才开发，最缺的、最重要的是什么？

2004 年 6 月 19 日，在贵州省委组织部和《当代贵州》杂志社联合主办的"2004 西部人才论坛"上，中国人民大学劳动力人事学院副院长孙健敏一针见血地指出："贵州缺乏人才吗？不缺！缺的是让人才脱颖而出的机制！"他说，目前东西部人才战略的差距主要是在政策层面上。物质并不是人才去留的决定性因素。从硬件条件上讲，20 世纪 80 年代初的北京、上海，生活条件要比深圳好得多，但当时数不清的各方面人才纷纷南下，奔向深圳。深圳靠什么凝聚人才？靠的就是机制，靠的就是灵活的用人制度和对机遇的预期。上海公共行政与人力资源研究所所长沈荣华认为，西部地区的确需要吸引外面的高级人才，但关键在于营造一个良好的制度环境，既要有灵活的用人制度，又要有合理的分配制度，包括改革户籍制度等。

从我们调查的情况看，西部地区人才难留，与当地人才环境欠佳有密切关系。

西部人才环境不佳，有主客观的原因。从客观上说，西部省区地处偏远，自然环境艰苦，经济发展滞后。有效激励机制难以形成。干部工资收入与沿海及内地的差距较大，难以吸引和稳定人才。比如新疆，新中国成立初期新疆国有单位职工工资水平为全国平均水平的 1.9 倍，而 2001 年全国国有单位职工工资是新疆的 1.1 倍。工作条件及生活条件差，干部出差、下乡工作领不到出差费，除工资外，没有任何福利。不少科研单位的有限资金只能保工资，无法开展正常的科研工作，有潜力的人才难以在学术上进一步发展。

由于经济发展落后，又导致了一系列的问题，一是各类工程、技术中心等创新、创业载体建设缓慢，加之投入不足，风险投资环境欠完善，融资渠道不畅，很多重要项目、重要成果因经费缺乏难以转化，成果转化难、推广难已成为困扰高层次人才的一个重要问题，导致高层次人才的作用难以充分体现和发挥。一些人产生怀疑：高层次人才在这里究竟有多大用？这里需要那么多高级人才吗？人才本身也感到难以实现自身价值，人心思动。二是企业整体实力不强，生产水平较落后，生产技术较粗放，新兴产业、高新技术产业发展较慢，企业对高层次人才的需求不旺，不能成为集聚人才的主体。三是市场化的人才流动机制不够健全，人才无序流动与流动不畅并存，高层次人才尤其是企业家、高层管理人才通过市场配置的较少，通过行政指令和各种关系促成的多。不少人才感叹：要干点事很累。累，不在于工作本身有多难，而在于要花费很多精力去处理工作之外的事情。这些问题都直接制约着西部凝聚人才。

从主观上说，一些地方、单位领导人才观念还比较滞后，对人才在经济发展和科技进步中的重要作用认识不到位。这也导致了一系列的问题，如用人机制不活，人尽其才的使用机制不够健全，公平竞争、优胜劣汰的机制难以真正形成。能者上不去，庸者下不来的现象仍比较普遍。重物轻人、重引进轻使用的意识比较严重。嫉贤妒能、枪打出头鸟的现象仍存在。与贡献相对应的分配激励机制不够完善。

人才流失最重要的地区和单位，往往就是用人机制最为僵化的地区和单位。这似乎已经成为一条规律。为此专家呼吁，西部人才开发要寻找对症之药，改革用人机制，营造良好的人才环境是重中之重，人才环境不好，现有人才留不住，外来人才进不来，人才开发将事倍功半！

近些年来，西部省区已经渐渐意识到人才环境建设的重要性。在调查中我们发现，西部大开发战略实施以来，西部许多省区都把人才环境建设当作人才开发的核心步骤来抓。

早在2000年7月，重庆市政府就出台了《关于进一步优化人才环境的决定》，就加大人才引进力度、创新人才分配政策、改善人才生活待遇、完善人才服务功能、优化人才成长环境等方面出台优惠政策。

陕西省明确提出，营造符合现代市场经济要求的社会环境，是形成人才辈出、人才荟萃、才尽其用、才展其长良好格局的重要保障。为了把高层次人才的积极性、创造性和技术带头人作用发挥好，陕西省委建立了省级领导联系专家制度。全省各级各部门都建立起了党政领导、组织人事部门、用人单位领导和高层次人才的联系制度，定期召开座谈会，倾听人才的意见和建议。政府加大对各类优秀人才表彰、宣传的力度。财政拨出专项经费，每年召开专家慰问表彰大会，大张旗鼓地对作出突出贡献的人才进行表彰奖励；定期组织各类专家参加不少于 15 天的考察休假；利用媒体大力宣传优秀人才的业绩和贡献，不断营造稳定人才、吸引人才、发挥人才作用的良好舆论环境。物质奖励与精神鼓励结合，进一步激发了各类人才的责任感、成就感和荣誉感。

广西壮族自治区也建立了领导干部联系专家制度，领导带头交专家朋友，诚心诚意为专家办实事，解难题，坚持感情留人。建立了专家决策咨询制度，自治区党委、政府每年都召开专家座谈会和挂职干部座谈会，听取建议，共商发展大计。安居才能乐业。近年来，广西壮族自治区党委十分重视解决各类人才特别是优秀人才工作和生活中的实际困难，营造良好的环境。在高层次人才子女入学、就业及家属工作安排等方面，特事特办，优先解决，解除其后顾之忧，为高层次人才全身心投入工作创造良好的条件。

对于人才而言，能不能干成事业是至关重要的。优化人才环境，很重要的一条，就必须支持人才创业，扶持人才发展。从 2000 年开始，陕西以关中高新技术产业带，特别是以西安、宝鸡高新技术开发区和杨凌农业高新技术产业示范区为依托，支持、鼓励省内大专院校、科研院所的人才进区创业。三个开发区先后为 600 多家科技企业提供了贷款担保，为 2000 多名各类人才提供了中介信息服务。省、市政府邀请国内外近百名专家学者对 1 万余名人才进行了培训，帮助 100 多家企业获得了政府资助的合同。全省先后拿出 2000 多万元风险投资基金，支持了由科技人员领办的 200 多家高新技术企业。对 300 多家由科技人员创办或合办的企业，在工商管理、土地使用、高新技术产业和产品认定、重大项目立项等方面给予了政策性扶持。对开发区内人才的失业、养老、医疗保险问题也从政策上给予支持。现在，关中高技术产业开发带和关中星火开发带的人才汇集效应已初步显现，每年对全省国民经济的贡献率达 30% 以上，高新技术开发区、产业园区已成为陕西省规模最大、活力最强的新的经济增长点。

一个地方是否有公平竞争、公平发展的机会，直接影响着人才队伍的稳定。西部省区在优化人才环境中，都把建立公正透明的选才用人机制作为其中一项重要内容来抓。1998 年以来，广西每两年进行一次全区性公开选拔领导干部工作，到 2004 年底共公开选拔领导干部 2623 名，其中厅级领导干部 69 名、处级领导干部 563 名。2002 年他们改进公开选拔方式，实行厅处联考，对公开选拔的 26 名厅级、各市和有关部门公开选拔的 97 名处级领导职位，由自治区统一发布消息、统一组织报名、统一命制试题、统一时间考试、统一公布结果，整合了公开选拔的组织资源，以厅级公选的标准提升处级公选的质量，以扩大规模来降低选拔成本，走出了一条程序规范、手续简化、质量提高、成本降低、形成规模的公开选拔新路子。

近年来，广西扩大竞争上岗范围，包括进行了跨部门、跨地区竞争上岗的实践。2002 年市、县、乡机构改革中，广泛运用竞争上岗，全区实行竞争上岗的岗位达 11 万多个，占岗位总数的 64.6%，10 万余人通过竞争任职。他们还进行了公开推荐出缺职位拟任人选制度的试点，把出缺的党政领导职位及条件面向社会公布，最大限度地发动各级党组织和群众公开推荐，选拔过程分为民主推荐、资格审查、民主测评、竞职演说、综合测试、确定考察人选等 6 个程序，相对于公开选拔，公推简化了程序环节，缩短了时间，降低了成本，易于推行。在试点基础上，广西推行县市党政正职由党委全委会无记名投票表决制和常委会任免干部票决制。同时普遍推行任前公示制。1999 年至今，全区已公示厅级及以下职务拟任人选 25114 名。公示期满后，不予任命的 351 人、暂缓任命的 142 人，有效避免了一些干部"带病上岗"和"带病提职"。

公平的竞争环境，使人才看到了在西部凭本事就能吃饭、凭本事就能发展的希望，这对稳定人才产生了极大的作用。

然而，西部地区的人才环境尽管有所改善，但同东部沿海地区相比，差距仍很明显，人才环境建设与西部大开发的需要相比，差距也仍然很明显。

人才环境建设是一项庞大、复杂的系统工程。人事部人事科学研究院副院长吴德贵认为：人才环境是指人才赖以生存、得以发展的社会和物质条件的综合体，包括影响人才成长的各种外部要素的总和。具体说来，人才环境，既包括硬环境又包括软环境，既包括物质环境又包括人文环境，既包括政治环境又包括经济环境，既包括工作环境又包括生活环境，既包括宏观环境又包括微观环境，既包括外部环境又包括内部环境。就硬环境和软环境而言，硬环境指的是影响人才发展的有形的硬件条件，主要包括生态条件、基础设施、经济水准等；软环境指的是影响人才发展的无形的软件条件，主要包括体制环境、法律环境、制度环境、政策环境、人文环境、人际环境等。

以这个标准来看，西部地区的人才环境建设还有很多事情要做，还有很长的路要走。

敢问出路在何方

随着我国加入 WTO，国际化的人才竞争激烈。各地为了引进人才，竞相制定优惠政策，给人才开出的价码也越来越高。有的地方为了引进人才，承诺给人才百万年薪，一百多平方米的住房，以及轿车、股权等等。在白热化的人才争夺中，西部又将何去何从？

1999 年，贵州电视台率先在全国推出 10 万元年薪招聘播音员、主持人。消息一出，轰动一时。全国共有 500 多人报名应聘，最后录用了两名。但两三个月后，一名来自湖北的主持人被上海某电视台用 20 万年薪挖走。一年多后，另一名黑龙江来的播音员，因为电视台觉得不太满意，提前终止了为期两年的合同，该播音员为此将贵州电视台告上法庭，法院裁定贵州电视台败诉，该播音员也离开了贵州。这场公开招聘遂以失败告终。

贵州电视台的有关负责人认为，造成这个结果的原因，一是贵州台的"平台"不够大，没能提供令引进人才充分发挥潜能的空间；二是步子迈得还不够大，10 万年薪太少，如果能够提供更高的报酬，也许就能吸引更多更好的人才。

然而社会各界对这起事件评论观点却很不一致。一些人认为，西部地区经济原本落后，单纯拼薪水，靠高薪延揽人才，哪能拼得过沿海发达地区？但在市场经济环境下，要引进人才，不提高待遇，又如何引进？西部地区究竟怎么解决人才短缺问题？是以引进为主，还是首先挖掘自身潜力，盘活现有人才？

中国人民大学劳动人事学院副院长孙建敏说，对西部地区来说，外引与内培，后者才是第一位的。人才本土化很重要，应该强调本土化这个概念，因为从西部的实际出发，想要大量地从外地引进人才，并不很现实。首先在财力上就无法做到，并且引进来的人留不住也是一个问题，所以应该把大力气放在内部培养上，使人才本土化。孙建敏认为，在内培上，政府应出台相应政策，向用人单位提供人才招聘和使用的自主权。西部地区的用人单位要首先认识到本土化才是用人之本，用好现有人才。

上海公共行政与人力资源研究所所长沈荣华说，一个地区要发展，就需要一大批本地人才，而不是全部依靠引进，这就要求在本地人才的培养上要做大量的工作。首先必须发展教育，其次要提高劳动力的素质，第三要提升人才引进的层次，引进的必须是高层次的、紧缺的、急需的人才，通过这些人才来带动本地人才的培养。

这几年，高薪揽才成为各地引进人才的重要手段。对于人才而言，谁都希望获得高薪。但一些比较理智的人，对高薪揽才的看法却比较冷静。他们认为，如果一个单位不用好现有人才，单纯靠高薪聘请外来人才，那么薪水再高我们也轻易不敢去。因为现有人才没用好，说明这个单位机制有问题。那么我们去了，很可能陷入各种矛盾交织而成的泥潭中，最终高薪没拿到，事业没干成，名誉受影响，只能灰溜溜走人。

2001年，贵州省某医院面向全国（包括医院内部）以10万年薪招聘脑外科专家，尽管有知名专家应聘，但一位应聘的脑外科专家却提出了一个让人出乎意料的条件：不要10万年薪，只要每月3000元的月薪。院方同意了专家的意见，但同时也表示了遗憾，本来是希望通过10万年薪的方式，冲击人们的人才观念，签约的专家既然有这个本事，为什么不愿意拿呢？

这位脑外科专家有自己的看法：在贵州这样的经济条件下，别人拿两万，自己拿10万，压力太大。到贵州来，主要是为自己的研究积累临床经验，如果因为10万年薪引起别人对自己的抵触情绪，会给工作带来一些不利影响。这位专家的顾虑实际上蕴含了很深刻的道理：内部机制不活，外地人才来了也待不下去。要引进外来人才，首先也得盘活现有人才，靠人尽其才的良好环境引才，而不是简单靠高薪引才。

在调查采访中我们了解到，前几年，西部地区也一度出现盲目高薪引才的现象。在经历了不少挫折、失败之后，人们从认识上、行动上已明显变得冷静、务实，逐渐走出了这一误区，而把人才开发的重点转向盘活现有人才。

乌鲁木齐市一位市领导旗帜鲜明地指出："乌鲁木齐作为西部地区，客观地讲，由于受经济社会发展水平、自然环境等影响和制约，在人才引进方面，我们难以同内地经济发达地区竞争。因此，实施西部大开发，实现乌鲁木齐发展的既定目标，关键还得依靠现有人才。我们开发人才，要立足本市实际，把发挥现有人才的作用摆在极其重要的位置。"

四川是个人口大省。为了实现从人口大省向人才大省转变，加快人才资源向人才资本转变，四川结合本省实际，提出了实施"双五工程"、推进人才强省战略的新思路。所谓"双五工程"，一方面是在队伍建设上，以人才资源能力建设为核心，抓好党政人才、企业经营管理人才、专业技术人才、技能人才和农村实用人才"五支队伍建设"；另一方面是在步骤上，以体制机制创新为动力，采取盘活存量人才、开发实用人才、造就拔尖人才、引进急需人才、激活各类人才五大措施。从这个口号上我们可以看出，四川把盘活现有人才放到了极其重要的位置。

拔尖人才从哪里来，这是许多地方经常遇到的难题。四川眼睛向内看，通过创新人才选任机制，造就拔尖人才。他们推行了以学术技术带头人、有突出贡献的优秀专家等为主的拔尖人才选拔制度，以省学术技术带头人培养资金、省青年科技基金等为主的人才资助制度，以高层次人才研修班、专家理论研修、省学术技术带头人后备人选培训等为主的人才培养制度，以省科技杰出贡献奖、四川创新人才奖等为主的人才奖励制度，以科技副市长、科技副职团队选派、高层次复合型人才工程为主的人才选拔使用制度，从而使高层次拔尖人才队伍不断壮大。据四川省委组织部提供的材料，2004 年四川全省人才总量已达到 350 万，比"九五"末增加 49.45%。

一些地方的潜人才之所以最终没有成为显人才，往往在于那里的分配激励机制僵化，人才的活力遭到扼杀。因此，改革分配激励机制，是盘活人才的重要步骤。四川响亮地提出了"让在经济社会发展中作出实际贡献的人才通过创新创业先富起来"，通过分配制度改革，强化了分配激励；通过探索建立人才资本产权制度，强化了产权激励；通过加快建立多元化的人才奖励制度，强化了社会价值激励。使收入分配进一步向优秀人才、杰出贡献人才倾斜，有效地激发了各类人才的创业热情。

2004 年，四川省有近 20 万国有企事业单位人才自主创业，创办企业3.4 万个；近 7 万人才通过兼职兼薪等方式参与各类创新创业活动。2004年全省生产总值首次突破 6000 亿元大关，提前一年完成"十五"计划经济总量目标。人才与发展的良性互动正在巴蜀大地谱写动人的篇章，结出丰硕的成果。

做好培训，提升现有人才素质，是解决人才短缺行之有效的办法。在调查中我们了解到，这几年西部地区对培训工作日益重视。西藏自治区采取送校学习、出国培训、挂职锻炼等多种形式，对各级各类干部进行有计划、有目的地培养，初步形成了脱产培训、计划调训、在职学习三位一体的人才培养格局。他们充分利用对口支援省市优秀的师资、完备的教学设备、先进的教学方法，建立干部培训基地，选派大批干部到内地培训、学习和锻炼。2002 年西藏在中国人民大学等 8 所高校建立了干部教育培训基地，主要是对西藏具有大专以上学历的干部进行知识更新和学历教育，并培养一定数量具有硕士研究生以上学历的急需人才，切实改善西藏干部队伍的文化结构和专业知识结构。

青海畜牧业发达，农牧区面积之比为 1：9，农牧业产值并重。青海根据当地经济发展实际，实施"三年三千新技师"的培训计划，加快高技能人才队伍的建设，缓解企业急需的技术技能型、复合技能型和知识技能型人才短缺的局面。围绕农牧区经济结构调整，特色农牧业发展和劳动力转移的需要，他们实施"农牧民素质提升工程"，坚持农科教相结合，培养适应农牧区发展需要的实用技术人才。

贵州省为了提高机关工作人员运用现代信息技术的能力，促进政府部门工作方式的转变，为政府部门实施电子政务奠定基础，近年来大力抓好党政机关工作人员计算机中级应用能力培训。

内蒙古自治区提出，到"十五"末期将全体在职干部普遍轮训一遍，突出抓好高层次人才培养工作。

　　人才投资是收益最大的投资。西部的人才培训，有力地促进了经济发展。以四川为例，四川由于实施"千万农民工培训工程"，加快了农村劳动力的素质提升和转移输出，2004 年全省仅劳务收入就达 576 亿元，高出地方财政收入 200 多亿元，创下了历史新高。

　　更加令人欣慰的是，盘活现有人才，使人们看到了西部对人才切实的尊重，看到了西部人才环境的变化，这使得广大人才增强了对西部的信心，现有人才渐渐稳住，外地人才也逐渐向西部聚拢。

　　2004 年，四川省"零门槛"接受高校毕业生 2.5 万人；通过"柔性引进"等方式吸引国内外人才 6.5 万人，其中海外人才 800 多人；依托各类科技园区、重大项目、重点工程、重点学科聚集人才 11 万多人。川大、电子科大等省内高校毕业生留川就业比例提高了 10% 以上。人口大省四川正成为人才流入门槛降低、流动成本减少、人才环境良好的人才聚集地。

　　广西通过强化创业平台建设、强化精神激励、改善人才工作和生活条件、营造良好的氛围等措施，努力打造人才创业的热土、致富的宝地、温馨的家园。到 2004 年底，全区社会人才总量达 200 万多人，其中党政人才 18 万多人，国有企事业单位专业技术人才 78 万多人，企业经营管理人才和其他社会人才 104 万多人。

　　1995 年，云南省人才总量为 95.2 万人，2002 年迅速增加到 124.9 万人，并出现了"进高于出"的状态。20 世纪 90 年代前五年，陕西省平均每年流出人才近 5000 人，实施西部大开发以来，由于人才环境的改善，陕西从东南沿海地区吸引了众多的人才，实现了人才回流。1996 年以后"孔雀东南飞"现象有所减缓，每年流出的人才减少至 2400 人左右。贵州省对 34 家单位的"两高"人才流动状况调查显示，2000—2002 年共引进人才 419 人，流出 305 人，总体上进大于出，人才总量稳中有升。

　　西部的人才开发，迈出了坚实的一步。

西部省区的呼声

　　在我们对西部省区的调查、采访中，一些省区对如何进一步做好西部人才开发工作，提出了建议和意见。这些意见和建议对读者了解西部人才状况将有所帮助，为此我们摘录如下。

广西壮族自治区区委组织部建议：

一是建议中组部给西部地区人才工作更多的支持，包括人才培训上给广西多一些名额、帮助引进广西急需的人才、选派更多的高层次人才到广西挂职等。

二是人才小高地是广西的品牌，希望中组部多组织高层次专家、企业家来考察、咨询、服务、创业，使广西通过柔性方式引进更多的高层次人才和高新项目，提高人才小高地建设的水平。

新疆维吾尔自治区人事厅建议：

新疆地理位置特殊，战略地位十分重要，面临着反分裂斗争和加快经济发展的双重任务，是西部大开发的重中之重。西部大开发需要经过一个长期的、渐进的历史过程，由于历史、地理、经济等各方面的因素，西部省区特别是新疆这样的艰苦边远省区，开发人才资源必须立足于增强自身的"造血"能力，稳定和培养本地人才，提高他们的能力素质，改善他们的环境、待遇，最大限度地发挥他们的积极性和创造性。同时，还需要国家和其他省市"输血"，在人才的培养、引进、交流等方面给予更大的支持和帮助。因此，根据新疆的实际，结合西部大开发战略的总体部署，提出以下几点建议：

1. 关于人才培养。

一是加大对少数民族地区人才特殊培养工作的支持力度。实践证明，特培工作是少数民族地区人才培养的行之有效的好办法。从 2005 年起，开展第三批少数民族科技骨干特培工作。同时，从 2005—2010 年，每年从科研与项目开发、工业科技、金融机构、信息产业、经济管理、教育、卫生、农林水牧等系统选拔 50 名，共 300 名汉族中青年科技骨干到国家各部委和兄弟省市进行特殊培养，培养期限为两年。特培经费按每人每年 12000 元划拨。

二是加大对新疆公务员培训工作的支持力度。建议国家行政学院开设新疆班，每年为新疆专项培训40名地厅级公务员。同时进一步加大东西部对口培训力度。每年尽可能多地安排一些赴东部地区培训的名额，并在专项资金上给予倾斜。在公务员出国培训方面，继续扩大地厅级及地厅级后备干部名额并在资金上给予倾斜。

三是增加新疆国家级高层次人才入选名额。"新世纪百千万人才工程"国家级人选选拔数量由现在的每次5名增加到10名左右，"享受政府特殊津贴专家"的选拔人数由15名增加到30名左右，"国家有突出贡献中青年专家"的选拔人数由5名左右增加到10名左右。同时，在博士后设站审批、科研人员招收、资助资金等方面给予新疆倾斜。建议在新疆建立国家级人才开发培训基地，并在上海等发达城市援助下，在当地建立公务员和专业技术人员培训基地。

四是加强"区际、区校"的对口支援，使内地的技术和管理优势、智力优势与新疆的项目优势有机结合，推动新疆科技、项目的实施，进而带动、培养一批本地人才。

五是建议国家鼓励国内外著名高校、企业和个人在新疆设立分校、研究性分支机构、专门奖励基金，通过多种方式，加快培养本地人才，提高本地人才的素质。

2. 关于新疆干部职工待遇与人才引进。

新疆地处边远，条件艰苦，经济发展滞后，各族干部职工的工资收入和大部分内地省区相比实际处于偏低水平，对人才的稳定、引进、使用造成了很大影响。"两办"印发的《西部地区人才开发十年规划》提出，加大对西部地区工资政策的倾斜力度，逐步提高西部地区各类人才的工资水平。提高新疆职工队伍的工资待遇水平，对稳定和吸引人才具有重要作用。由于新疆地方财政十分有限，建议结合国家工资制度改革，加大对新疆工资政策的支持力度，并由中央财政解决所需资金。

同时，建议国家进一步完善促进人才流动的有关制度，引导人才向西部流动。在引进国外专家的项目审批方面，给予新疆政策倾斜。在针对西部地区的国家科研项目和重大项目建设立项时，同等条件下优先考虑由新疆的科研院所、高等院校、企业承担项目，并结合项目以短期服务、科研信息交流等形式引进相应的技术型人才和专家。建议人事部发挥留学人员回国工作部际联席会议的作用，协调有关部门，在建立海外高级人才信息网络时，开通面向新疆的专门窗口，并在留学人员来疆服务方面，给予政策和资金倾斜。

3. 关于高层次人才待遇。

一是提高高层次人才的津贴补助标准。对在疆工作的"两院"院士（2人），由目前每人每月1500元的津贴提高到6000元；对进入"百千万人才工程"一二层次的人员（12人）、享受政府特殊津贴人员（905人）、国家有突出贡献的中青年专家（434人），每人每月给予300元的补助；自治区有突出贡献的优秀专家（每个管理期内200人）的津贴，由每人每月100元提高到400元。每月共需49.73万元。

二是建立高层次人才课题费。增加在疆工作的"两院"院士、"百千万人才工程"一二层次人员、享受政府特殊津贴人员、国家有突出贡献的中青年专家、自治区有突出贡献的优秀专家的课题资金，用于新疆基础设施建设、生态环境保护、资源开发利用、应用技术推广等重大项目研究开发和学术交流，每年拨付5000万元。

4. 关于人才市场和信息网络建设。

2003年，经人事部批复同意，"中国新疆人才市场"正式挂牌。新疆地域辽阔，交通不便，人才流动成本高，迫切需要实现"中国新疆人才市场"与各区域中心人才市场的信息共享，尽管自治区已经做了许多努力，但建设资金仍有很大缺口，建议国家在硬件设备和资金上给予支持，使"中国新疆人才市场"和各区域中心人才市场真正发挥信息集散地的作用。

国务院办公厅和国家人事部将全国人事系统确定为首批接入全国党政专网的九个系统之一，要求在2001年底前完成网络互联工作。用3年左右的时间，建成各地区、各部门的办公业务网和以国办为枢纽的全国政府办公业务资源网以及面向社会的政府公众信息网和各类信息资源数据库。目前新疆虽已建成内部局域网，但各地州因财政极度困难，无力承担计算机网络建设，更无法实现全疆联网，建议国家在资金和设备方面给予支持。由于新疆地域广大，各地州市与首府乌鲁木齐距离较远，往来极其不便，开展网上培训特别是公务员网上培训非常必要。目前，我们正在积极争取硬件建设所需资金。建议国家在硬件配备、应用软件、人员培训等方面采取与发达地区不同的政策，给予倾斜和支持。

宁夏回族自治区人事厅建议：

1. 设立全国人才资源开发基金，并重点向西部地区倾斜，加大对西部地区人才资源开发的支持力度，推动西部地区经济快速发展。

2. 继续加大对西部地区的智力扶持力度，将"西部专家行"、"博士西部服务团"等活动长期化、制度化。

3. 加强宏观协调，在事业单位改革中将体制改革、人事制度改革、社会保障制度改革等协同推进，特别是养老保险制度必须尽快建立，否则阻碍专业技术人员活力的体制性障碍将很难打破，人才社会化、配置市场化，实现人才在不同地区、不同部门、不同所有制间合理流动只能是一句空话。

4. 将公务员、专业技术人员培训经费纳入财政预算，以保证公务员培训和专业技术人员继续教育工作的顺利开展。

西部呼唤少数民族人才

少数民族人才开发：喜忧参半

翻开共和国的版图我们会发现，西部 12 个省、自治区、直辖市，面积 685 万平方公里，占全国总面积的 71.4%。我国 55 个少数民族中，有 50 个主要分布在西部地区，占全国少数民族人口的 75% 左右；全国 5 个民族自治区、30 个自治州、120 个自治县的 80% 都在西部地区。专家学者一语中的地指出，西部大开发，实质上就是西部民族地区的大开发！

开发西部民族地区，靠谁？毫无疑问，少数民族人才将是一支重要的中坚力量。然而，我国的少数民族人才队伍建设状况如何？能不能在西部大开发中担当起历史重任？

新中国成立以来，党中央、国务院十分关心和重视少数民族人才的培养和使用工作，采取一系列特殊措施培养了一大批少数民族党政干部和各类专业人才。特别是党的十一届三中全会以来，国家一方面大力扶持少数民族地区发展教育事业，同时加大了为少数民族地区培养各类人才的工作力度。从 2000 年起，国家每年选派 400—500 名西部地区和其他少数民族地区的干部到中央国家机关和经济相对发达地区进行挂职锻炼，截至 2004 年，参加挂职锻炼的总人数已达 3300 名。仅此一项，就促使了一批少数民族人才的成长。在党和政府的重视下，少数民族人才队伍建设取得了可喜成就，人才总量增多，专业结构得到改善，涌现了一批少数民族领导人才。

据统计，到 2005 年，我国各级机关和企事业单位各类少数民族干部总量，已由 1997 年的 256 万人增加到 920 多万人，增长 12%。少数民各类人才的学历层次有了进一步提高。据新华社公布的数据，目前我国有少数民族公务员 70 万人，事业单位中有少数民族干部 160 多万人，且专业门类齐全，高、中、初专业技术职务结构逐步趋向合理。近几年，从事经营管理的专业人才数量也有所增加。

国家民委有关负责人说，为了加强民族地区各级领导班子和后备干部的队伍建设，我国通过立法保证民族干部进入各级领导岗位，如《民族区域自治法》中对少数民族干部的选拔、配备作了规定。在实际工作中，制定了明确具体的政策和措施，使少数民族干部在各级党委、政府、人大、政协等领导班子中占有一定的比例。按照《民族区域自治法》的规定，全国 5 个自治区、30 个自治州和 119 个自治县政府的主要领导，已全部由实行民族区域自治的民族干部担任。还有一些少数民族干部走上了省部级领导岗位。

少数民族人才队伍的迅速壮大，极大地促进了少数民族地区的经济发展、社会进步，增进了各民族的大团结和凝聚力，保障了国家安全和边防巩固。

然而，由于社会、历史、自然等原因，少数民族人才队伍状况与西部大开发这一战略任务的需要相比，还存在较大差距。

据有关资料显示，2001 年西部地区总人口为 3.64 亿人，占全国总人口的 28.6%。但目前西部地区各类专业人才仅占全国总量的 20.4%，西部地区每万人口的人才占有量为 323 人，比全国平均数少 164 人。高级专业技术人才只占全国总数的 13.6%，"两院"院士仅占 8.3%。这还包括了汉族干部。如果单算少数民族人才，所占的比例更低。据统计，重庆原 5 个民族自治县的人才与人口比为 1：41.36；四川凉山彝族自治州人才与总人口之比为 1：36.22。

人才专业结构、分布也不合理，整体素质偏低。国家民族事务委员会的少数民族问题专家认为，由于民族地区干部人才相当部分是大专院校、夜函大、党校的文科专业毕业生，少数民族人才结构呈现"四多四少"的现象：政治型干部多，经济型干部少；行政型管理干部多，业务型管理干部少；文化教育型干部多，科技型干部少；封闭型干部多，开放型干部少。在行业分布方面，目前主要集中在党政、中小学教育部门，而从事卫生、科技、农业、经济等行业的人才相对较少。从区域分布看，人才主要集中在县和县以上中心城镇，基层第一线的农业技术人员十分缺乏，形成了越是贫困落后，人才越是匮乏的严峻局面。从人才文化素质看，学历层次构成普遍不够高，据相关资料显示，少数民族干部人才队伍中大专以上学历者仅占少数民族干部人才总数的 35.3%，低于全国平均水平的 6.7 个百分点。

民族地区由于生产力水平较低，经济社会发展相对滞后，对人才的聚集功能不强，陷入了人才缺乏和人才流失的双重困境。据调查，云南 1998 年各级各类在校生中少数民族学生比例从 1997 年的 34.8% 下降为 34.3%。四川凉山州每年人才流失都在 300 人以上。重庆市原 5 个民族自治县的大学本科生流失率为 65%—69%，专科生流失率为 32%—42%。不少仍在西部地区工作的人才也人心思走。

更令人担忧的是，由于人才资源开发工作投入不足，教育发展滞后，一方面民族地区的干部人才接受教育的机会有限，知识陈旧率是全国的 3 倍。另一方面由于边疆高寒山区贫困面大，中小学生辍学严重，高中办学极度萎缩。近年来一些民族地区出现了少数民族学生"考取难、读得起难，就业更难"的"三难"现象，使少数民族干部人才来源和中高级领导干部人才匮乏的问题日渐突出，特别是 22 个特少人口民族干部人才来源和干部选拔难的问题令人担忧。

2004 年 3 月，在全国政协十届二次会议上，全国政协委员、云南民族大学教授石锐曾忧心忡忡地说："现在大学年年扩招，但边疆少数民族地区的大学生却在减少。"他说，造成这一问题的原因有三个。一是基础教育教师质量比不上发达地区；由于边疆条件艰苦，来不了好老师。二是上大学的学费偏高，家里难以供养。三是一些专招少数民族学生的专业，如少数民族语言学，考虑到就业压力，报考人数减少。

此外，由于经济、教育发展相对滞后，人才缺乏与流失并存。边境地区境外势力与我争夺人才、争夺下一代的斗争很激烈，民族问题依然复杂，民族工作任务依然繁重。

民族院校：人才培养的基地

2005 年 2 月 28 日，国务院新闻办公室发表《中国的民族区域自治》白皮书称，中国政府为加大对少数民族高层次骨干人才的培养力度，决定从 2005 年起在少数民族地区试点招收硕士、博士研究生。

在此之前的 2004 年 7 月，教育部、国家发展和改革委员会、国家民族事务委员会、财政部、人事部五部委曾联合制定《关于大力培养少数民族高层次骨干人才的意见》，要求采取特殊措施大力培养一大批具有较高科学人文素质和创新能力的少数民族高层次骨干人才。按照统一规划，分步实施，先试点总结经验，再逐步扩大的要求，从 2005 年开始选择部分中央部委所属院校试点招生 2500 人（其中博士生 500 人，硕士生 2000 人），经过总结实践经验，至 2007 年达到年招生 5000 人的规模，其中博士生 1000 人（按国家统一学制执行），硕士生 4000 人（学习时间四年，其中一年为基础强化培训时间）；在校生总规模为 1.5 万人（不含硕士基础强化培训阶段人数）。通过相当一个时期的努力，逐步缓解和根本扭转少数民族高层次骨干人才匮乏状况，改善人才层次结构，逐步形成一支涵盖少数民族地区经济和社会发展各重点领域，以取得国内学历、学位为主体的少数民族高层次骨干人才队伍。

根据五部委的意见，少数民族硕士、博士研究生的培养任务，主要由中央部委所属高等学校和中国科学院、中国社会科学院、中国农业科学院承担及组织实施，重点面向西藏、新疆、内蒙古、宁夏、广西、重庆、四川、贵州、云南、甘肃、青海等西部 11 个省、自治区、直辖市和新疆生产建设兵团。享受西部政策待遇的民族自治地方和需要特别支持的少数民族散杂居地区以及内地西藏班、新疆班，按照"定向招生、定向培养、定向就业"的要求，采取"统一考试、适当降分"等特殊政策措施招收新生。招生对象以少数民族考生为主，同时安排一定比例招收长期在少数民族地区工作的汉族考生。对享受上述政策的拟录取考生，在录取之前均签订定向培养和就业协议。

为了落实好这项少数民族高层次骨干人才培养计划，五部委要求各有关高校把这一计划纳入中央级高校年度研究生招生计划，并单独下达管理。通过少数民族高层次骨干人才培养计划招收的研究生（含基础培训），享受中央级高校研究生的拨款政策。其中中国科学院、中国社会科学院和中国农业科学院所需经费按标准从现行财政渠道解决。生源地区和定向单位对家庭经济困难学生给予适当的学习和生活费补助。

为了防止人才流失，五部委还规定，学生毕业后按定向培养就业协议到定向地区和单位就业，硕士和博士的服务期限分别为5年和8年，如违约需要向培养单位和定向地区、单位支付违约金；违约拒绝接收、安排毕业生就业的地区和单位将被相应减少招生计划。

有关人士指出，五部委的这一决策，是我国培养少数民族骨干人才的又一重大举措。这一计划的实施，必将对我国少数民族人才队伍建设产生深远影响。

我国一直十分关心和重视少数民族人才的培养和使用工作，采取一系列特殊措施培养了一大批少数民族党政干部和各类专业人才。特别是党的十一届三中全会以来，国家在大力扶持少数民族地区发展教育事业的同时，加大了为少数民族地区培养各类人才的工作力度。从20世纪80年代开始，在全国部分重点高校和有关省、自治区的高校开办高校民族班、预科班；从1984年起在内地举办西藏班（校）；1987年起举办内地高校新疆民族班、预科班；从2000年起举办内地新疆高中班等等，这些特殊的政策和措施极大地促进了少数民族地区的经济发展、社会进步，增进了各民族的大团结和凝聚力，保障了国家安全和边防巩固。

在少数民族人才培养中，民族院校发挥了举足轻重的作用。新中国成立时，全国少数民族地区仅有4所高等学校，占当时全国高校总数的2%，许多学科领域还是空白。这既是少数民族地区政治经济文化落后的标志之一，又是阻碍少数民族地区经济社会发展的主要原因之一。

新中国成立后，党和政府高度重视发展少数民族高等教育。早在20世纪50年代就创建了一批民族学院和民族高等院校，党的十一届三中全会以后，更是进入了迅速发展时期。1950年，全国民族地区少数民族高等学校仅有几所，到1997年全国民族自治地方已有普通高等学校92所，其中内蒙古18所，西藏4所，宁夏5所，新疆18所，广西26所。全国还设有 12 所民族学院。到 2001 年，全国已有 17 个省、区和部委所属的 100 多所高校办有民族预科班和民族班，年招生已达 1.1 万多人；在本科和研究生统招政策上，采取"同等条件，优先录取"，"适当降分和加分录取"等措施，为少数民族考生创造了更多的升学深造机会。

同时，国家对少数民族和西部地区尽量多投放高校招生指标，提高了少数民族学生的升学率。为了加强民族地区高校学科建设和高层次人才培养能力，历次学位授予审核工作中，都充分考虑民族地区的特点，在授权的学科范围和增列指标上对民族地区高校和民族院校采取倾斜政策，同时授权西部有关省区自行审批硕士点。目前，西部有关省区高校已有博士点 59 个，硕士点 640 个，有博士学位授予权的高校 15 所，硕士授予权的高校及科研机构 53 个；内蒙古大学、云南大学、广西大学、新疆大学和延边大学等 5 所高校进入"211 工程"。此外，为支持民族传统医学的发展，在学科目录中专门增设了藏医学和蒙医学；同时，国家对民族和西部地区高校建设给予了大力扶持。这些措施有力地支持了民族高等教育的发展。

1950 年，普通高校中少数民族在校生数仅为 1285 人，占全国在校生总数的比重为 1.4%；1978 年为 36030 人，占在校学生总数的 4.2%，1997 年达到 216831 人，占全国在校生总数的 6.8%。1978 年全国 12 所民族院校在校生数为 6902 人，到 1997 年已发展到 35081 人。全国 55 个少数民族都有了自己的大学生，有些民族还有了研究生、博士生，回、朝鲜、纳西等十几个少数民族每万人平均拥有的大学生人数已超过全国的平均水平。

中央民族大学是我国少数民族教育的最高学府，是我国少数民族高级人才的摇篮。经过半个多世纪的建设，中央民族大学已经由原来的为少数民族地区培养少数民族干部为主的高等院校发展成为一所面向全国 56 个民族招生，以培养少数民族各类高级专门人才为主，学科门类齐全，办学特色鲜明，在国内外具有重要影响的综合性研究型国家重点大学，成为我国唯一一所具有 56 个民族师生员工的高等学校。

目前，中央民族大学各类在校生达 1.3 万余名，在全日制本科学生中，70% 左右是来自西部的少数民族。迄今为止，学校已经为全国各民族和民族地区培养各类专业人才 6 万多名。其中有国家领导人、省部级领导、地厅级领导共 600 多名，县处级领导 10000 余名，更多的毕业生已成为专家、学者、教授和党政领导干部以及各条战线上的优秀人物。

中央民族大学校长荣仕星说："实施西部大开发战略，教育科技要先行。提高教育质量是新世纪民族院校发展的生命线。"

荣仕星认为，第一要转变人才培养的理念。要着眼于西部地区，特别是少数民族地区可持续发展对人才培养的需要，在教学思想、教育管理体制、学校管理制度、人才培养模式、教学方法和教学手段、教学实践环节和课程选择体系、考试考核方法等方面进行改革和创新，以不断适应西部地区对高级人才的需要。第二要进一步加快学科建设，要在保持和改造传统的优势学科的基础之上，加快少数民族和民族地区急需学科的建设，为西部地区的腾飞奠定必要的人才基础。第三要结合阶段教育向终身教育的发展趋势，进一步加强少数民族干部的培训。第四要根据西部地区，特别是少数民族地区人才结构的状况，不断进行专业调整，为西部地区培养更多高素质的急需人才。

笔者从中央民族大学了解到，目前该校正以国家民族事务委员会、教育部、北京市人民政府三家共建、"211 工程"和"985 工程"建设为契机，进一步明确了"综合性、研究型、服务式"的发展定位和"办各族人民满意的教育，办各族学生满意的大学"的办学理念，扎实推进"本科教学质量工程"；改革现有的研究生培养模式，试行本硕连读、硕博连读，将研究生教育纳入学校科研规划、国家"211 工程"和"985 工程"的建设范围，建立学术研究和人才培养紧密结合的研究生培养体制，为民族地区培养更高质量的研究型人才；借助国家"211 工程"和"985 工程"的平台凝聚一流的专业人才，创造一流的科研成果，进一步提高学校的办学质量。

务实的选择

面对西部少数民族地区人才紧缺的矛盾，提升现有人才素质，盘活现有人才资源，是解决问题的有效途径，也是一个务实的选择。

自 1992 年以来，新疆为了提升当地少数民族干部素质，开展了少数民族中青年科技骨干特殊培养（以下称"特培"）工作。在"特培"工作中，他们一是严格选拔条件，把好"入口关"，既注重政治素质又强调业务素质，把在科研、高校、医疗卫生、生产企业等一线岗位作出优异成绩，年龄在 45 岁以下的专业技术人员作为重点选拔对象，经过群众评议、组织推荐、专家评审确定人选。二是加强横向联系，保证培训渠道畅通。多次邀请承担培养任务的有关部委和院所的负责同志来新疆考察、调研，增加对新疆的了解，增进彼此间的理解和对开展"特培"工作重要意义的认识，最大限度地获得了他们的支持和帮助。三是为"特培"人员排忧解难，消除顾虑。除解决培训岗位到位、专业对口、经费落实、食宿单独安排等问题外，还对解决"特培"人员职称评定、子女上学等问题在政策上给予倾斜，调动了学员们的学习积极性。四是加强宣传，创造良好的舆论氛围。

截至 2004 年，新疆维吾尔自治区共组织实施了 2 期 6 批 516 人参加"特培"。其中，428 人被选送到国家有关部委及所属科研院所、大专院校、高新企业；88 人被派往区内高校、科研、医疗、卫生等系统。培养时间为 1—3 年。这两期"特培"人员数量虽然不多，但产生的影响深远而重大。激发了少数民族专业技术人员的事业进取心，产生了极大的辐射示范作用和良好的社会、经济效益。他们中的大部分已成为本单位本专业的学术学科带头人；30 人承担了 54 项国家、自治区级科研课题；绝大多数同志获得了副高以上职称并承担了单位的青年科学基金项目；发表论文 120 多篇；出版专著十余部；20% 的同志申请了攻读硕士学位课程，其中，已有 15 人取得硕士、博士学位，1 人成为博士后；6 人考取公派出国留学，一批少数民族骨干人才脱颖而出。

据新疆人事厅介绍，今后一个时期，他们将进一步拓展培养渠道和方式，扩大培训受益面。从 2005—2010 年，每年选拔 50 名共 300 名中青年骨干人才进行特殊培养。同时还要开展对"特培"人员的提高培养。从 2005 年起，每年选拔 8—10 名经过"特培"、现在自治区重点发展领域、建设项目、高新企业、重点院校、科研院所的优秀骨干人才送到国外进行重点培养；选拔 10—20 名送到港澳地区高校、科研金融机构、国际组织、著名企业进行研修、培训，时间为 1 年。在"特培"形式上也要进行创新，从 2005 年起每年组织具有副高以上职称的少数民族专业技术人员赴内地高等院校、科研院所、大中型企业举办高级"特培"人员研修班，组织具有中级以上职称的少数民族专业技术人员赴内地高等院校、科研院所、大中型企业举办中级"特培"人员进修班；组织具有初级以上职称的少数民族专业技术人员在疆内高等院校、科研院所、大中型企业举办初级"特培"人员培训班。此外他们还将进一步加大少数民族专业技术人员的继续教育力度，5 年内使全区少数民族专业技术人员普遍接受一次较系统的培训。

宁夏将少数民族人才开发的目标、任务和主要措施落实到人才资源开发全局规划中，提出了质量提高、总量增长、结构优化，占人才总量的比重由 2000 年的 18.4% 增加到 20% 的奋斗目标。他们以提高素质和能力为核心，加强对少数民族人才的培养力度。多年来，无论在实施公务员初任、任职、更新知识和专门业务四类培训中，还是在实施以新理论、新知识、新技术、新方法、新技能、新信息为主要内容的专业技术人员继续教育中，都将少数民族人员作为特殊对象，进行有针对性的培养培训。特别是 2002 年以来，通过多次协商和积极努力，达成了 3—5 年内选送 100 名少数民族科技人才赴沿海发达省区科研院所、高等院校研修 1—2 年的项目，为民族人才的培养更增添了活力。

宁夏还采取措施将民族政策落到实处。在历次专项录用、乡镇选聘干部招收、公开招考中，对少数民族人员都采取了放宽年龄和文化程度要求，放宽或增加分数段等特殊政策，使少数民族干部数量有了相当可观的增长。如在 1996 年、2002 年以及 2005 年组织的面向社会的大规模公务员招考录用中，他们都对少数民族报考人员实行了在笔试总成绩上加 10 分的照顾，对部分职位还设定了只招收少数民族人员的条件，从而保证了少数民族人员的录用数量。

笔者从宁夏区委组织部了解到，今后一段时间，宁夏在实施好已达成的培养 100 名少数民族科技人才项目的同时，每年选拔一定数量有外语基础的拔尖少数民族中青年科技骨干人才到国（境）外有关科研院所、高等学校、著名企业等进行为期一年的研修、培训。持续性地组织高层次少数民族专业技术人员和优秀少数民族企业经营管理人才赴沿海发达地区大中型企业、高新技术产业学习、锻炼。

由于各省区的不懈努力，各省区的少数民族队伍数量、质量都有了较大提高。

云南是一个多民族的边疆、山区和发展不平衡的省份，少数民族人口为1415.9万人，占全省总人口的33.43%。除汉族以外，全省人口在5000人以上的世居民族有25个，是全国少数民族成分最多的省，其中15个是云南特有民族。这一基本特点，决定了民族工作在云南的特殊重要性、长期性和复杂性，决定了少数民族人才培养工作在全省人才工作全局中的重要地位和战略意义。笔者从云南省委组织部了解到，到2002年，云南全省少数民族人才达到27.4万人，占全省人才总数的26.3%；专业技术人才19.8万人，占全省专业技术人才总数的25.2%，全省主要行业均有少数民族中高级专业技术人才，逐步建立了一支初具规模、门类齐全、结构相对合理的少数民族人才队伍。2002—2003年8月，云南在省直部门先后配备了景颇、佤、拉祜、布朗、瑶、苗、独龙、阿昌、德昂等9个民族的厅级领导干部。其中，德昂、独龙、布朗等少数民族是新中国成立五十多年来第一次有本民族干部担任省直部门的厅级领导职务。目前，云南全省25个少数民族在省直部门都有了厅级领导干部，实现了"使全省人口在5000人以上的25种少数民族在省直部门都有一名厅级以上领导干部"的目标，少数民族领导人才培养选拔工作取得历史性突破。

据宁夏回族自治区人事厅提供的资料，截至2003年底，宁夏行政机关少数民族公务员达到5953人，占全部行政机关公务员总数的23.76%；全区国有企事业单位共有各类少数民族专业技术人才25509人，占国有企事业单位人才总量的17.96%。少数民族公务员、专业技术人员无论在绝对数量上，还是在所占比例上均有了一定幅度的增长，初步形成了一支与有效行使自治权力、加快宁夏经济社会发展要求相适应的少数民族人才队伍。

人才小高地能否做出大文章

2004 年 2 月，广西壮族自治区党委、政府在全区人才工作会议上作出了实施人才强桂战略的重大决策，提出把人才小高地建设作为人才强桂战略的突破口。2004 年 8 月，首批 13 家自治区级人才小高地确立，随后相继挂牌。如今，广西人才小高地建设状况如何？它对广西的高层次人才队伍建设产生了什么影响？带着疑问，笔者专程奔赴广西进行采访。

立足区情，走自己的路

玉林市位于广西东南部，是大西南出海的重要便捷通道，全国沿海经济开放区。近年来，随着玉林工业化、农业产业化、城镇化"三化"步伐的加快，以及"玉贵走廊"建设的推进，玉林的人才工作面临着新的形势、新的挑战。

玉林的发展急需大批高层次人才。但作为一个欠发达地区，要想大面积、全方位地建设人才高地，有很大困难。玉林市冷静分析客观实际，认为必须集中有限的人力、财力、物力，依托重点产业、重点项目、重点学科和优势企事业单位，建设一批人才小高地，通过它们的示范和带动，促进人才资源整体性开发。

他们进行深入的调查研究，掌握当地重点企业、支柱产业的情况，根据玉林机械制造、水泥陶瓷、服装皮革和健康（医药和绿色食品）等四大支柱产业集群发展迅猛，非公经济占经济发展强势地位，以及玉林是个人口大市，发展教育、卫生事业是 590 多万人民的迫切需要等特点，科学制定人才小高地建设规划，选定工程机械人才小高地、中药产业人才小高地、临床医学人才小高地、日用陶瓷人才小高地、教育科研人才小高地作为市级人才小高地。这些小高地涵盖了玉林主要产业集群和支柱产业，载体的性质既有国有企业，又有非公企业，还有多种经济成分企业。

为了利用人才小高地的品牌效应，凝聚更多的高层次人才，玉林市利用邻近广东的区位优势，建立广东百名博士信息库和沟通联系渠道，引领玉柴公司、玉林制药公司、市第一人民医院等人才小高地建设载体，多次举办广东博士创业洽谈会等活动，邀请广东博士们前来考察，进行人才与项目的洽谈对接，达成了一批技术合作协议。

早在2004年，玉林市就开始筹划构建与清华大学建立人才长效合作机制，草拟了《关于建立与清华大学合作，促进玉林经济发展的实施意见》，多次与清华大学进行沟通。2005年6月，玉林市委有关领导带领人员，专门赴清华大学洽谈引进人才，达成了建立长效人才合作机制的意向。赴京期间，他们还带着人才小高地建设单位急需的240多名人才需求信息，在北京召开"玉林市人才小高地建设座谈会"，邀请北京大学、中国人民大学等首都高校领导和专家参加，请他们为玉林的发展出谋献策。据统计，2004年以来，玉林市为人才小高地引进了博士5名、硕士10名、本科生251名，使人才小高地成为凝聚人才的重要磁场。

立足区情、市情来谋划发展，这是广西人才小高地建设的一条重要原则。也正因为坚持了这一原则，各地市、各行业才焕发了积极性，小高地才有了坚实的基础。

凝聚人才也需要品牌效应

2005年12月5日，当笔者披着迷蒙细雨来到树木葱茏的广西药用植物园，该园主任缪剑华博士欣喜地说："我们现已柔性引进五名院士来为中药良种繁育出智献策，此外还建立了一支由博士、硕士组成的高层次学术研发团队！"

广西是我国的中药材大省，蕴藏量居全国第二。广西药用植物园是目前亚太地区面积最大、品种最多的专业性药用植物园，这里拥有广西第一个由国家发改委支持的中药产业化项目，肩负着广西乃至我国南方药用植物生产指导、开发的攻坚任务。中药良种繁育需要一大批优秀人才，能否凝聚一批高层次人才，直接关系到项目攻关的成败。自治区党委、政府决定建设"人才小高地"后，缪剑华等班子成员敏锐地意识到，药用植物园原本有着丰富的资源优势，如果能利用人才小高地这个品牌，对凝聚人才将产生强大的促进作用。在他们的积极争取下，经过有关部门的严格评审，广西中药良种繁育人才小高地终于落户药用植物园，成为全区首批13 家人才小高地之一。

人才小高地的设立，使药用植物园的竞争优势更加突出，各界人才对广西中药良种繁育基地的发展潜力有了更深的认识。小高地像一面旗帜，吸引了众多的人才。2004 年12 月18 日，在人才小高地挂牌的当天，便有15 名国内外知名的药业专家接过聘书，成为广西中草药资源、植物分类以及分子生物学等方面的学科带头人。随后，广西药用植物园又以人聚人，聘请国际著名传统药物学家、有"中草药活字典"之誉的中国医科院药植所肖培根院士为植物园名誉主任，并通过肖院士柔性引进了王永炎、甄永苏、刘耕陶、刘昌孝等四名院士，请来了肖培根院士的弟子马小军博导为植物园技术总监和副主任，并通过马小军博士引来了13 名硕士研究生。

缪剑华主任说："人才小高地是个凝聚人才的品牌，以人聚人，口口相传，发挥了良好的品牌效应。"

"现在不是我们放不放人的问题"

"人才小高地在我们这里是一把手工程，学校党委书记亲自抓！"笔者来到广西医科大学，该校研究生院有关领导如是说。

2004 年8 月，"广西临床医学人才小高地"落户广西医科大学，该校党委认为，这是抓人才队伍建设的一个契机，要珍惜这个来之不易的机会，切实把广西医科大学建成一个人才小高地。该校专门成立了管理委员会，刘唐威书记亲自担任领导小组组长，负责人才小高地的统一领导。

对于科研人才而言，有没有一个优越的科研平台至关重要，这也是吸引人才的重要条件。广西医科大学在继续建设原有的"三大中心一基地"的基础上，投入不菲的资金，下大力气建设科研平台。2004年投入500万元在区内率先开展造血干细胞移植治疗多发性硬化、类风湿性关节炎的研究；同年10月投入1000多万元购入德国西门子公司的图像存储与传输系统和放射学信息系统；随后又投入2000多万元建设危重症监护医学中心，购置了当今世界最先进的全套生命检测设备和各种型号的救治设备，如呼吸机、除颤仪、纤维支气管镜等；在国内率先开辟心血管病人治疗绿色通道：将心胸外科和心血管内科合并，提高了诊疗效果，减少了病人死亡率。

在参观该校实验室时，该校研究生院负责人不无自豪地告诉笔者说："这里的设备是世界一流的，博士、硕士们可以在这里做各种各样的实验，这对他们很有吸引力。"

优越的科研创业平台，使广西医科大学的人才小高地产生了强大的凝聚力。2004年9月，该校聘请了中科院院士李连达教授为博士生导师。11月，该校附属口腔医院正式聘请我国唯一一位口腔医学界院士邱蔚六教授为医院名誉院长和客座教授，这是广西口腔医学界首次引进院士当"头头"。2005年8月，该校聘请了中科院院士侯慧民教授为博士生导师。此外，还吸引和稳定了一批高水平专家。

"人才小高地设立后，随着科研条件的进一步改善，许多博士、硕士主动要求到我们这里来。"广西医科大学党委书记刘唐威在接受笔者采访时说。刘唐威书记告诉笔者一件事：某发达地区一所大学想从广西医科大学挖人才，他们凭着习惯性的思维，觉得从西部省区挖人，想要谁谁就会跟他们走，关键在于原单位领导放不放人。他们便给刘唐威书记打电话，请他放人。刘书记回答："现在不是我放不放的问题，而是人家愿不愿意离开这里的问题。"对方细一了解，想挖的人果然不愿离开。刘唐威书记风趣地说："这就是人才小高地的魅力！"

裂变效应

近些年，各地极其重视高层次人才队伍建设，纷纷提出构建"人才高地"、"人才洼地"。广西提出建设人才小高地，对企事业单位引进人才究竟有哪些帮助？

广西玉林市人事局李副局长说："从一年多来的实践看，人才小高地产生了几个效应：一是品牌效应。随着人才小高地的建设，区内外各界人才更加了解广西。小高地是个品牌，人才一听说某单位是小高地，会产生一种信任感，更加愿意来这里工作。二是政策引导效应。小高地是人才特区，引才政策更加灵活，激励机制更加完善，能起到很好的政策引导作用。对于进一步完善人才政策，营造更好的人才环境，也很有借鉴价值。三是人才榜样效应。通过引进领军人才，发挥榜样作用，能够引领更多人才来到小高地。以人聚人，使人才队伍越来越壮大。四是功效效应。人才为什么能在小高地做出成绩，而在别的地方做不出？这会引起人才的思考，也会引起政府部门及有关单位的思考，这对推动人才事业的发展，是个很好的促进。"

玉柴机器股份有限公司坐落在玉林市郊，笔者来到这里，正好赶上刚刚毕业于天津大学的林博士来到这里工作。据了解，这位林博士就是受他师兄的影响、引荐，最终千里迢迢来到玉柴的。

玉柴公司党委书记梁萍、副总经理龚海在接受采访时说，自从2004年8月入选首批自治区级人才小高地以来，玉柴把人才小高地建设作为提高企业核心竞争力，挺进世界内燃机强手之林的重要举措来抓。玉柴公司制定了《人才小高地十年人才发展规划》，建立机构、健全制度、投入重金，确保人才小高地规范、高效地运作。为了充分发挥引进人才的榜样效应，使人才队伍能够像滚雪球般越滚越大，玉柴公司制定发布了《全员搜寻人才工作方法》，设立"伯乐奖"，鼓励员工为公司广泛搜寻优秀人才。对引进的本科、硕士、博士分别给予不低于3万、6万、10万的年薪，并分别给予一房一厅、二房一厅、四房一厅的安居条件。2004年以来，玉柴公司在小高地人才引进、薪酬、福利、住房等方面投入约 300 万元左右，新引进 5 名博士、7 名硕士、190 名本科生。迄今为止，玉柴公司拥有博士 14 人、硕士 80 人、本科生 890 人，其中 4 人享受国务院政府特殊津贴，11 人为国家级技术专家，构建了一支国际水平的内燃机研发团队。人才小高地的品牌效应、榜样效应得到充分体现。一些同行派人来到玉林，长期驻扎在宾馆，试图在玉柴挖人，但一个也没挖走。

笔者从广西壮族自治区人事厅了解到，人才小高地建设全面启动后不久，广西吸引了大批高层次人才前来服务和工作，其中包括博士 123 名、博士后 19 名、博士生导师 24 名，另外柔性引进了高级人才 269 名，其中"两院"院士 24 名。在人才培养方面，自治区级人才小高地已累计培养专业技术人员骨干 20837 名。随着大批高层次人才的聚集，各人才小高地在科研水平、课题申报、项目开发等方面的综合实力不断提升，对经济社会发展的推动作用日益明显。

人才小高地，以小见大，做出了大文章！

与一位人事厅厅长的对话

随着工业化、城镇化的进程加快，特别是中国—东盟博览会落户广西后，广西从一个相对封闭、边远的民族地区，一下子变成我国向东盟开放的前沿地区，广西国际化、复合型高层次人才紧缺的矛盾骤然显现。而广西毕竟是少数民族地区，经济基础薄弱，加之长期处在保卫祖国的前线，历史上留下来的可承接高层次人才的载体不多。缺乏在国内外激烈的人才竞争中凝聚高层次人才的优势。广西如何寻找突破口，破解高层次人才凝聚难题？人才小高地建设有哪些现实意义？笔者就此问题采访了广西壮族自治区党委组织部副部长、区人事厅厅长李康。

笔者：广西提出建设人才小高地，是基于一种什么样的考虑？

李康：建设人才小高地，是广西壮族自治区党委政府从广西实际出发，作出的一项实施人才强桂战略的重大举措。因为广西作为欠发达的民族地区，要想大面积、全方位地建设人才高地有很大困难。钱有限，物有限，人才也有限，撒胡椒面的做法，肯定作用不大。只有采取特殊政策和措施，才能有突破性的进展。建设广西人才小高地就是要集中广西有限的人力、财力、物力，采取特殊政策措施，依托广西重点产业、重点项目、重点学科和优势企事业单位，建设吸引高层次人才凝聚并有效发挥作用的"人才特区"。并通过人才小高地的示范和带动，促进人才资源整体性开发。目前小高地的人才效益、经济效益、社会效益非常显著，这可以说是民族地区吸引高层次人才的有益探索。

笔者：同一些省市提出的"人才高地"相比，广西的人才小高地有哪些特点？

李康：与其他省市区的人才高地相比，我区的人才小高地特点在于一个小字，更体现在小而高、小而精、小而优和小而强的优势上。表现在几个方面：一是高层次。就是聚集的人才层次要高，培养和吸引一批站在国际国内相关领域最前沿、富有创新能力的高层次人才和领军人才。二是专业化。吸纳和培养的人才与我区经济社会有较高的融合度。产业类人才小高地能做到产、学、研相结合，科研成果产业化程度高，经济规模较大，经济效益显著。学术类人才小高地的科研项目，或具有国际先进性，或在国内处于领先水平，或在区内属于顶尖水平，在该学科中具有标志性的学术地位。三是好环境。人才小高地要形成容纳高层次人才的基础环境，成为对高层次人才有较大吸引力的地方，成为创业成才的理想区位。四是多样性。凡是能够集聚高、精、尖人才，不受所有制、地区、行业和形式的限制，都可运用各种载体建设人才小高地。

笔者：人事部门在小高地的评审中，进行了哪些创新？

李康：在小高地建设过程中，人事部门作为具体的管理部门，在自治区党委政府的领导下，在自治区党委组织部的牵头和各市、各部门的支持下，的确做了不少探索工作。比如，如何把自治区党委"高层次、专业化、好环境、多样化"的要求，变成可操作的申报办法、评价体系，变成有效的运行机制、管理体制？没有现成的模式可借鉴。为此，我们开展了广泛调研工作。除了在高校和科研院所摸底，征求各行业管理部门的意见外，还与各市政府的领导以及不同所有制企业，就人才小高地建设的有关问题进行了广泛深入的探讨。努力使相关政策的制定更具有指导性和可操作性。在这过程中，在自治区党委分管领导的直接指导下，我们注意把握四条原则，突出三个创新。

这四条原则是：一要坚持突出重点与发挥优势相结合选准建设载体，要层次高，有发展潜力，宁缺毋滥；二要突出产业类人才小高地的建设，力戒人才工作与经济发展两张皮，在科技与经济的结合，人才与项目的互动上有所突破；三要统筹协调，充分发挥各方面，特别是地方政府统揽各方、改善环境的积极性和创造性；四要抓实，人才小高地建设要实行项目管理。

突出三个创新：一是评选标准的创新。既强调学科或项目的带头人和团队的高层次、专业化，强调好环境的营造，更强调其在广西经济社会发展，尤其在重点产业发展中的地位和作用。引导申报载体从申报开始就朝人才效益、经济效益、社会效益并重的方向努力。二是评审机制的创新。采取多角度、多层面的评审办法：各市政府从申报载体在促进当地经济社会发展中的地位和作用方面把关；各主管部门从申报载体在本行业的地位和作用把关；各专家组从申报载体的学术和研发水平进行把关。然后经自治区评审委员会评审，最后报自治区党委人才工作协调小组审定，由自治区授匾公布。三是管理体制机制的创新。在体制上，既有公有制为基础的小高地载体，也有非公有制经济组织为主的小高地载体。在运行机制上，既有以单独的企事业单位管理运行的；有以园区管理运行的，如（南宁）广西软件园人才小高地；也有同一个地域若干企业联合，通过本地行业协会协调运行的，如（柳州）广西汽车人才小高地；还有跨行业、跨部门、跨地域的联合，以投资公司为载体，按照市场机制来运行的，如（桂林）广西医药人才小高地。

实践表明：经过调研、探索，制定出来的一整套人才小高地的评审和管理办法是行之有效的。评出的首批 13 个自治区级人才小高地质量比较高，得到了社会和同行业的公认，效果相当好，品牌效应开始形成。

笔者："十一五"期间，广西人才小高地建设有哪些构想？

李康："十一五"期间，我们将继续坚持科学的发展观和科学的人才观，坚决贯彻落实自治区党委、政府工作部署，把握人才小高地建设的总体要求，总结经验，推广先进，加强措施，讲求实效，扎实推进人才小高地建设，精心打造我区高层次人才队伍建设这一特有"品牌"。强化人才小高地的整体效应和放大效应，发挥其培养和集聚高层次人才的"特区"作用，满足我区优势和特色产业发展对高层次紧缺人才的需求。着重在两个方面加大工作力度：

一是要牢固树立"品牌"意识，高标准建设人才小高地。要通过人才小高地建设体制机制的不断创新，政策体系和管理办法的不断完善，提高人才小高地的建设水平。要尽快出台人才小高地项目化管理办法，各人才小高地建设载体单位，要按照项目化管理的要求来加强管理，通过建立目标管理体系，来提高人才小高地的管理水平。要完善人才小高地的评价体系，用聚集人才、促进科研、辐射产业、推动发展来检验人才小高地建设成效。通过科技与经济结合，人才与项目互动，在服务经济、服务发展上取得更好的成效。要加强领导，明确责任，健全机构，进一步强化职责分明、上下联动的工作格局。

二要发挥好自治区级人才小高地的示范和辐射作用。要调动各级各方面的积极性，建设各具特色、载体多样的各级各类的人才小高地。力争到2010年，形成围绕广西经济社会发展大局，与重点产业、重点项目、重点学科密切关联的人才小高地集群。还要把人才小高地建设与博士后流动站、博士后科研工作站、留学人员创业园和引智成果示范基地等集聚高层次人才的载体建设结合起来，与"海外留学人员聚集工程"、"新世纪十百千人才工程"等工作结合起来，培养和集聚更多的高层次人才，更好地为富裕广西、文化广西、生态广西、平安广西服务。

人才争夺瞄准博士后

1983 年、1984 年，著名物理学家、诺贝尔奖获得者，美籍华人李政道教授两次给邓小平写信，建议在中国设立博士后流动站，实行博士后制度。他认为，中国必须培养一部分带头的高级科技人才。取得博士学位只是培养过程的一环，青年博士必须在学术气氛活跃的环境里再经过几年独立工作的锻炼，才能逐渐成熟；应在一些高等院校和科研机构中设置一些特殊的职位，挑选一些新获得博士学位的人员在这里从事一个阶段的博士后研究，以拓宽知识面，进一步培养独立工作的能力，使之成为具有较高水平的研究人才。

李政道教授的建议，得到了邓小平的充分肯定。1984 年 5 月，邓小平在人民大会堂会见了李政道先生，仔细听取李先生关于实施博士后制度的意见和方案，并当即表示：这是一个新的方法，成百成千的流动站成为制度，是培养使用科技人才的制度。培养和使用相结合，在使用中培养，在培养和使用中发现更高级的人才。邓小平同志还对我国实施博士后制度的目的、意义、发展方向以及具体措施等作了明确指示。

1985 年 5 月，国家科学技术委员会、教育部和中国科学院为了贯彻落实党和国家领导人对李政道教授所提建议的批示精神，在广泛吸收专家学者和留学回国博士的建议并征求一些部门和地方意见的情况下，同财政部、国家发展计划委员会、公安部、劳动人事部、商业部等有关部门进行了反复磋商，向国务院报送了《关于试办博士后科研流动站的报告》，强调实行博士后制度是人才开发的一项主要措施，对于加快高级专门人才，加强学术交流，增强科研、教育队伍活力，具有积极意义。1985 年 7 月，国务院正式批准该报告，这标志着博士后制度在我国正式确立。

时至今日，博士后事业已经走过了 20 多个年头。截至 2005 年，在全国 343 个高等院校和科研院所中设立了 1363 个博士后科研流动站，其专业覆盖工学、理学、农学、医学、军事学、管理学、哲学、经济学、法学、教育学、文学、历史学等 12 个学科门类的 86 个一级学科。在国有大型、特大型企业和高新技术企业等单位建立了 1018 个博士后科研工作站，形成了学科专业化比较齐全，部门和地区分布比较广泛，产、学、研合作日益密切的博士后工作网络和体系，初步建立了一套比较完备、行之有效的管理制度。全国累计招收博士后研究人员 32000 余人，其中研究工作期满出站的达 2 万多人。现已出站的博士后人员绝大多数走上了高级专业技术和管理岗位，有的当选为中国科学院院士。博士后事业可谓从无到有，从小到大，取得了显著成绩。实施博士后制度已经成为培养高层次人才的成功之路。

随着博士后制度的实施，博士后作为高层次人才群体，日益受到社会各界的瞩目。在当今日渐激烈的人才争夺战中，博士后成了人才争夺的焦点。

企业呼唤高层次人才

在博士后的争夺战中，企业扮演着重要角色。随着市场竞争的加剧，越来越多的企业意识到，人才是企业制胜的法宝。尤其是在经济全球化愈演愈烈的今天，没有一群高素质的人才做中流砥柱，企业很快就会在无情的市场竞争中坍塌下去。企业对博士后的争夺，主要又反映在企业博士后科研工作站的建立上。

企业博士后科研工作站是我国博士后制度的重要组成部分。目前全国已在国有大型、特大型企业或高新技术企业建立了 1018 个博士后科研工作站，企业博士后工作站已逐渐成为高等学校和科研院所成果转化的中介站和企业技术创新的重要手段。企业博士后工作站的迅猛发展，与企业人才意识的增强密不可分。

上海宝钢是个拥有近千亿元资产的现代化钢铁联合企业。经过二十多年的建设，宝钢取得了举世瞩目的成就，堪与世界一流钢铁企业相媲美。宝钢能在世界钢铁强手如林的角逐中占有一席之地，正是因为有一支优秀的高层次人才队伍的坚强支撑。历史走进20世纪90年代，宝钢同样面临着新的挑战。宝钢的决策者们意识到，企业竞争如同逆水行舟，不进则退。要使宝钢在竞争中立于不败之地，只有更上一层楼，把企业建设成为我国钢铁行业新工艺、新技术及新材料的重要开发基地和以六大产品系列为代表的"钢铁精品基地"，成为我国乃至世界最具竞争力的大型钢铁企业。要实现这一目标，必须在引进——消化——吸收的基础上，以产品为中心，充分运用现代信息技术成果，达到企业效益的最大化。

可是，这一切都必须以人才为基础。宝钢尽管拥有一大批人才，其技术创新能力却仍然不能适应日趋激烈的市场竞争，自主创新能力相对薄弱，尤其是高层次科技研发人才的相对匮乏。加之宝钢的科研项目涉及领域广，门类多，技术起点高，难度大，完全依靠自己的科研力量难以胜任。一时间，人才成了宝钢实现新的梦想的瓶颈。人才从何而来？如何突破这个瓶颈？

宝钢的领导者们在调研中发现，高等院校和科研院所的博士后流动站有一支治学严谨、学术水平高的导师队伍，有一批具有创新意识和创新能力的优秀科技人才，有良好的试验设备和科研条件，有许多高水平的科研成果有待转化。如果能依托企业的科研项目，借助外力，与科研院所联合招收培养博士后，实现企业和高等院校、科研机构的最佳结合，不仅可以促使应用学科的博士走向企业，走向社会，直接投身到经济建设中施展才华，而且有利于推动企业的研究开发，有利于企业高层次研发人才的培养。这样的话，企业的人才难题将迎刃而解。

经过缜密的思索，一个对企业发展具有深远影响的战略决策形成了。1994年10月，上海宝钢在全国博管会、上海市博士后工作办公室等政府部门的关怀和指导下，在全国率先成立了企业博士后科研工作站。随即，工作站分别与复旦大学、上海交通大学、浙江大学、哈尔滨工业大学等国内名牌院所联合招收培养博士后研究人员。博士后承担的科研课题涉及的专业既有宝钢主体专业如钢铁冶金、压力加工，还有计算机、自动控制、材料以及经济类专业如金融保险、资产并购与重组等。进站的博士后利用自己的所学知识，借助企业工作站和院校流动站各自的条件和优势，充分发挥聪明才智，为企业解决了一道道科研攻关难题，创造了较好的经济效益。宝钢因此探索出了一条引进高层次人才的新途径。

人才是企业可持续发展的重要资本。每当企业意识到人才的重要性时，他们往往就会感到人才的短缺。企业的竞争归根结底是人才的竞争。企业竞争越激烈，人才争夺也就越激烈。这是不可避免的必然趋势。而人才竞争的热点、难点，又在于对高层次人才的争夺。对于高层次人才，如果仅用传统的调配、招聘办法，很难大规模引进，人才的矛盾很难缓解。寻找新的途径新的办法，也就是大势所趋。

相形之下，企业博士后制度具有无可比拟的优越性。按规定，企业设立博士后科研工作站后，即可与高等院校、科研院所的博士后流动站联合招收已取得博士学位的人员，从事博士后研究工作。博士后在站工作期限一般为两年，如科研需要，最多不超过三年。在站工作期间，其行政、工资、组织等关系由设站单位统一管理，博士后研究人员将按与设站企业签订的协议，完成研究项目。工作期满出站后，其工作安置按双向选择、自主择业的原则办理，企业可以要也可以不要，博士后可以留也可以不留。这使企业和人才双方都可以免除后顾之忧，轻装上阵。因而，只要拥有了博士后工作站这个"壳资源"，企业就可以比较容易地吸纳人才，攻克技术难题，实现技术创新。毫无疑问，这一制度给企业吸纳人才带来很大的灵活性，大大拓宽了企业招揽人才的途径与空间。这一政策实施后，很快受到企业的关注与欢迎。

大庆油田是我国最大的工业企业，曾为国家做过巨大贡献。经过几十年的开采，如今的油田已到开采中后期，勘探开发领域需要解决的深层次问题很多，加之第三产业或与油田相关的产业发展迅速，对人才的需求就显得非常迫切。但对如何引进人才，他们却有过一番疑虑。若按常规的做法，看档案、面试、正式录用，企业和人选之间不能相互了解，招聘应聘都带有一定的盲目性，这样招聘的人才不一定适合长期在企业发展。加之大庆油田地处偏僻边疆，远离繁华都市，工资待遇也比不过外资企业、民营企业，对人才的吸引力有限。即便能招聘到一些满意的人才，数量上也不可能满足企业的需要。经过反复权衡，他们决定用改革的办法来解决人才难题。

1996 年 7 月，大庆油田成立了博士后科研工作站。工作站的主要任务，就是负责博士后引进工作，以解决生产、科研中的高难急需课题，带动和培养一批中青年骨干和学术带头人，为企业创造经济效益和人才效益。工作站成立仅5年，就招收了32位博士后，取得重要成果数十项，发表研究论文130多篇，出版专著11部，大大推动了企业核心技术的发展。

博士后在站工作两年，企业有两年时间对其实践能力和思想品德作全面了解，博士后在研究过程中，对企业也会有相当深刻的认识，双方可以理智地做出是否用留的决定，从而大大降低了选才用人的盲目性和风险性。目前，一批出站博士后已留在大庆工作，并被委以重任，有的出站后虽然离开了油田，但在站期间也完成了约定的科研项目，为企业留下了宝贵的知识财富。企业博士后工作站就像一个人才的蓄水池，正源源不断地为大庆油田提供不竭的人才之源。

博士后争夺战愈演愈烈

随着企业博士后工作的深入开展，越来越多的企业看到这一制度的优越性，纷纷提出设站申请。各省市对这一工作也极其重视，纷纷出台政策措施，吸纳博士后人才。

上海市的博士后工作自开展以来，始终得到了市政府和相关部委的大力支持。1992年他们成立了上海市博士后工作联席会议制度，时任市长徐匡迪亲自担任联席会议主席，对本市的博士后工作及其发展过程中遇到的问题及时予以协调解决。近年来，上海市财政每年增拨专项经费200万元用于市自筹招收博士后，同时结合博士后的考核工作，由市财政资助将本市博士后日常经费提高到45000元。到2005年共建有132个博士后流动站、57家企业博士后工作站，并在6个区设立了博士后创新实践基地。博士后流动站、工作站专业覆盖除军事学以外所有的学科门类，累计招收博士后4000余名，出站博士后2300余名，目前在站博士后已超过1700名。已有数十位出站博士后担任高等院校、科研院所、政府部门领导职务和国家重点实验室负责人。

广东是1985年开始试行博士后制度的，省委省政府从一开始就对这项工作极其重视，把它视为培养高水平、复合型人才的"直通车"，视为广泛吸纳海内外优秀年轻科技人才，充实和壮大专家队伍的有效手段。早在 1992 年广东省委省政府就颁文规定，省财政每年拨专款 120 万元，增加招收 30 名博士后，并拨 800 万元建设博士后公寓。1998 年，广东省委省政府又重申："支持高等学校、科研机构、企业建立博士后流动站和工作站，省财政拨出专款，每年给每位进站博士后 4 万元经费补贴。"几年来，广东累计投入招收培养博士后人员经费数千万元。

在省里的高度重视、支持下，广东各市也十分重视这项工作，先后出台了一批鼓励发展博士后事业的政策。深圳、汕头规定每年给每位进站企业博士后人员补贴经费 5 万元，由其个人支配使用。对博士后人员的工资待遇、配偶安置、子女上学、住房等也都给予较优惠的条件。有些企业还规定博士后在站期间，可行使相当于副总工程师的职权，享受中层领导的奖金，出站留企业工作的给予副总工程师职权、待遇，使他们"生活上有待遇，政治上有荣誉，工作上有职权，科研上有助手"。

正因为政府的重视和支持，广东博士后事业发展很快，现在，广东省已拥有 55 个博士后科研流动站、81 个博士后科研工作站、2 个博士后科技开发基地、12 个博士后科研基地，还有不少单位开展了项目博士后工作，全省博士后工作已形成颇具规模的工作网络。在招收形式上，广东除了按国家财政拨款招收博士后外，还采取省财政拨款和鼓励设站单位自筹经费招收博士后的办法，不断扩大招收规模。迄今，广东省博士后招收规模已从 1987 年的 1 人增加到 2005 年的 380 人，全省积累博士后达到 2000多人。博士后队伍已经成为广东高层次专业技术人才队伍中的生力军，博士后制度已经成为加强广东专业技术人才队伍建设的一项十分重要的制度。

为了充分发挥博士后的潜能和自主性，黑龙江省实施了颇具特色的"柔性流动"政策，把人才的"人"与"才"分开。省人事厅及各单位为来黑龙江工作的博士后提供与固定职工一样的服务，如合同签订、社会保险及人事代理、子女入托入学、购买住房、职称评聘、配偶就业等服务，却允许博士后跨地区跨部门兼职。对来省、留省工作的博士后，每人发放 5 万元科研启动资助金，全省已累计发放资助启动经费 600 万元。同时还发给每人每月 300 元生活津贴，并拨专款 700 万元作为配套资金建设博士后公寓。2000 年，黑龙江省政府主要领导再次批示，每年再投入 200 万元资助招收博士后。各设站单位也积极创造条件，努力增加投入，保证博士后工作的健康稳步发展。仅 2000 年，他们就吸引了 26 名兄弟省市合格出站人员到黑龙江工作。几年来，黑龙江积极鼓励支持企业兴办博士后工作站，把工作站作为建立完善企业科技创新机制、实现快速发展的"助推器"，提升企业自主开发能力。虽地处北疆，黑龙江却已建立 14 个企业博士后科研工作站，出站的博士后人员，80% 留在了黑龙江。

福建是改革开放的前沿阵地，随着经济的不断发展，人们越来越意识到人才的重要性。早在 1985 年，厦门大学化学学科就率先建立了全省第一个博士后科研流动站，使福建成为全国首批设立博士后站点的省份之一。近几年，福建实施科教兴省战略，提出建设海峡西岸经济繁荣带，人才工作被提到了战略的高度。福建省委、省政府的决策者们有一个共识：博士后工作是实施人才战略的有力抓手。

领导高度重视为博士后工作的开展创造了一个良好环境。目前，福建已初步建立了一个自上而下的博士后管理机构。1996 年 1 月，省里成立了博士后工作协调管理委员会，由常务副省长任主任，省政府秘书长、省委组织部、省人事厅领导为副主任，省计委、科委、教委、财政厅等部门领导和设站单位领导为成员。各地市领导对博士后工作也极为重视，泉州、南平的博士后工作站挂牌时，市委书记、市长均亲自参加，体现了地方政府对博士后工作的重视。

晋江是经济比较发达的地区。晋江市领导在调研中发现，随着经济发展和产业结构调整步伐的加快，晋江对人才的需求主要不再表现在量的增加，而是表现在对质的提高上，即对高层次人才的需求。为此，市委、市政府提出了建立博士后科研工作站的设想，把建立博士后工作站作为吸纳高层次人才的一个重要途径。在市领导的关心支持下，晋江市高科技园区企业博士后科研工作站于 1999 年 12 月 21 日设立，这是全国第一家设立在县级的企业博士后科研工作站。工作站成立后，晋江及时成立了以市长龚清概为组长，副市长颜子鸿为副组长的博士后工作领导小组。同时批准成立了晋江市博士后管理中心，作为市人事局下属事业单位，配备专项编制和人员，具体负责博士后的后勤服务工作，确保了博士后工作得以正常顺利开展。

为给博士后研究人员提供一个良好的工作、生活环境，晋江市政府决定从该市居住环境最好的竹园小区中单独腾出两幢24单元的套房，无偿供在站博士后研究人员居住，每人一套。每年从市科技三项费用中划出专项费用用于支付博士后的后勤保障费用和生活补助费用。随后，市政府又从新建的电子大厦划出一层约1400多平方米，作为"晋江市专家活动中心"，为在该市工作的博士后等高级人才提供一个工作、学习、交流、休闲、娱乐的好场所。

近年来各地对高层次人才的竞争日趋激烈。要在竞争中立于不败之地，不断吸引博士后人才，就必须积极探索博士后工作的措施和办法。1998年，福建省出台了《博士后工作管理暂行规定》，对博士后工作的有关具体问题做出明确规定，使博士后工作有章可循。

为了吸纳更多的博士后人才，福建省站点单位多次主动到省外高校开展招聘博士后工作。晋江高科技园区企业博士后工作站还采取"请进来"的方式，组织了由北大副校长亲自带队，由20多位博士后组成的北大博士后考察团到晋江考察。为了促进企业博士后工作站与高校的密切合作，南平南孚电池有限公司拨出专款，在厦门大学创建了博士后研究中心。福建省还鼓励和支持高校、科研单位及企业发挥各自优势，联合培养博士后研究人员，或定向培养博士后研究人员，这些做法都收到了很好的效果，扩大了站点影响，建立了较为广泛的招收博士后渠道，站点因而招收了较满意的人才。

为了改善博士后工作、学习、生活环境，福建省财政从1997年开始拨出专款用于每年招收15名博士后。从2000年开始，厦门市政府给新建的企业博士后工作站一次提供建站经费200万元，给每位进站的博士后每年5万元生活津贴。在设站单位住房紧张，尚无国家资助建设博士后公寓的情况下，各设站单位想方设法建造和改建博士后住房，保证每一位在站的博士后都有二房一厅带家具的住房。各级人事部门还充分利用职能优势，尽量安排博士后配偶工作和子女入学问题。这些有益的探索，优化了全省培养博士后的环境，有力地吸引了一批优秀博士来闽开展高科技研究与开发。

为了提高引进人才的质量，在博士后进站时，他们要求设站单位严格程序，好中选优，保证招收质量。有的设站单位采取多层次筛选的办法，即通过学科、院（系）、校学术委员会三层筛选，确定人选，有的则对申请者进行面试，聘请有关权威专家当场考评，择优招收。在博士后进站后，大部分设站单位实行中期考核制度，对博士后研究情况进行阶段性考评，指导博士后研究人员更好地开展业务工作。在博士后出站时，由设站单位通过召开专家评议委员会，对申请出站的博士后的科研能力、学术水平进行评估，写出书面鉴定材料，作为博士后在站期间学术水平的认定，并为博士后评定职称提供依据，从而保证了博士后的培养质量。

这些有力的措施，使越来越多的优秀人才聚集到福建这片热土。迄今为止，福建省博士后站点达到 57 个。其中，"十五"期间新增站点37 个，超额完成"十五"规划指标 15.6%，新增站点总数为"九五"末期站点总数的两倍多。全省各站点单位累计招收博士后 400 名，仅2001 年后招收的博士后就达到 250 名，与"九五"末期数字相比增长了两倍。

东部西部都吃香的人

根据有关规定，大型、特大型企业或企业集团，科研生产性事业单位，具有一定规模的高新技术企业，高新技术开发区、经济技术开发区，留学人员创业园等企业或其他组织，可以申请设立企业博士后工作站，但必须具备一定的资格条件，如具有国家级企业技术中心或健全的研究与开发机构，具有一支高水平的科技人员队伍；具有高水平的科研项目；具有较强的经济技术实力，能为博士后研究人员提供必须的科研和生活条件；重视人才，管理信息畅通，机制运行规范等。这些条件的限制，使各地企业博士后工作站的建站速度参差不一。

从全国的情况看，经济发达的沿海省市如上海、江苏、广东企业博士后工作发展较快，设站较多。江苏泰州是个地级市，却设立了四家企业博士后工作站，创下了全国之最。在一些省份，不仅国有企业设立了博士后工作站，一批民营企业也开始设站，使企业博士后工作拓展了新的空间。

据了解，目前浙江省近一半博士后工作站设在民营企业，成为浙江博士后工作的一个鲜明特色。浙江省委省政府高度重视博士后工作，把博士后工作摆在高层次人才队伍建设和实施人才强省战略的突出位置，不断开创博士后事业全面协调发展的新局面。2001年、2003年，省委省政府两次专门召开"人才强省和博士后工作座谈会"，原浙江省委书记张德江、现任省委书记习近平、省长吕祖善等领导亲自到会，并与博士后代表共商人才强省大计。2001年，省政府出台《关于加快博士后事业发展的若干意见》，确定博士后事业发展战略，设立博士后专项工作经费，形成了政府主导、社会参与、各有关部门密切配合的博士后工作格局。

浙江民营企业发展迅速，广大民营企业特别是民营高科技企业对科技、人才的需求日益旺盛。根据这一实际，浙江创新政策、创新制度、创新机制、创新形式，努力拓宽服务领域，鼓励和支持民营高科技企业的建站工作，使一批经济实力强、科研水平高、充满生机活力的民营高科技企业获准建立博士后科研工作站。到2004年末，全省共设立企业博士后科研工作站58家，其中近一半设在民企。

在企业博士后工作中，浙江建立了博士后科研工作站建站"辅导期"制度，从2001年开始，每年选择若干家企业开展博士后试点工作，根据一定时期的试点工作情况决定是否推荐申报，把建站质量关口前置，有效避免博士后工作站"空壳"现象。

为了加强与省内外高校的联系，解决博士后进站通道不畅的问题，浙江采取走出去、请进来的办法，有针对性地组织设站单位外出招揽博士后，鼓励设站单位加强与全国高校、科研院所的联系，建立长期合作机制，切实解决博士后工作站招收难的问题，提高建站质量和效益。在认真做好各项筹备和项目对接工作基础上，2004年10月，浙江省政府会同人事部共同举办"中国博士后人才与科技项目浙江洽谈会"，邀请了全国65所知名高校、科研院所的560名博士、博士后、博士生导师、博士后管理部门负责人及博士后团体代表，与浙江58家博士后设站单位、9家博士后工作试点企业和200多家重点骨干企事业单位就博士后招收、博士后人才智力与科技项目合作、高层次人才引进、建立博士后工作长效交流合作机制等内容进行了洽谈，取得了显著成效。会上，浙江博士后工作站共招收博士后研究人员45名，达成进站从事博士后研究工作意向147项，可谓硕果累累。据统计，到2004年末，浙江省58家博士后科研工作站已累计招收100余名博士后，为浙江经济发展提供了有力的人才支撑。

西部地区由于经济发展较慢，企业博士后工作也受到了一定影响，起步较晚，进展较慢。然而就在最近几年，四川、云南、广西、陕西等省区也不甘落后，纷纷加大力度，使企业博士后工作很快出现了新的局面。

自1998年以来，四川省选择了在长虹电子集团公司、成都地奥制药集团、成都高新技术开发区等11家企业开展博士后试点工作，并实现了由国有企业向民营企业的拓展。四川的企业博士后工作站主要集中在电子信息、机械冶金、医药化工、饮料食品行业，覆盖了四川六大支柱产业中的四大支柱产业。设站单位不断加大资金投入，尽力改善博士后研究人员的科研和工作环境，提供良好的生活条件。比如泸天化集团有限公司为支持博士后开展工作，2000年为博士后提供了105万元的科研经费。成都高新区为吸引和鼓励博士后进站从事科研工作，给予博士后每年5万元的经费补贴，由其自行支配，并提供建筑面积不少于120平方米的廉租公寓。攀枝花钢铁集团公司除为博士后提供良好的工作条件外，还规定博士后的工资可参照国内博士后收入较高的水平，并为博士后及其家属的医疗建立特殊账户。

2000年9月，四川省委、省政府颁发了《关于在实施西部大开发战略中进一步加强科技人才培养、使用、引进工作的意见》，再次提出"加大博士后培养力度，支持高等院校、科研院所博士后科研流动站、企业博士后科研工作站扩大招收规模"。省政府在财政开支相当困难的情况下，仍每年拨出80万元的专项资金，用于资助招收博士后研究人员。据了解，四川今后将扩大企业博士后发展规模，逐步将企业博士后工作站拓展到支柱产业和重点发展产业的所有领域，尽快把成都、德阳、绵阳高新技术产业带的企业博士后工作站开展起来，形成气势、规模，以带动全省博士后工作的大发展。

广西地处西南边陲，同发达地区相比，人才竞争力较弱。要想大规模、大批量地把高层次人才连同户粮、行政、工资等关系都引进来，既不现实也不可能。而在企业建立博士后工作站，以企业新项目的研究，新产品的开发为载体，既能从区外、境外吸收和接纳各类博士后科研人员进站工作，也是调整广西人才结构、引进高层次紧缺人才的一条有效途径。

为此，广西立足区情，以企业博士后工作站为龙头，着力构筑广西技术人才高地，以促进民族地区的经济发展。广西的博士后工作自 1998 年开始，目前已建成博士后流动站和博士后科研工作站 20 个。7 年来"两站"在科研成果、产生效益等方面取得了良好的成果，但仍存在发展不平衡，建站质量不高，引进博士后研究人员不多，科研成果转化率不高等问题。

由于各地高度重视，对博士后研究人员的争抢愈演愈烈，一些地方竞相出台优惠政策，提供给博士后的待遇一个比一个优厚，如广州市曾宣布，博士后来到广州，市政府将一次性发给 10 万元安家费。这样的优惠令很多城市望尘莫及。应该说，对博士后的争抢，说明地方政府和企业人才意识已大大增强，这对推动博士后事业的发展，无疑是益处多多的。

博士后不能用来作秀

面对高层次人才的争抢热潮，我们应该感到欣慰，但同时也应该保持清醒的头脑。因为在这种热潮中，我们很容易陷入一种误区，满足于炫耀、攀比优惠政策，满足于引进了多少人，留住了多少人，至于这些人才发挥了什么作用，有没有达到企业的预期目的，却反而被淡忘。其实，后者才是招才引智的根本，离开了这个出发点和落脚点，吸引人才就会变成无本之木，无源之水，不可能有活力和长久的生命力。

从现实的情况看，企业博士后工作中存在着一些实际问题，应当引起我们的重视。

其一，博士后的思维习惯与企业的实际需求相脱节。企业面临的是激烈的市场竞争，关心的是项目的市场潜力，花费巨资建立博士后工作站，引进博士后人才，无疑是希望博士后能为企业解决一些实际的高难课题，把知识转化为直接的生产力，促进企业的技术创新。而博士后在院校时间较长，注重的是课题的理论水平和个人的科研能力，对市场和产业化不大关心。这种错位与脱节的结果，很容易导致企业因不能达到目的而失望，会怀疑吸纳高层次人才的意义。而博士后人员享受着优厚待遇，自然成为众所瞩目的焦点。稍有失误，就会招致人们的非议，一旦他们无法承受这一压力，双方可能不欢而散。

广东一家企业很早就设立了博士后工作站，但在早期，他们在博士后管理方面也曾出现过不少问题，博士后项目要么浮在上面片面追求理论创新，科研游离于生产之外，转化困难；要么过度拘泥于解决生产现场的简单操作问题，缺乏创新力度。这导致了一些风言风语渐渐滋生：博士后不过如此！企业和博士后双方都为此感到尴尬。

这种状况提醒我们，把博士后引到企业，只是迈出了第一步。要让博士后工作产生实效，企业和博士后之间必须找准切合点。企业立项要围绕高新技术和产品开拓的需要，提出切合实际的高层次课题，并在课题研究中保证投入。选人时还要注意考察博士后的专业水平和工作经验，力求选准选好。与此同时，博士后也应当转变观念，打破旧有的思维模式，增强市场观念，摆正自己的位置，虚心吸收新知识，特别是在书本上无法学到的知识，缩短与企业的磨合期，使科研工作尽快步入正轨。千万不能用博士的帽子把自己封闭起来，脱离群众和广大专业技术人员。

其二，在申请进站的动机上，博士后研究人员存在着以下几种不同的思想：一是基于继续深造，致力于科学研究的想法；二是基于暂时找不到满意的工作或希望脱离原所属单位；三是为了解决家庭困难（如两地分居、配偶户口及工作等问题）。由于这些差异的存在，博士后研究人员在站期间的努力程度和所取得的成绩是不相同的。个别博士后研究人员未能调整好心态，存在"过渡"和"做客"的思想，难以及时融入企业，与企业的磨合期较长。因此，企业不能简单陶醉于招揽了多少博士后，还应着重考虑选择什么样的博士后，如何选准博士后。

一些企业过于急功近利，而博士后的科研项目往往周期较长，双方在博士后工作的成效方面，看法存在偏差。有的企业单纯从留下来的博士后人数来评价博士后工作，有的企业则片面强调经济效益，认为钱投了进去，就必须立即产生回报。这种认识上的分歧警醒我们，必须结合人才效益、科研效益和经济效益三个方面来全方位地评价博士后工作。对研究项目的预期效益，应当有个正确的估计，不要给予过高的期望。毕竟新产品的推广以及用户的接受需要时间，而大多数研究项目在站期间很难立即转化为畅销产品。对于管理类课题而言，更需要时间的检验。

此外，在项目管理上，有的企业在股权发生变化、经营策略做出调整后，要求相应调整原有的博士后研究项目，影响博士后研究工作的进展。这样做不但影响了高层次人才的培养计划的实施，而且对吸引人才、留住人才的工作造成了负面影响。有的企业主体意识不强，与高校联系不够紧密，产、学、研优势未能得到有效的互补；而有的联合招收培养院校特别是路途较远的省外院校对项目的指导力度不够，办理进出站手续时间过长，影响了工作的时效性。

这些情况说明，引进博士后只是完成了整体工作的第一步，如何使博士后工作做出实效，还有很多具体的事情要做。

这几年，一些企业在博士后工作方面，积极探索，摸索出了一些成效经验，值得借鉴。

课题管理是博士后工作能否取得成效的关键。企业博士后的一个重要特点，就是根据市场需求开发出与市场结合紧密的、技术含量高的产品。能否按照市场需求来设立分站和选择课题，既是能否实现产、学、研紧密结合，使科研成果有效转化为现实生产力的关键，也是企业博士后工作成败的关键。

深圳市企业博士后工作站根据深圳大力发展高新技术产业的战略设想，设立分站的重点放在了高新技术企业，选择课题的重点也放在了企业发展中所遇到的关键性技术难题。目前他们所设立的 14 个分站，全部都是高新技术企业；所进行的研究项目，全部是根据企业新产品技术开发的现实需要和可能选择的，既有一定的理论和学术意义，又有极高的经济价值和广阔的市场前景的项目。如华为公司分站所招收的 13 名企业博士后的研究项目，全部是该公司新产品开发过程中的关键技术。这些关键技术的解决直接为企业开拓出新的市场前景，创造了显著的经济效益和社会效益。中兴通讯公司分站目前正在进行的 ATM 网上实时视频传输，8 路 SDH 映射芯片的研制等 9 项课题都是极具市场前景，且有较高学术水平的项目。深圳证券交易所工作站首批 10 名博士后目前从事的课题全部都是与中国证券市场发展紧密相关的且重大的基础性、现实性、前瞻性的课题研究。

江苏春兰集团一直按需立项，严把博士后立项关。他们根据企业发展规划，在广泛调研的基础上，不断提出和调整博士后项目。结合企业的三级科研创新体系分别提出不同层次和需求的项目，从立项开始就一直紧紧围绕产出成果的表现形式，杜绝论文式成果。最高层次的研究院负责提出前瞻性产品和技术研究课题，中间层次分属三个产业公司的春兰家电、自动车和电子研究所负责提出近期和中长期产品的开发和研究课题，第三层次为各制造工作的技术科、工艺科、设计室负责提出现有产品工艺设计和改进、产品品质的改进和提升课题。博士后陈国华在企业工作实际过程中，根据企业的实际发展需要，及时调整研究方向，收集和检索了大量相关的可靠性理论资料和自然数据，进行了统计分析和试验研究，提出了空调器相关环境应力周期数据总结，对企业产品设计提供了有益的帮助。由于企业博士后的科研项目多数是从企业的生产需要出发，因此其课题来源具有明显的工种背景，其研究成果能够迅速应用到生产中，迅速为企业带来明显的经济和社会效益。

广东的风华公司除充分发挥博士后的"单兵作战"能力外，还注重发挥其综合力量，公司成立博士后联谊会，定期组织讲座会、技术难题会诊、报告会，开拓了公司广大员工的视野，提高了公司的管理水平和技术平台。同时，在市政府有关部门的组织下，还为本市的其他企业进行技术与管理会诊。提出了多项建设性的意见，受到了本地企业的欢迎，博士后的整体优势得到了发挥。

这些企业的做法，不仅使企业受益，也使人们对企业博士后有了正确的认识，推动了企业博士后工作的开展。

我国的博士后事业经过20年的发展，已经积累了经验，打下了基础，但也还存在着管理过于集中、管理模式单一、投入机制不健全等问题，发展的空间还是很大的。

一些人士认为，借鉴国外的经验，我们应该采取更加开放的人才政策，一是要为高层次人才创造优良的科研工作和生活条件，解除其后顾之忧；二是要减少复杂的进出站手续；三是放宽对博士后进站在站的各种限制，如博士毕业后的时间，博士后的年龄等等；四是博士到企业的形式也可多种多样，如做博士后、当访问学者、项目合作、受聘管理企业、短期咨询等等，并且保证来去自由。企业作为一个用人单位，最主要的是要把人才用到合适的位置，使用最合适的时间，有离开的人，又有进来的，川流不息。

目前，各地区、各部门和高等院校、科研院所、企业单位等，都有加快发展博士后事业的积极性，此外，博士生招生规模的逐步加大，为博士后研究人员准备了充足的生源。这些都意味着，博士后事业有条件进入一个快速发展的时期。

据悉，"十一五"期间，我国在确保质量的同时，将稳步扩大博士后招收数量和设站规模。到2010年，年招收博士后研究人员预计达到8000人左右，其中企业博士后年招收人数将有较大幅度的增长。到2010年，博士后科研流动站总数比2005年底增长30%左右；科研工作站总数比2005年底增长50%左右。新增设的流动站、工作站主要向新兴学科、重点学科、尚未设站的一级学科和国家急需的行业、地区倾斜。同时要着力提升博士后研究人员的自主创新能力，人均成果率高于国内平均水平，其中重大科研成果、自主创新成果和科研成果转化率均有较大提高，努力造就跨学科、复合型、战略型、创新型的德才兼备的高层次人才群体。

可以想见，随着这些目标的实现，我国的企业博士后工作将迎来新的辉煌。企业对高层次人才需求的矛盾，也将逐步得到缓解。

人才资源何时实现区域共享

人才合作风起云涌

数年前，珠三角一家企业由于产品开发需要，试图柔性引进一名高级专家。但在北京、上海、西安等地苦苦寻觅多时，却物色不到合适人选。由于缺乏人才，公司的研发计划受阻，新产品无法及时推出，企业在市场竞争中陷入被动境地。许久后，这家企业无意中发现，相隔不足百里的邻市就有他们所需要的专家。由于城市间人才资源信息相互封锁，这家企业压根儿不知这个信息，错失了发展良机。公司老板痛心疾首：如果人才能够信息共享、资源共享，我们就不会踏破铁鞋无觅处了！

人才地区所有、部门所有，一直是人才资源开发中的一道难题。由于传统观念的影响，许多地区、单位把人才普遍视为自己的"私产"，人为制造了许多地区壁垒、部门壁垒。出于狭隘的地区竞争、部门竞争的考虑，一些地方领导、部门领导认为："我们这里有这样的人才，但有也不给你们用，我用不了也不给你们用。"因为这些壁垒的存在，我国人才资源存在着被闲置、浪费现象。许多人才高八斗、学富五车，但就是水牛掉进井，有劲使不上。这些年随着社会的发展变化，这种狭隘的观念受到了人们日益强烈的抨击。然而，由于缺乏相应的人才服务合作机制，人才信息交流不畅，人才从"单位人"变成"社会人"，还面临着重重制约。

有识之士认为，要让各类人才的活力竞相迸发，智慧充分涌流，必须建立新型的人才服务合作机制。

这些年，各地加紧探索区域人才合作，使区域人才合作成为人才工作中的一道亮丽的风景。

2003年4月，上海、江苏、浙江三省市及所辖19个城市人事部门在上海签署《长江三角洲人才开发一体化共同宣言》，拉开了人才共享合作的序幕。此后，我国区域性人才合作不断增多，东三省、珠三角、京津冀、西部省区相继建立人才合作关系。据笔者不完全统计，近年开展的人才合作，除长三角的合作之外，主要还有以下几个区域的合作：

2003 年 8 月，济南、青岛、淄博、烟台、潍坊、威海、东营、日照等山东半岛 8 个城市人才交流服务中心共同建立了"山东半岛城市群人才中心主任联席会"，确定人才合作有关事宜，确立"半岛人才联盟"，其目标是建立不分你我的人才市场统一体。

2004 年 6 月，黑龙江、吉林、辽宁三省在长春签署了《东北三省人才市场一体化合作框架协议》，构筑起统一开放、畅通快捷的东北地区人才交流平台。按照协议，东三省将建立人才工作相互通报制度、三省人才市场联席会制度，实现三省人才信息联网，三省人才市场人事代理事项和资格证书互认有效，同时加强人才培训、人才派遣、人才测评、人事代理、人才服务等方面的合作，实现统一安排、统一内容、统一标准。

2004 年 7 月，广东、福建、江西、广西、湖南、海南、四川、贵州、云南及香港、澳门行政区人才流动服务中心负责人在广州召开联席会议，决定开展泛珠三角区域（9＋2）人才服务合作。在人才政策方面，9 省区各方在制定人才流动、人才引进、人才培训等政策时，将加强沟通与协调，统筹调研成果、工作经验等各种资源。出台重大人才政策或处理重要人才问题时，及时互相通报，并可征询各方意见。在人才市场管理方面，将统一本区域内人才市场准入标准，消除地区障碍，规范从业行为。在人才资源方面，实现本区域内人才智力资源共享；建立一方引进、多地使用的国外智力资源引进协作机制，实现国外专家资源和引智成果共享。在人才信息方面，实现区域内人才信息网站互联、重要信息协助发布、人才信息数据库共享。在人才资格认定方面，建立统一的职业资格认证标准，实现本区域内专业技术人员职业资格证书、继续教育登记互认。在人才服务方面，构建统一、共通、互惠的人事人才公共服务框架体系。

2004 年 10 月，重庆市与香港有关机构签署了《关于加强渝港两地金融证券专业人才交流与合作的备忘录》等协议。

2005 年 1 月 27 日，广州、深圳、珠海、佛山、惠州、东莞、中山、江门 8 个珠三角城市在广州正式签署《珠三角人才资源开发一体化合作协议》，商定 8 市今后在吸引人才、人才流动、信息共享等方面加强合作，增强珠三角人才竞争力。按照合作协议，珠三角将重点推动区域内专业技术资格和职业资格证书互认、高级专家信息资源共享、人才交流信息共享、联合举办招聘会、人事人才服务的合作。区域内高级专家信息交换和发布机制建成后，单一城市的高层次专家将成为整个珠三角城市的共同资源。

2005 年 3 月 20 日，长三角的上海、江苏、浙江三省市及东北的黑龙江、吉林、辽宁三省人事部门在哈尔滨签署了《"东三省"与"长三角"人才开发合作协议》，根据协议，东三省与长三角两个大区域将在畅通人才智力流动的渠道和途径、积极开展人才培训的交流与合作、推进人才人事公共服务领域合作、加强技能人才和农村人才合作开发与交流等领域开展合作，逐步建成统一开放、规范高效的人事人才服务体系。这是我国人才开发领域的第一个跨区域合作，标志着我国人才开发由地缘性区域合作向跨区域战略性合作迈进。

2005 年 3 月 31 日，江苏省人才流动服务中心和苏北地区的徐州、连云港、淮安、盐城、宿迁 5 市人才中心主任在南京正式签署《加快苏北发展"51"人才中心主任联席会议备忘录》，搭建苏北人才开发"抱团作战"的发展平台。

2005 年 6 月 8 日，北京、天津、河北人事部门在廊坊签署了《京津冀人才开发一体化合作协议书》，商定在人才交流服务、高层次人才智力共享、紧缺人才培训合作、博士后工作、专业技术职务任职资格和国际职业资格互认、专业技术人员继续教育资源共享、公务员互派交流学习、引进国外智力、编制人才开发规划、人事争议仲裁制度等 10 个方面开展合作，不断推进"京津冀人才开发一体化"的进程。要通过三省市人才开发的资源共享、政策协调、制度衔接和服务贯通，逐步建立京津冀区域人才开发的人才信息共享、人才结构互补、人才智力自由流动、人才培养合作共融新机制，形成统一的人事制度框架、人才大市场和人事人才服务体系，最终实现区域内人才的自由流动和优化配置。

2005 年 6 月 15 日，浙江、黑龙江两省在哈尔滨共同举行《高层次人才智力开发合作协议》，商定在紧缺人才培训开发、联合招收与培养博士后、公务员交流等方面加强交流合作。

2005年6月30日至7月1日，"湖北省推进武汉城市圈人才一体化建设座谈会"和"武汉城市圈人才一体化建设第一次联席会议"在武汉召开。经武汉、黄石、鄂州、黄冈、孝感、咸宁、仙桃、天门、潜江9市的人事局长共同协商，一致同意，发表了《武汉城市圈人才一体化建设共同宣言》，通过了《武汉城市圈人才一体化建设联席会议制度》，举行了《武汉城市圈人才一体化建设合作项目协议书》的签字仪式。8城市商定，将在人才市场、人才信息网络、人才评价、人才资源开发、高级人才资源共享、人才政策等六个领域开展人才合作。并在举办交流会、人才信息联网、人事代理与劳务输出、人才测评、公务员培训与继续教育、高级人才联合培养、公务员对口交流与挂职锻炼、高级专家资源共用、企业博士后科研工作站（产业基地）合作与交流、留学人员合作交流等18个项目确定了合作意向。通过不断推进武汉城市圈人才一体化建设的资源共享、政策协调、制度衔接和服务贯通，逐步实现人才政策趋同化、人才市场网络化、人才评价标准化、信息资源公共化，最终实现区域内人才的自由流动，发挥人才的最大效益。

2005年7月12日，在呼和浩特举办的"西部人才论坛第二届年会"上，西部12省区市的代表签署了《关于建立西部地区人才工作协作机制协议书》。协议的主要内容包括：建立西部地区互通互认的人才政策体系；加强各类人才的交流与合作；积极开展人才培训教育方面的合作；鼓励和支持人才智力柔性流动；推进人才公共服务领域的交流与合作；加强人才理论研究合作与交流；以西部地区为整体，积极开展横向交流。

2005年7月14日，首届闽东北五市人事局长联席会议在福州市人才储备中心举行。福州、南平、宁德、莆田、三明五市签署人才合作协议，五市将设立人才协作办公室，在人才派遣等方面开展协作。

2005年7月15日，山东、江苏两省及鲁南、苏北10市在日照签署了《关于建立鲁南、苏北人才流动协作机制的协议》。协作主要包括联合组织举办人才交流会、整合区域内人才流动和人才市场信息资源、构筑鲁南苏北无形人才市场、促进高校毕业生就业、人事代理业务互通以及人才培训、人才测评、人才派遣等业务的合作。两省 10 市建立定期召开"联席会议"制度，共同协商解决人才流动协作中的有关问题。

可以说，人才合作成了近年人才工作一个引人注目的亮点。

合作是大势所趋

区域间开展人才合作并不是偶然的。当前经济全球化和区域经济一体化已成为经济发展的突出趋势，人才流动的区域化、社会化、国际化趋势也日益显著。在这样的新形势下，人才开发、人才流动能否打破地区壁垒，实现不同区域间的交流与合作，是我们面临的共同挑战。

人才专家指出："区域经济一体化必然要求人才开发一体化。区域经济的竞争非常突出地表现在吸引人才方面。要在经济竞争中发展就必须整合人才资源，努力提升区域内人才资源的整体数量和整体竞争力。面对区域经济一体化的形势，如果依然实行地区封锁，必然造成人才资源的浪费，增加用人单位的管理成本，不利于人才发挥潜能，最终也会影响这个地区的人才竞争力。"

从目前开展的人才合作的情况看，人才合作既以经济合作为基础，也是经济合作的必然要求。

比如，珠三角之所以能够实现人才合作，至少得益于以下几点：

其一，珠三角城市地域相连，经济相融，文化相通，人缘相亲，彼此有很深的历史渊源，保持着相近的人文特征，持续发展着良好的人际往来和经济交流，在人才资源开发方面存在广泛的共同利益和愿景。

其二，珠三角同属广东省，具有相对统一、健全的法制，其相对完善的市场规则和运行机制，高效的政府作风，以及相近的人事人才政策框架，为人才资源开发一体化提供了良好的人才政策环境。

其三，珠三角的城市化进程日益加快，生态环境保护、打造制造业中心、形成珠三角都市圈，以及扩展广交会、高交会、留交会的效应等，作为珠三角各城市共同关心的发展主题，既为珠三角人才资源开发注入了新的活力和动力，又为珠三角人才资源开发一体化的跨越式发展提供了历史性机遇。

其四，珠三角人才交流行业相对比较发达，各市政府人事部门办的人才交流机构都已成为当地的人才交流龙头机构，具有各自的资源优势和服务优势，为珠三角人才交流一体化奠定了合作基础。

为此，经过一段时间的酝酿后，广州、深圳、珠海、佛山、惠州、东莞、中山、江门等城市签署了开展《珠三角人才一体化合作的协议》。

2005 年 7 月 15 日，山东、江苏两省和鲁南、苏北 10 市人事厅局、人才服务中心领导聚集海滨城市日照，签署了《关于建立鲁南、苏北人才流动协作机制的协议》，宣告鲁南、苏北 10 + 2 人才流动协作机制正式成立并启动。这个协作机制的建立，也是充分考虑了鲁南、苏北合作的基础。

鲁南地区的枣庄、济宁、日照、临沂、菏泽 5 市和苏北地区的徐州、连云港、淮安、盐城、宿迁 5 市，都是在历史上曾经为新中国的诞生做出过重要贡献的革命老区，也是经济欠发达地区。近年来，鲁苏两省对鲁南、苏北的发展极为重视，出台了不少优惠政策，支持老区发展。鲁南、苏北地理位置相邻、人文习俗相近、共有资源丰富，具备良好的跨区域合作的条件。在 10 + 2 协作机制建立之前，江苏省就已在苏北地区建立了 5 + 1 人才协作。同时，在鲁南、苏北的兄弟城市之间，原本就开展过人才流动合作。这些都是开展更深层次合作的良好条件。江苏、山东两省人事部门认真分析各自优势，经过半年多时间的酝酿、磋商，决定建立鲁南、苏北 10 + 2 人才流动协作机制，两省 10 市将通过省、市、县三级联动，变山东、江苏两省接壤地带周边市县分散联系为有组织的省际间沟通联系，由以往较松散型协作转向较紧密型协作，形成区域人才优势，为老区经济社会发展提供人才保障和智力支持。

开展区域性人才合作，可谓人心所向，大势所趋。

最大的难点是什么

从现实情况看，人才合作也还存在不少难点，由于各地经济发展不平衡，一些政策的配套、对接客观上存在困难。

同长三角、珠三角相比，京津冀的人才合作开展得比较晚，重要原因之一，在于三省市市场分割严重，经济发展自成体系，互相排斥。天津市政府研究室的阎东认为，环渤海地区产业关联度小，没有形成彼此间的产业链，或者产业链很短。京津冀内部关联度也很小，很多行业是"鸡犬之声相闻，老死不相往来"。相距130公里的京津两大直辖市，它们对于区域经济的带动功能在竞争与较量中日渐抵消。北京是知识经济基地，北京人才占全国的1/3左右，虽研发功能强，但没有向环渤海地区辐射。天津对周边没有什么大的带动作用，辐射作用小，无法形成中心。人才合作是经济合作的结果，也是为经济合作服务的。如果经济发展缺少合作，人才合作便是无源之水，必然难以开展。

前几年，香港测量师协会与中国房地产评估师协会签署协议，实现资格互认。2004年2月，香港建筑师学会与中国注册建筑师委员会又签署专业资格互认协议。两地的资质互认不但能够让内地得到香港的成熟人才，还在一定程度上帮助香港解决人才匮乏的问题。然而英语却成了影响香港与内地人才合作的一大障碍。无论是会计还是律师，在香港工作大部分时间都需要使用英语，而内地人才虽然专业过关，却往往因为语言问题无法在港工作，影响了人才合作的深入开展。

由于经济社会发展的不平衡，人才合作也遇到了"瓶颈"。比如在区域人才合作中，网上市场发挥着越来越重要的作用，但受客观条件制约，一些地方还无法建立网上人才市场，这就使合作无法对等进行。此外，各地经济社会发展不同，对人才流动的门槛也不一样。有的城市对专科生实行"准入"，而另一些较发达的地区，门槛卡在本科生以上层次。这样的政策差别，要建立统一的人事制度框架就十分困难。

然而从总体上看，人才合作最大的难点还在于人们观念的转化。

从地区封锁到资源共享，从"设卡"防止人才流失到鼓励人才流动，这确实是一个革命性的转变，它给人带来观念的冲击、思想的震荡十分强烈。近年来，尽管各地签署了不少人才合作协议，但一些人对合作仍心存疑虑。

不久前，在京津冀人才合作协议签署之际，一位河北人士便表示了自己的担忧：河北的人才往北京跑的原本就多，如今协议一签，各种资格证书互认，人才流动的障碍消除了，关卡也拆掉了，人才岂不更得往北京跑？这样的合作对河北能有多少收益？

笔者在采访中发现，持类似忧虑的各地都有。由于经济发展不平衡，人才流动也呈现出从落后地区向发达地区流动，中西部地区向沿海地区流动的格局。不少人担心，实行人才合作、资源共享，会不会让"共赢"变成"独赢"，出现强者更强，弱者更弱的格局？这样的担忧，影响着合作的开展。

这提醒我们，开展人才合作，必须更新观念，才能走出一条人才开发的新路。如果观念不转变，即便签了合作协议，合作实际上也难以深入开展。

对于"共赢"与"独赢"这个问题，人事部人才流动开发司毕雪融司长在接受笔者采访时说：人才合作要把握三个原则，一是先易后难。二是要配合各省经济发展战略。三是自愿与互补的原则。经济发展状况不同，对人才的需求也不可能一样，不同地区之间总是存在互补性，这正是合作的基础。比如，东三省经济不如长三角，但可以组织人员到长三角培训，接受发达地区的新思维、新理念。再如广东缺乏劳动力，广西可以组织中专生到广东去，实现毕业生充分就业。

宁波市人事局局长王梅娟在谈到长三角人才合作时也说："谁说人才只会单向往上海流？实现人才无障碍流动，上海周边地区得到的绝对要比失去的多。'空城计'的担心是多余的。"

合作不能是纸上谈兵

近年人才合作协议签了不少，区域人才合作有了良好开端。但也有个别地区的合作雷声大雨点小，签字仪式轰轰烈烈，签完便束之高阁，缺少具体深入的合作行动。有的地方虽然签订了框架协议，但一到具体问题，合作各方还是首先考虑、维护自身利益，即便一件很小的事情，达成共识也很困难，往往迟迟没有结果，效率极其低下。

因而，如何让人才合作产生实效，成了人们关注的焦点。在2005年7月15日举行的鲁南、苏北人才流动协作10＋2首届联席会上，与会代表们对这个问题议论最为热烈。

　　山东省人才交流服务中心主任魏兴隆说："人才合作的空间巨大，可做的事情很多。今后我们要看准一件做一件。合作要以促进发展为根本出发点，要做实。"

　　江苏省人才服务中心主任朱从明表示："鲁南、苏北的合作将是紧密型的，不是松散型的。协议只是个框架，在这个框架内，某几个城市可以结对子，可以就某个项目深入合作，总之是要把合作做实。"

　　山东济宁市人事局长张继民告诉笔者，鲁南苏北人才协作机制的建立，为他们提供了新的发展机遇。鲁南和苏北同属淮海经济区，在经济社会发展方面既存在竞争，又有很大的互补性。下一步，他们首先要学习兄弟市的好经验，加强与各市交流，实现政策信息和人才智力资源的共享。济宁拟就毕业生就业和人才派遣等工作与各兄弟市合作，在努力维护双方人才安全的前提下，促进人才合理流动，使人才结构的调整与经济结构的调整相协调、相统一。

　　广州市常务副市长沈柏年在谈到珠三角人才合作时说，珠三角人才资源开发一体化具有得天独厚的优势，人才资源开发一体化合作的条件也比较成熟。但我们也应该看到，区域人才资源的整体数量和整体竞争力相对不足，各自发展也不完全平衡。因此，在积极推进合作的进程中也要遵循循序渐进的原则，由点到面，由浅到深，由易到难，逐渐推进，立足各自实际，求同存异，共谋发展。不能一蹴而就，一劳永逸。要突出重点，求真务实，在条件许可的情况下有步骤地推进，在达成共识的领域积极推进。根据目前情况，可以采取灵活多样的合作方式，既可以是整体性的业务合作，也可以是单个项目合作；既可以是珠三角各市全部参加合作，也可以是部分城市的合作；既可以是注重经济效益的合作，也可以是谋求社会效益的合作。

　　从一些地区的实践看，合作做实才能出成效，才能方便用人单位和广大人才。青岛某大企业以往到外地招聘员工，费时又费力。自2003年8月山东半岛人才联盟建立后，这家企业委托青岛市人才市场招聘几百名员工，青岛市人才市场又委托潍坊人才市场代劳，从而轻松完成了这一任务。合作也给人才市场带来了新气象。以前潍坊人才市场由于辐射能力有限，举办招聘会不尽如人意。加入人才联盟后，与兄弟城市联合举办招聘会，前来招聘的单位多了，求职的也多了。用人单位花同样的精力，能够招到更合适的人才，求职者也感到工作机会增多了。

2005年12月，笔者来到广西玉林市人事局采访，正好赶上广东罗定市在玉林人才市场举办专场招聘会。玉林市人事局的同志告诉说，类似这样的与外省市联合举办的专场招聘会，在这里已经举办多次。

玉林东邻广东，地处粤港澳辐射区域，"泛珠三角"经济区和东盟自由贸易区的结合部，是"泛珠三角"经济区的重要组成部分。玉林市人事局充分认清这一区位优势，提出了"向东看，联东干"的人才资源流动开发服务战略，一方面向东部沿海发达地区看齐，学习借鉴他们以人事人才工作推动经济社会发展的成功做法与经验；另一方面与东部发达地区的人才智力机构联手合作，拓展人才工作的领域和空间，实现人才市场的互动，人才资源的互用，利益的互享和发展的互促。

走进玉林人才市场，一条醒目的标语映入眼帘——"让每一位人才在玉林都能找到适合自己发展的岗位，让玉林每一个企业都能找到适合自己发展的人才"，这是玉林市的人才工作理念，也是他们给自己立下的工作目标。为了实现这个目标，让广大人才人尽其才，才尽其用，用当其时，人事部门付出了许多心血。

在市政府的支持下，玉林市人事局投资50多万元对市人才市场的软硬件进行技术改造和完善，目前市级人才市场拥有1200多平方米的招聘大厅，可设立150个固定招聘摊位，能同时容纳3000—4000人进场应聘求职，使原来比较落后的人才市场变成了较为先进的人才市场。其服务功能逐步完善，服务质量逐步提升，服务活动正常开展，成为玉林市人才供给流转的中心。

为了更好地服务用人单位和广大人才，玉林市人事局不断加强与泛珠三角经济协作区人才市场的合作和贯通，先后与广东中山、佛山、罗定等城市建立友好合作关系，举办"中山—玉林"、"佛山—玉林"、"罗定—玉林"等专场招聘会，引推并举，既积极从广东引进高层次人才智力，又充分发挥玉林人力资源丰富的优势，向广东推荐、输送技能人才和农村实用人才。

为了推进人才合作，在合作中取得最大成果，玉林实施了"织网建站"工程。

2005年5月12日，玉林市政府办公室转发了玉林市人事局《关于在乡镇企业大中专院校建立人才工作站的通知》。这意味着玉林人才工作"织网建站"工程全面实施。

外织网，就是在市外大中专院校、市政府驻外机构、大中型企业驻外办事机构建立人才智力引进信息服务点，最终形成服务网络，为引进人才开辟信息渠道。同时加强玉林人事人才网与市外、区外人事人才网的并网链接，主动为玉林市各部门、单位、企业招聘适用人才做好相关服务。2004年初，市人事局投入资金创建了"玉林人事人才网站"，加入全区城市人才网联盟，实现了与区内外重点人才市场的网络对接，简化和规范了人事代理程序，畅通了人才招聘和人才求职流动快速渠道。这一工程实施以来，玉林人事人才网网站注册信息个人会员就达4078个，企业会员410家，委托招聘单位25家，网上公布招聘信息200多条，求职简历1000多份，上网招聘人才的用人单位130多家，网站访问量40万人次，帮助玉柴集团网上招聘人才60多名。

内建站，就是在全市各县（市）区、乡镇、大中专院校、企业建立人才服务工作站，广泛开展多形式、多渠道、全方位的人才服务。乡镇人才工作站负责本乡镇各类人才的调查统计；本乡镇人才库的信息收集和提供；各类求职人员的求职登记工作；收集、发布有关人才需求信息，以及各类人才的引进、输出、培训工作的信息收集和提供，为人才的培养、人才的培训教育、人才的流动、劳务人才的输出和适用急需人才的引进，随时做好相关服务。市里成立了建立人才工作站协调领导小组，下设办公室，办公室主任由市人才交流服务中心、人才市场主任担任。

"织网建站"工程使玉林各乡镇、企业、院校以及其他有关机构，全都参与到人才工作中来，人才供求的信息灵了，人才服务的触角长了，人才资源也进一步盘活了。一些地方需要劳务人才，人事部门通过乡镇人才工作站了解到某些乡镇有人力资源优势，立即组织培训并及时向外输送。一些企业需要某类专门人才，人事部门通过信息网络了解到某地有这方面的人才，迅速引进，及时解了企业之急。

近年来，海螺集团、旺旺集团、燕京啤酒等一批知名企业落户玉林，一批大型项目在玉林实施，玉林市人才市场和 7 个县（市）区人才市场抓住这一机遇，不断深化与珠三角发达地区人才市场的合作，采取联办专题人才招聘会的形式，在招商引资的同时，以项目带动人才智力的引进，引进和吸纳了一大批人才。据不完全统计，仅 2005 年就先后引进各类人才 560 多人，其中高层次人才 63 人。到目前为止，到玉林创业立业的各类人才已达 23560 多人。

玉林是个人口大市，有着丰富的人力资源。据统计，2004 年以来，人事部门先后与广东地区人才市场联合开办了 6 场次招聘会，共推介 2000 多名各种技能人才到广东有关企业创业。通过区域人才合作，构建了玉林农村人才转移网络，打响了玉林的农林人才品牌，逐步实现玉林农村人才转移的规模化、效益化和产业化，使玉林变人口压力为人才资源优势。

玉林市人事局有关负责人说："人才合作使我们尝到了甜头。"这甜头从何而来，就是要把事情做实。

然而，从全国的情况看，一些地方的人才合作，特别是跨区域、多省区的合作，由于种种条件的限制，合作项目很难开展，合作很难做实。一些业内人士对合作的前景感到并不乐观。

直击校地人才合作

共同的愿望

2005 年 10 月 29 日，来自北京大学、清华大学、浙江大学、上海交通大学等全国 16 个省市 147 所高校的代表聚集浙江省嘉兴市，参加"2005 中国·嘉兴江南文化节'百所高校嘉兴行'人才合作洽谈会"，就毕业生供求、人才培养、技术合作等项目，与嘉兴市 260 多家企事业单位负责人进行交流洽谈。

"百所高校嘉兴行"是近期校地人才合作的一个缩影。近一时期，由各地组织人事部门牵线搭桥，企事业单位与高等院校开展的交流与合作活动日益频繁，已经成为人才开发一道亮丽的风景线。

9 月 24 日，山东省济宁市举办"孔子文化节"人才交流活动，济宁市人事局专门邀请了兰州大学、中国石油大学、山东工商学院、山东理工大学、山东建筑工程学院等二十多所高校毕业生就业部门负责人参加活动。

10 月 22 日，江苏省吴江市举办"2005 中国·吴江高校双推活动"，邀请 300 多家用人单位与来自清华大学、北京大学、同济大学、上海交大等全国 67 所高、中等院校的 180 多名相关负责人，开展向用人单位进行毕业生推荐和科研项目推介活动。

不少地方还与高校合作，举办"博士行"活动，组织博士、专家到当地考察、咨询，为当地发展提供智力援助。从笔者了解的情况看，校地合作发展势头迅猛，呈现出方兴未艾的喜人局面。

高校和地方不能各自为战

高等院校是我国人才智力最为集中的地方，以前由于校地缺少交流合作，高校的科研成果得不到及时转化，人才资源优势得不到充分发挥。与此同时，许多企事业单位却因为人才匮乏，不少技术难题难以破解，影响发展。部门、行业的人才壁垒，加剧了人才紧缺与人才浪费的矛盾。同时，联系与沟通缺乏，信息交流不畅，也造成人才培养与人才需求脱节。不少人士曾敏锐地指出："毕业生就业难，不是人才过剩，而是人才培养与市场需求不相适应。高校按自己的模式培养人才，对市场需求考虑不够，没有及时根据市场需求来调整专业设置。造成某些社会需求旺盛的专业，毕业生供不应求，而有些社会需求萎缩的专业，毕业生却相对过剩。"

随着"党管人才"原则的贯彻落实，各地各部门沟通协作的意识普遍加强，地方部门与高等院校之间的隔墙被打开了，行业之间、部门之间的壁垒逐渐被拆除。山东省济宁市委组织部副部长、市人事局长张继民说："党管人才的概念，原本就是人才工作一盘棋的概念。行业之间、部门之间只有加强交流与协作，才能开创人尽其才、才尽其用的局面，才能最大限度地盘活人才资源。"

笔者了解到，目前各地各部门都非常重视校地交流合作。

山东建筑工程学院毕业生就业指导中心主任李峰告诉笔者："我们越来越重视同人事部门的联系。就业指导中心负责向社会推荐人才，被称为高校的销售部门，而人事部门和用人单位则是我们的客户。跑销售的不跟客户打交道怎么行？这几年我们跟人事部门打交道越来越多，人事部门举行人才交流活动，也经常邀请我们参加。合作促进了双方的了解，促进了毕业生就业。我们学校毕业生就业率高达百分之八九十，有的专业甚至百分之百！"

浙江省嘉兴市日益重视与高校、科研院所的合作与交流。该市与中科院、清华大学、浙江大学、上海交大等全国知名院校建立了全面合作关系，创建了中科院嘉兴应用技术研究与转化中心、浙江清华长三角研究院等创新载体。嘉兴众多的企事业单位也积极与各高校、科研院所开展了紧密的科技、人才合作，建立了嘉兴高新技术产业博士后科研工作站、科技人才创新开发基地、研究生实践实习基地及人才培养基地等，充分发挥科技、人才的助推器作用，推动了全市经济的快速发展。

一些基层人事部门的同志表示："以前我们与高校联系总是有一些顾虑，担心跨系统跨行业的交流合作，会带来一些不必要的矛盾。中央提出党管人才原则后，这个顾虑消除了。人事部门应当充分发挥桥梁和纽带作用，积极搭建舞台，促进校企交流。在这方面，实际上也大有可为。"

在合作中实现双赢

2005 年，山东省广饶县组织了"百名博士专家广饶行"活动，邀请来自国内外 40 余所著名高校、科研单位的 110 多名博士、专家、教授，参观了县内小商品批发市场、华泰集团、金宇轮胎公司、凯银乳业公司、东方花卉公司、大海集团等企业。通过深入洽谈交流，达成联建工程技术中心和检验中心协议 7 个、共建人才培养教学基地 2 个、项目合作协议 19 项、意向 31 项，涉及造纸、化工、纺织、机械制造、农副产品加工等行业和领域。有 37 位博士、专家、教授被企业聘任为技术顾问和节假日工程师。

笔者了解到，目前校地合作的内容越来越广泛，涉及毕业生供求、人才培养、办学方向、实习就业、技术合作、建立长期互访交流合作机制等，合作的层面也越来越深。企业、高校、人事部门，通过交流与合作，实现了双赢乃至多赢。

江苏省大丰市大力实施"院企联姻"工程，努力牵线搭桥，引导和协调企业与省内外中高等院校采取多种形式攀亲结缘、供需合作，全方位加强高端人才的开发、引进、培养和使用。目前该市共有 200 多家企业与 380 家高校、科研院所实现对接，建立各种形式的产、学、研联合体 200 多个，建立紧密型试验合作基地 30 个，结出了促进高校发展、增强企业实力、增加地方财力的"三赢"之果——

促进了高校发展。高等院校的专家教授在大丰服务过程中，从实际中了解社会所需、企业所求，有 13 所高校调整了专业设置和研究方向，从而更有针对性、更加富有成效地为企业经济发展服务。教授们通过"院企联姻"经受了实践锻炼，增加了实践经验，提高了科研能力，提升了科研水平，促进了科技成果转化，为科研成果转化提供载体、搭建平台，让各类科技成果在企业得到应用和生产，在市场中实现更大的价值，把高校蕴藏的科技潜力充分发挥了出来。

增强了企业实力。该市通过"院企联姻"，建立了"成长、创新、超越"企业成长论坛，定期邀请高等院校的博士、教授开讲，就企业的发展模式与成长战略以及企业在生产、营销、资金积累等问题进行探讨，传播企业战略理念，推广先进企业管理方式，并为企业的发展出谋划策。该市还充分发挥教授经历多、路子广的优势，帮助企业争取项目、申请经费、争取立项，2005 年已有 4 个项目被江苏省财政厅、江苏省环保厅列为循环经济试点，补助污染防治基金 100 万元，项目实施后直接经济效益可达 5000 万元以上。

增加了地方财力。"院企联姻"加快了大丰人才创业示范基地建设，通过与教授合作创办了大丰生态农业科技示范园，重点实施了"863"海水蔬菜项目、滩涂优质贝类增养殖、美国薄壳山核桃、意杨深加工等科技含量较高的项目，其中海水蔬菜项目已成功培育出十多个优良品种，种植面积达 1000 亩，海芦笋获得国家绿色食品发展中心颁发的绿色食品 A 级证书，市场前景非常看好，带动了整个沿海的开发，为增加地方财力作出很大的贡献。据不完全统计，2005 年该市仅通过教授申报并被列项国家、省级科技计划的就达 45 项，使该市省、市级高新技术企业迅速增多，突破 20 家，高新技术产值可望超过 10 亿元。

江苏启东市人事局长汤辉告诉笔者：启东不少民营企业在发展中遇到了各种各样的科研难题，仅仅依靠企业自有人才难以攻克，通过人事部门牵线搭桥，借助高校人才，难题很快就被破解了，企业获得了竞争优势。校企合作，让企业尝到了甜头。

在 2005 年开展的"百所高校嘉兴行"活动中，一批企事业单位与高校建立了紧密型的学生实训就业合作关系，为推进企业技术创新和产品开发找到了人才智力支撑。同时，各高校大力推介本校毕业生的专业特色和就业优势，帮助企业更好地了解了高校毕业生。通过及时掌握企业的用人需求，学校更好地确定了办学思路。浙江电力职业技术学院招生就业部主任李海波说："学校培养出来的人才不一定是企业需要的，校企的深入交流，有利于学校调整培养人才的方向，进行教学课程改革。"而政府部门也通过"搭台"之举，进一步树立了爱才求才重才的良好形象，提升了城市的对外影响力。这些都是校企合作带来的好处。

但从总体上看，校地合作内容还不够宽，层次也还不够深。一些地区因信息不畅、经费困难等原因，开展合作还存在不少困难。

长三角人才合作带来了什么

长三角人才开发一体化合作是我国最早开展的区域性人才合作。它的进展怎样，成效如何，一直是人们关注的焦点。在浙江省人事厅、杭州市、南京市、宁波市、南通市、嘉兴市等有关省市人事部门的支持下，我们开展了"长三角人才开发一体化合作独家调查"。

江浙纷纷"接轨大上海"

2003 年 4 月 18—19 日，上海、江苏、浙江三地人事厅局及所属南京、苏州、南通、常州、扬州、镇江、无锡、泰州、杭州、宁波、温州、湖州、嘉兴、绍兴、金华、丽水、台州、衢州、舟山等 19 个城市人事局领导共聚上海，举行首次"长江三角洲人才开发一体化论坛"，在充分研讨的基础上，共同发表了《长江三角洲人才开发一体化共同宣言》，宣告长三角地区人才开发一体化进程正式启动。

伴随着长三角区域经济一体化进程的加快，沪、苏、浙地方政府对开展长三角人才合作越来越重视。他们认为，区域经济一体化的关键，在于人才开发一体化。推进长三角人才开发一体化，对于构筑长三角人才高地，促进长三角区域经济持续高速增长，打造世界级大都市带，有着极其重要的意义。

浙江省委、省政府把主动接轨上海、全面参与长三角交流与合作作为一项重大战略方针，积极支持和鼓励推进长三角人才开发一体化。2003年 10 月，浙江省委、省政府作出了"发挥八个优势、推进八项举措"的战略部署，要求"进一步发挥浙江的区位优势，主动接轨上海，积极参与长三角地区的交流合作，不断提高对外开放水平"。2004 年初，浙江省委、省政府在《关于大力实施人才强省战略的决定》中明确提出：要"遵循人才流动客观规律，积极推进长江三角洲地区人才开发一体化，促进更大区域内的人才交流、合作与共享"。推进长三角人才开发一体化，已成为浙江省一项带有战略性的重要工作。

2004 年 3 月，上海、江苏、浙江三省市领导协商确定，沪、苏、浙经济与发展合作活动增加区域规划合作组和人力资源合作组，形成"5 + 2"合作组织。人力资源合作组由三地人事厅局负责牵头。这表明，长三角人才合作已不仅仅是人事部门之间的合作，它得到了三省市领导的认可与支持。

杭州市为了接轨上海，融入长三角，专门成立了接轨上海办公室，市人事局是主要成员单位。2003 年 8 月，杭州市政府代表团赴沪，与上海市政府联合签署两市经济合作与交流协议。之后，市人事局局长郑素成几次带队到上海商洽人才合作事宜，与上海市人事局、上海市卢湾区人事局签署了人才工作合作协议。近年，杭州参与长三角人才合作始终得到市委、市政府的支持。在 2005 年杭州市召开的国内合作交流工作会议上，市人事局还被邀专门就接轨长三角的工作作专题发言。

宁波市委早在 2003 年就做出了主动接轨上海、积极参与长三角合作与交流战略决策，制定了"虚心学习、主动接轨、真诚合作、实现共赢"的总方针。在这一方针指导下，宁波市人事局以人才研究、人才政策、人才招聘、人才培养、人才信息、人才项目等为主要内容，开展全方位、宽领域、高起点的合作与交流，先后与上海、南京、南通、镇江、无锡、杭州等 9 城市及"长江三角洲高校毕业生就业工作组织"、"在沪教育部直属高校毕业生研究生就业工作协作组"等组织，分别就人才开发、人才培训、人才招聘、人才派遣等建立了合作交流、市场互动关系。

南通市在开展人才合作中，明确提出要做好三个接轨：思想观念接轨、政策制度接轨、工作机制接轨。2004 年 3 月，南通市人事局组织各县（市）区人事局长赴昆山、上海、宁波和温州等地学习考察，使大家深刻认识到接轨大上海、融入长三角的重要意义。

嘉兴市为进一步找准接轨上海的切入点，加快推进长三角人才开发一体化进程，由市委、市政府出面，专门组织开展了"长江三角洲人才开发一体化研究"、"长三角人才合作模式研究"等课题调研，深化合作理念，梳理合作思路，完善合作举措，谋求在接轨上海中获取更大收益。

地方政府的重视与支持，有力地促进了长三角人才合作的深入开展。

人才合作步步深入

长三角人才一体化合作是逐步走向深入的。

2003 年 4 月 18—19 日，苏、浙、沪三地人事厅（局）及所属 19 个城市发表《长江三角洲人才开发一体化共同宣言》（以下简称《共同宣言》），确立了人才开发一体化的目标。即在遵循市场主导、开放自主、互惠共享和优势互补等原则的基础上，通过不断推进长三角人才开发的资源共享、政策协调、制度衔接和服务贯通，建立长三角人才开发新机制，逐步形成统一的人事制度框架，人才大市场和人事人才服务体系，最终实现区域内人才的自由流动。

《共同宣言》确定了推进长三角人才开发一体化的六个领域：

一是逐步统一长三角地区人才市场在准入标准、设立程序、营运规则等方面的规定，推进和实行区域内人才流动政策框架，降低区域内人才流动和开发成本，逐步搭建长三角区域一体化的人才交流互动平台，促进人才的自主和自由流动。

二是共同构建公平竞争的人才法制环境和人才生态环境，防止过度竞争和无序竞争，并联手进行区域性人才市场监管和人才资源保护。

三是充分运用网络技术、构建以人才信息系统为主干的长三角人才诚信系统，健全人才信息交换和发布机制，逐步实现全区域人才信息联网，构筑畅通、快捷的人才信息平台。

四是推进资格证书的互认和衔接，实现教育、培训、考试的资源互通、共享及在服务标准上的统一。以互设分支机构、互派学者、科研专家交流等多种形式，共同培养各地的紧缺、急需人才，逐步形成人才共育的全新格局。

五是共同探索建立长三角公务员能力建设框架，开发和运用长三角地区公务员测评、考试、录用、培训等方面的技术资源，建立长三角地区公务员之间的挂职交流制度，相互学习行政管理和公共服务方面的先进经验，提高公务员整体能力水平。

六是适应长三角地区企事业单位和各类人才的不同需要，拓展人事人才服务领域和内容，通过互相的异地人事代理等人才服务项目，搭建区域内共通的人才服务体系，形成区域内统一的公共人事服务体系。

2003 年 8 月 6 日，沪、苏、浙三地人事部门领导相聚杭州，研究并签署了九个制度层面的合作协议，建立起长三角人才开发一体化主要框架。主要框架协议包括《关于建立高层次人才智力共享机制的协议》、《关于专业技术职务任职资格互认协议》、《关于专业技术人员继续教育资源共享协议》、《关于建立博士后工作合作机制协议》、《关于三地公务员互派交流学习合作协议》、《人才服务合作协议》、《关于定期举办网上人才交流大会的合作协议》、《关于开展人事争议仲裁业务协助和工作交流的协议》和《关于引进国外智力资源共享的协议》等九个合作项目协议。主要内容包括：

——建立人才共享机制，促进高层次人才智力交流与合作。

——加强人事制度衔接，实现专业技术职务任职资格互认。

——发挥各自优势，实现继续教育资源共享。

——健全交流合作机制，推动博士后工作发展。

——实行公务员三地交流学习，加强公务员队伍建设。

——贯通人才服务渠道，构建一体化的人才服务体系。

——三方定期举办网上人才交流大会。

——开展人事争议仲裁业务协助和工作交流。

——实行引进国外智力资源共享。

这九个制度层面的协议，内容丰富，涵盖了人才资源开发的诸多领域，将在长三角人才开发一体化中起到积极的推动作用。

为了进一步确立长三角人才开发一体化工作组织机构，加强对长三角人才开发一体化工作的领导与协调，2004 年 6 月 20—21 日，浙江省人事厅、上海市人事局、江苏省人事厅在南京共同组织召开了"长江三角洲人才开发一体化工作会议"。浙、沪、苏人事厅（局）负责人及苏、浙所属的 19 个城市人事行政部门相关负责人参加了会议。这次会议审议通过了《长江三角洲人才开发一体化联席会议章程》，建立了《长江三角洲人才开发一体化联席会议制度》。

联席会议是组织指导和协调统筹长三角人才开发一体化有关事务的工作机制。联席会议制度实行轮值主席制。同时，还成立了联席会议办公室。该办公室由三地人事部门共同派员组成，属流动性质。联席会议制度及其办公室的建立，为人才开发一体化工作的进一步推进在制度和组织上给予了保障。

两年多来，三省市及 19 个城市之间项目合作充分展开，呈现出城市不分大小、项目不分多少，成熟一个合作一个，多边合作促进双边合作，双边合作推动一体化进程的良好局面。

异地人才派遣渐成潮流

人才合作的根本目的，就是要给用人单位和广大人才带来方便和实惠。

适应长三角地区企事业单位和各类人才的不同需要，拓展人事人才服务领域和内容，通过互相的异地人事代理等人才服务项目，搭建区域内共通的人才服务体系，是长三角人才开发一体化的重要内容。2003 年 8 月 6 日，沪、苏、浙三地人事厅局领导相聚杭州签署了《人才服务合作协议》等九个合作项目协议，商定就互为人事代理、人才交流、人才培训、业绩档案、诚信认定等服务进行合作。

人才服务合作内容波及面广。从合作的情况看，异地人才派遣发展迅速，成为一个新兴的亮点。据了解，人才派遣作为一种全新的用工方式，由于它对大批量人才的统一管理模式较为科学，对用人单位提高人才引进效率，节约人才引进成本成效明显，现已成为长三角金融业、制造业引进技能型人才的首选渠道。过去人才派遣只是在某个城市的辖区内进行，现在已拓展为城市之间的合作。

南京的人才派遣业务在全国起步较早。2004 年以来，南京人才开发公司成功地与上海、苏州、常州、无锡等市签订了异地人才派遣协议，至今已办理 400 多人，人才主要是流向 IT、电气产品销售等类型企业，派遣人才涵盖了多层次学历的专业技术人才、经营管理人才。

杭州与上海等地也开展了异地人才派遣业务，杭州市人才中心受上海十余家企业委托，外派员工 100 余名。2005 年 7 月 28 日，杭州与上海、南京、宁波、合肥、温州、马鞍山和南通等城市签署了《成立长三角主要城市企业经营管理人才评荐中心联合委员会的合作协议》，并联合举办了"高级人才评荐与猎头论剑"活动，力图使服务合作向高层次人才延伸。

近年来，中国宁波人才市场先后与上海、杭州、南京、无锡等城市人才市场合作成立了高级人才猎头网络系统，宁波东方人才派遣公司与上海人才中心开展了"一地委托，全国代理"的双向人才派遣业务，每年为在宁波的上海企业派遣各类人才 50 多人。

毗邻上海的嘉兴市不断深化与上海方面的人才合作，探索建立长效机制，努力成为大上海人才资源布局中的有机环节和重要成员，在出国留学、劳务输出、人才测评、人才派遣、人才猎头等工作领域不断探索合作经营的新模式。2003 年 9 月，嘉兴市人才交流服务中心与上海市人才服务中心签订了《人才服务合作协议书》，全面开展互为人事代理业务。同时，建立嘉兴—浦东两地人才工作交流例会制度，邀请上海方面的同行来嘉兴开展工作交流活动，并就共享高级人才信息资源、人才交流和人才合作培养等达成一系列共识。

异地人才派遣给用人单位和广大人才带来了很大方便，"足不出户便能尽揽英才"。从合作发展势头看来，这一刚刚起步不久的新型人才服务，前景非常广阔。

信息共享促进人才流动

长三角地区有丰富的人才资源，但各地经济发展状况不同，产业结构存在差异，对人才的需求也不尽相同，人才资源存在很强的互补性。实现人才信息资源共享，有利于把各地人才最大限度地盘活起来，利用起来。

近两年，杭州每年春秋两季举办人才交流大会，都是通过长三角大中城市人才市场和人才网站广发信息，吸引长三角地区的用人单位和各类人才来杭参会选才择业的。杭州还邀请上海、南京、宁波、温州、苏州、常州、湖州等大中城市人才中心组织企事业单位来杭参会招聘人才，促进了杭州地区人才求职择业。位于杭州北郊的德清县，近两年来先后 7 次组织 121 家企事业单位参加杭州组织的人才招聘活动，接待登记各类人才 3205 人次，其中 700 余名专业技术人才达成了到德清就业的意向。2005 年 7 月 9 日，杭州与德清在杭州联合举办了"筹划'十一五'，融入大杭州"论坛暨百家企业接轨高校的人才招聘会，有 22 家企业参会招聘，登记的各类人才 269 名，其中 58 名中高级专业技术人才达成了到德清创业与发展的意向。德清县人事局副局长王吾平深有体会地说："德清'借船出海'，杭州'做大做强'，以合作为'桥梁'，以两地为'舞台'，优势互补，共同发展，推进了两地的人才合作进程。"在"请进来"的同时，杭州积极"走出去"，组织临安、富阳、桐庐、建德和淳安等县（市）到上海、宁波等地招聘引进中高级专业技术人才。

宁波积极开展异地人才招聘和市场互动，连续组团参加在上海、杭州、南京等地举办的各类人才招聘会及网上人才招聘大会，共组织用人单位 770 多家，提供岗位 6600 多个，吸引 5 万余名各类人才入市应聘，达成意向 5000 余人。在杭州举办的"中国博士后人才科技项目浙江洽谈会"上，宁波 6 个博士后工作站正式签约引进博士后 7 名，达成进站或引进意向 61 项。宁波充分利用"高洽会"、"毕洽会"和"浙才会"等特色平台，不断加强与长三角城市的互利合作，六届"高洽会"共邀请了长三角 30 多所高校的 1.2 万余名博士、硕士研究生来甬洽谈，其中第六届"高洽会"还邀请上海、南京、杭州等 9 个城市组团前来设摊招聘，共设摊 100 多个，现场达成意向 1100 余人。16 届"毕洽会"吸引了长三角大中专院校的 6 万多名应届毕业生前来应聘，有 1 万多人找到了工作岗位。六届"浙才会"省内城市共带来 90 项智力合作项目，并分别同 15 个国家的 17 个专家组织的代表进行了洽谈，取得了显著成效。同时全市 4 个博士、留学人员创业园，12 家企业博士后工作站，100 余家企事业单位与长三角城市 30 多所高校建立了毕业生实习基地，仅 2004 年就接收了 1000 余名毕业生来宁波参加社会实践活动，在区域人才流动和整体人才开发上发挥了重要作用。

伴随着人才区域一体化进程的不断推进，南京与长三角地区的人才招聘互动也越来越频繁。2005 年 2 月以来，外地单位参加各类招聘会的数量明显增加，平均每场招聘会约有 10% 的单位来自上海、苏州、无锡等长三角省市，其中，周六大型综合性招聘会基本上保持在 15% 左右，与 2004 年相比增加了一半，招聘范围涉及 IT、营销、制造、外贸等多个热门行业，平均每月向社会提供的岗位数约在 600—800 个左右。

为依托上海更好地宣传推介南通，方便更多的人才来南通就业创业，2004 年南通和上海在两地人才服务中心互设人才工作站，实现了人才网站对接联网，开设服务窗口，开展了异地人才招聘、人才引进、人事代理、人才派遣、人才猎头、人才培训、人才测评等服务，畅通引进人才的绿色通道，取得可观成效。2004 年，南通通过上海人才市场发布市场招聘会信息 25 次，人才需求信息约 1.5 万个，帮助联系推荐各类高层次人才 2300 多名，先后为 500 多名人才办理了异地流动手续。

据悉，近两年长三角地区各省市在异地举办招聘会越来越多，收到了良好成效。2003 年 12 月和 2004 年 12 月，浙江省委组织部、省人事厅组织全省性招聘团到上海招聘高层次人才。浙江省先后共有 300 余家重点院校、知名企事业单位参会，提供岗位 4000 余个，有 8000 余名硕士、博士参会应聘。2003 年 11 月，台州在上海举办大型综合人才招聘会，有 200 家浙江台州用人单位参加招聘会，数万人进场应聘。2003 年 12 月，绍兴在上海举办了"2003 绍兴专场人才洽谈会"，112 家绍兴民营企业参会，近 1 万余人进场应聘。2004 年 11 月 20 日，湖州市在上海举办 2004 年接轨上海高层次人才招聘会。本次招聘会是湖州市实施"接转大上海，融入长三角"发展战略的具体行动之一。湖州市 40 多家单位进场设摊招聘，推出岗位 600 多个，有 3000 余名人才入场洽谈应聘。

人才信息共享、人才市场互动，对盘活长三角人才发挥了重要作用。

网上才市成为合作重要平台

长三角地区经济发达，人才网站建设起步早，发展得比较成熟，利用网络开展异地人才交流合作有着天然优势。长三角三省市人事部门非常注意发挥这一优势，从合作一开始，就提出要充分运用网络技术，构建以人才信息系统为主干的长三角人才诚信系统，健全人才信息交换和发布机制，逐步实现全区域人才信息联网，构筑畅通、快捷的人才信息平台。

《共同宣言》发布后，沪、苏、浙三省市人事厅局进行了网站链接，并在各自的网站建立了长三角人才开发一体化专栏，发布相关工作动态和信息，广泛开展人才信息合作。2004 年 11 月 1—30 日，苏、浙、沪三地政府人事部门联合举办了长三角地区首届网上人才交流大会。三地共组织了 3000 多家企事业单位参会，有 5 万余个需求岗位供应届大中专毕业生和其他求职者应聘，访问量达到 800 万次。这一活动在全国引起了强烈反响。

两年多来，长三角城市之间的网上招聘合作十分活跃，不少城市反映，网上才市已经成为它们开展人才互动服务的首要平台。

在南京人事人才网首页上，在 200 家招聘单位中共有近 40 家来自上海、苏州、杭州等外省市，招聘职位涵盖电气工程师、营销等多个类别，而在人才库中也经常可以发现求职地区定向于上海、杭州、苏州等长三角省市的求职者。据网站相关负责人介绍，网络由于其高效率的特性，一直是各类企业寻求异地人才的主要渠道，从 20 世纪初网络应用逐渐普及以来，各类异地企业在网上招聘南京本地人才的数量逐年增多，而其他地区有意来南宁工作的各类人才，通过网络也获得了极大的便利。人才供需双方足不出户，鼠标轻点长三角城市的任意一家人才网站即可方便快捷地选人择业。

2004 年 9 月 1 日至 10 月 1 日，杭州、宁波和温州联合举办了"杭、宁、温首届网上人才招聘大会"，870 余家企事业单位提供了市场营销、经营管理和计算机等 200 余个专业的 22769 个岗位。网上招聘期间，杭州人才网的总访问量达到了 189 万人次，平均日访问量达到 6.1 万人次，最高日访问量达到了 7.9 万人次。

2005 年 7 月 15 日到 8 月 15 日，上海、南京、杭州、宁波、无锡和温州六个大中型城市联合举办了"首届长三角地区大中城市网上人才招聘大会"。在招聘月期间，仅杭州人才网就有 1056 家企事业单位招聘人才，网站总访问量达到了 259 万人次，平均日访问量达到了 8.1 万人次，最高日访问量达到了 10.4 万人次。

由于网上合作的种种优势，长三角城市非常注意网站的建设与完善。南通市为吸引更多的高校毕业生来南通就业创业，投资近 20 万元新建了南通毕业生就业网，实行网上发布需求信息、网上协议鉴证、网上查阅档案等电子网络服务，先后与 60 多所高校实现了网上链接，与苏州大学、江苏大学、扬州大学、合肥工业大学、中国矿业大学等高校互设了就业指导工作站，协同做好毕业生的人事代理、人才推介、实习与就业等服务。

南京人才中心开发的人才信息管理系统和网上人才服务系统还移植到了长三角地区的杭州、宁波、南通、张家港、泰州等市的人才服务中心，推动了人才服务信息化进程。

人才培训合作走向深入

长三角地区高校云集，有着充裕的教育资源，开展人才培训合作有天然的优势，这一合作也成为人才开发一体化的亮点之一。

上海率先建立了长三角紧缺人才培训服务中心，其主要任务是依托上海紧缺人才培训工程，开展长三角地区的紧缺人才培训，颁发的证书在上海、南京、杭州、宁波、无锡、苏州六大城市之间互认。自 2003 年 8 月以来，上海、南京、苏州、杭州、宁波、湖州，实现了六地紧缺人才培训项目统一、大纲统一、教材统一、培训统一、考试统一、发证统一，先后共有 11826 人参加了统一考试，其中现代物流 2984 人，中高级翻译 8689 人。另外，长三角地区其他城市也正陆续与上海建立紧缺人才培训合作。上海紧缺人才办也积极与相关城市沟通，以合作办学、设立培训分支机构等形式，积极推广培训考试项目。

杭州充分利用长三角名校云集的优势，采取"借梯登高"的新思路，主动出击，与多家著名高校进行洽谈，利用全国名校资源，共同推进高层次人才的培养，得到了它们的大力支持。杭州大力实施名校名师战略，吸引全国著名高校在杭州设立硕士教学基地，引进其名牌专业和一流师资开展教学，学员完全享受所在高校学生的同等待遇，学成后获得该校的毕业文凭和学位证书。这项工作受到人事部和杭州市委、市政府的肯定。同济大学是最早在杭州设立教学基地的名校，开设建筑与土木工程、交通运输工程、物流工程、城市规划等专业的工程硕士班，目前已有首届在读学员80名。杭州市人事部门还在2004年10月举办的"中国博士后人才与科技项目浙江洽谈会"上，与同济大学、复旦大学、上海交通大学、华东理工大学、上海大学、东华大学六所上海知名高校签订了《建立博士后工作长效合作机制协议书》，进一步加强交流与合作。

宁波市着力打造"宁波无名校，名校在宁波"的育才品牌，开展合作培养、项目培养、聘请培养，积极推进一体化人才培养工程。宁波市人事局先后与在沪的复旦大学、同济大学、上海交通大学、上海财经大学等高等院校联合开办了MBA、MPA、物流工程和区域经济等急需紧缺的研究生学位学历班，目前已有200多人获得博士、硕士学位；相继引进了英语口译资格考试、现代物流资格考试和通用外语、人力资源管理等级考试等证书互认项目，两年间共培训1万余人次，2500余人次获得了相应项目培训证书，近来又正着手引进十余个证书互认项目。积极聘请以上海为主体的长三角知名专家教授等外来智力，组织开展公务员双休日综合素质专题讲座、公共管理基础课程培训、万名国际经贸人才、WTO人才和专业技术人员培训工程，每年培养各类高层次人才3000余人次。灵活多样的引智途径，丰富多彩的培养方式，有效地提高了宁波人才整体素质。

2004年6月，嘉兴市委组织部、市人事局委托上海交通大学举办公共管理硕士（MPA）专业学位班，首期招收29名学员。上海交大、华东师大、华东理工大学、上海二医大分别在嘉兴电大设立了22个专业远程教育点，合计培养本科生1498名，专科生80名。嘉兴教育学院与华东师大、上海师大等联合办学，设立远程教育、函授教育等教学点，参加研修的校长有32人，招收研究生课程班42人。嘉兴市每年选送本市高考落榜生委托上海交大、华东理工大学、上海水产大学等高校进行本科学历教育。各地、各部门还经常聘请上海师资来嘉兴举办讲座或作学术报告，听课人员每年多达数万人次。嘉兴还通过营造良好的投资环境，大力吸引上海资本参与嘉兴教育资源的开发，邀请上海一些著名院校在嘉兴建立分支机构，使嘉兴拥有了更多的人才培养基地。

南通多渠道组织高级经营管理人才走出去培训。他们采取课堂教学与课外考察相结合，把教学课堂搬到上海、苏州、杭州、宁波、温州等经济发达地区，接受现代经济理念、现代管理技术和现代科学技术的教育，收到了很好的培训效果。2004 年 11 月，南通市组织 50 多名民营企业家在浙江省委党校进行了为期一周的封闭式培训，大家普遍感到受益匪浅。围绕南通支柱产业、高新技术产业和重大工程项目单位急缺的高层次人才需求，南通市人事局先后与东南大学、南京大学、苏州大学、清华大学、上海交通大学、复旦大学、上海理工大学、东华大学等近十所高校合作开办了高级人力资源管理、法律硕士、MPA、土木工程、纺织工程等工程硕士研修班和创新思维培训，现有 700 多人参加工程硕士学位班深造。

人才培训的合作，有力地促进了长三角人才素质的提升。

中小城市得到了什么

开展区域性人才合作，会不会使中小城市的人才向大城市单向流动，使强者更强，弱者更弱，共赢变成独赢？这是最让人疑虑、担心的事情。一些地方开展区域人才合作，之所以迟迟难有实质性进展，正是这种担心使然。

在长三角人才一体化合作中，中小城市能否受益？这也是我们关注的重点。从调查情况看，不少中小城市通过开展高层次人才智力合作，进行智力引进，不仅避免了人才流失，相反还获得了更多的人才智力，成为合作的受益方。

2003 年 11 月 15 日，应浙江嵊州市邀请，上海人事局组织了复旦大学、上海交大、同济大学等上海 7 所高校 50 名博士后开展"浙江嵊州行"，与当地 70 多家民营企业举行项目洽谈会，当场签署了 7 个科研项目合作协议，另外还成功对接了 33 个研究项目。同时，建立了"上海市博士后嵊州科技创新实践基地"。

2004 年 9 月 27 日，浙江省绍兴市举办了"2004 年百名海内外博士绍兴科技服务团"活动，江苏、上海都组织了十余名博士及博士后参会，部分博士和博士后与绍兴地区企业在 40 多个项目上达成合作意见，并已有部分项目进入了实施阶段。

长三角人才合作开展以来，中小城市以多种多样的形式，从上海等大城市引进人才智力的事例，并不鲜见。

嘉兴市充分发挥邻近上海的优势，利用上海人才高地的"溢出效应"，开辟人才引进新渠道。2003 年以来，嘉兴市连年赴上海举办专场招聘会，成功引进中、高级人才 200 余名，在一定程度上缓解了嘉兴高层次人才紧缺的矛盾。为有效利用上海人才信息资源，2003 年，他们通过嘉兴人事人才网与浦东人才网高级人才库实现了信息资源共享。截至目前，已有 2000 余条高级人才信息被该市企事业单位点击，为企事业单位与上海高级人才之间架起了沟通的桥梁。沪嘉两地还在开展博士后科研合作方面取得了丰硕成果。2003 年初，嘉兴高新技术产业园区博士后科研工作站与中科院上海药物研究所签署了《联合培养博士后研究人员协议书》。2003 年 5 月，经中科院上海药物研究所和上海市人事局批准，留美博士沈延法成为沪嘉联合招收培养的首位博士后研究人员。

嘉兴市人事局官员欣喜地说：接轨上海使嘉兴人才队伍加速发展，近年来，嘉兴市人才资源数年均增长 15% 以上，其中引进人才每年增长 30% 以上，引进的博士以上高层次人才中有两成多来自上海。

南通市积极利用重大活动引进人才。在南通市政府举办的"接轨上海活动周"期间，南通市人事局认真筹备，在中国上海人才市场举办南通人才专场招聘会，引进了不少人才。他们还采取给外地高层次人才发放交通补贴等措施，成功举办了"2004 江苏南通高层次人才招聘洽谈会"、"2004 中国南通国际人才技术与科技合作洽谈会"，均取得了比较好的成效。

南通市人事局积极引导用人单位抓好"引资"与"引智"相互融合，努力实现项目投入与人才引进齐头并进，在加强与长三角地区城市和单位的全面合作中吸引人才。例如，如皋市在上海举办投资说明恳谈会期间，通过聘请在沪院士担任高级顾问，聘请部分驻沪领事、商务参赞和世界500 家企业驻华代表担任招商引资和城市发展顾问，柔性引进优秀人才和智力为本地经济发展服务。崇川区与东华大学合作共建"东华大学·南通纺织科技园"，促进了区内人才、企业和学校的共同发展。

南通市人事局人士告诉笔者，主动策应长三角人才开发一体化的进程，使南通人才总量增加、高层次人才增多。2004 年南通市共引进接收大学本科以上人才 7850 名，其中外国专家 32 名；培训高层次人才 2500 多名；不少部门和企业柔性引进了一大批包括"两院"院士和国内外知名学者在内的高层次人才。

目前，长三角高层次人才的智力合作已远远超出政府行为，浙江的许多民营企业，如娃哈哈集团、万向集团、德力西集团、万丰奥特等大企业、大集团都主动与上海、江苏的一些著名高校、科研机构和知名专家学者建立密切的合作关系，组织实施科技攻关、成果转化或担任顾问等。多角度、多层面的合作，使合作各方实现了共赢。

长三角人才合作还在探索、发展的过程中。由于各个城市对人才合作的重视程度不一样，采取的方式方法不一样，取得的效果也不尽相同。从我们了解的情况看，不同的城市对人才合作效果的评价不尽相同。但随着合作的深入，我们相信会有更多的城市、更多的单位和更多的人才受益。

民营企业何时走出人才困境

前些年，福建一家私营服装企业以年薪30万—100万的高价招聘分公司经理。按公司老总的设想，30万的底薪外加几十万的效益提成，这样的薪酬即便在经济发达的东南沿海，也极为可观。开出这样的价码笼络人才，应聘者想必会踢破门槛。出乎意料，广告刊播后，问津者竟寥寥可数。冷清的局面令老总大为疑惑，是普天之下没有人才？还是薪金的吸引力不够？

招聘活动的失败，再一次激起人们对私企人才问题的关注。

家族模式的桎梏

改革开放以来，我国民营企业取得了长足发展，这是有目共睹的。据官方公布的数据，2003年我国经工商行政部门注册的中小企业已超过360万家，个体工商户2790万家，占全国企业总数的99.6%。而99%的中小企业是非公有制企业。它们创造的最终产品和服务的价值占国内生产总值的55.6%，成为支撑国民经济增长和保持社会协调发展的重要力量。

然而人们也注意到这样一个事实：许多民营企业似乎总是"长不大"，刚创业时，因为能够及时捕捉市场信息，生产适销对路的产品，营销手段也比较灵活，显得生机勃勃。可红火了一段时间，发展到一定程度，企业便缺少后劲，停滞不前，甚至逐渐萎缩，最终走向分裂。不少名噪一时的民营企业，都是两三年的风光，企业老板去年神气活现，今年可能就落魄潦倒，令人伤叹不已。

民营企业发展受限，有许多复杂原因，而人才困局正是其中一个重要原因。

据美国管理学家统计，国际上80%以上的企业是家族企业。在我国的港澳地区，家族企业也占了举足轻重的地位。在内地，大部分民营企业都属于中小型企业，有着浓厚的家族色彩。

据广州的一份调查报告，广州的民营企业中，高层管理人员有73.5%是亲朋好友。企业以家长制方式来经营管理，生产、营销、成本及财务监督、员工培训等制度均未建立，有的建立了也未认真执行。

天津的一份调查表明，该市民营企业在内部管理上，大部分以兄弟、夫妻、父子、叔侄、姑舅、翁婿、岳父母为骨干。

武汉的一份调查也显示，该市数家拥有上千万资产的私营集团公司，属"夫妻型"、"兄弟姐妹型"的占绝大多数。公司的主要领导人都是私营企业主的亲戚，至少也是好友或者邻居。进入私营企业的，通过招聘的只占23.3%，其余都是朋友介绍的。

中央有关部门的一份权威调查表明，我国目前的民营企业中，有80%实行家族式管理，在实行这种机制的企业管理层中，37.6%的人员属家庭或准家族成员，他们基本上都被安排在企业的重要岗位，控制着企业决策、生产、经销等关键性活动。

在刚刚起步的小型民营企业，这种管理模式极为普遍。而在一些已发展至较大规模的民营企业集团，家族式管理方式亦同样存在。昌宁集团、通产企业集团、华普产业集团、金吉列企业集团、用友软件集团和叶氏企业集团是北京规模较大的民营企业集团，其注册资金总计达7.1亿元，最高的达3.5亿元，自有资产约30亿元，其中逾亿元的有3家，最高的达15亿元，最低的4000万元，其业务范围已扩展至国外。据北京市体改委信息处和北京市工商联调研室的调查，这些企业集团的资产高度集中，形成了高度集权的康采恩式集团结构和金字塔形的管理模式，6家集团的80%以上的资产均集中于创业者1人，有的甚至拥有企业集团100%的资产。创业者大都是集董事长、总裁于一身，形成所有权与经营权高度统一的家族式管理格局。其集团下属的全资子公司的法人也大都由集团法人兼任。

民营企业为什么会普遍出现家族式管理模式？这里有着复杂的社会经济、文化原因。依靠家族管理企业是小商品生产的重要特征。从调查情况看，大部分民营企业是在原来家庭手工业作坊的基础上发展起来的，与生俱来带有家族人员参与的属性。家族人员同甘共苦，使企业不断壮大。而企业发展起来后，家族管理模式却没有及时调整、改变。

沈阳飞龙集团是名噪一时的民营企业，总裁姜伟在反思企业的沉浮史时曾说："对于家族经营问题，我早就想提防和避免，但身不由己。创业之初，除了家里人，没人跟你一起去冒险，也就是在创业初期最容易埋下家族式管理的隐患。另一方面，由于法制不健全，管理企业时在要害部门必须用可靠之人，比较起来还是家里人可靠。这就为家族式管理创造了生存和发展的环境。"

管理学家认为，如果只是个规模较小的企业，不涉及产权结构调整，那么家族制不失为一种理想模式。但如果要想把企业做大做强，家族模式就会成为企业发展的障碍。一方面，家族成员文化素质有限，随着企业壮大，其能力、水平往往力不从心。另一方面，家族成员即便只是个普通员工，身份也显得特殊，很难摆正自己的位置，会自觉不自觉地干预企业管理，使外来人才无法正常行使自己的职权，给企业运作带来混乱，从而影响外来人才的积极性。企业发展壮大，步入正常轨道后，管理方式如不及时改革，就会产生种种弊端，阻碍企业发展。

其一，在日常管理方面，企业家族成员多，很难实施严格的厂规厂纪。这与现代企业集约化经营管理方式的要求格格不入。南方某省有家民营企业，刚创业时职员只有家庭成员，后因业务需要，招聘了一些员工。但企业的纪律一直松散，主要原因是老板的几个亲属天天迟到早退，成了坏榜样。老板想严格治厂，有一天当众宣布要处罚上班迟到的老父亲。结果老父亲怒斥他"忘恩负义"，上前就是一记耳光。老板威风扫地，治厂当然没有治成。后来企业每况愈下，不久便倒闭。

其二，企业发展需要集中大家的智慧。创业之初，企业规模很小，光靠企业主的才智，有时也能够驾驭市场。企业规模壮大后，一个人的头脑便会难以招架。而家族式企业，由于员工大都是亲友，经历、学识相近，近亲繁衍，总体智商受到局限，最终会影响企业决策。

其三，家族式管理对于企业吸纳人才、留住人才、发挥人才的聪明才智，是很不利的。在人才竞争上，民营企业与国有企业相比，不少地方处于劣势。比如，北京的一些民营企业，想招聘人才，而进京户口指标一度是难以逾越的障碍。在一些民营企业，高层管理人才和技术人员是外地人，因户口问题，存在着购房难，子女上学难的实际困难，致使他们纷纷离开了企业。

民营企业吸引人才的法宝，便是提高工资待遇。事实上，一些民营企业对员工的待遇是很优厚的，比如新招聘的大学生新婚就分两居室，且不交房费，有的还规定凡在本企业工作满五年的转为正式职工，实行退休制，企业设有中小学，职工子女享受免费教育，实行合作医疗制度。这些待遇确实令人羡慕。

然而，对于一些真正想成就一番事业的人才来说，工资待遇并不是他们希求的全部。他们更渴望做一番事业。可是，民营企业权力集中，要害部门全是企业主的亲朋好友把持，科技人员来到这里，往往会有一种"外人"之感，觉得干得再好也无出头之日。有的人才到了这种企业，还遭到排挤，提出一些方案，也受到各种牵制而难以实施见效。一位从民营企业跳槽出来的管理人员对笔者感叹：民营企业常以数十万元的年薪招聘人才，乍看令人心动，实际上这笔钱并不好赚。不改革管理方式，不改革用人机制，单纯以高薪诱惑，人才来了也难有用武之地，企业主也最终达不到发展企业的目的，双方都陷入尴尬境地。

据调查，民营企业人才流动频繁，武汉的民营企业中，科技人员流动达50%以上。有的城市流动率还更高。人员流动的主要原因，却并非在于待遇。

民企能否冲破家族樊篱

也许有人认为，民营企业实施的大多是家族式管理，要害岗位任用的都是老板的亲属，不存在引进人才、招揽贤才的问题。其实，创业阶段的情况确实如此。但随着企业的迅速发展，单纯依靠亲属已不能满足竞争、发展需要，不打破家族管理的格局，不改变企业的人才结构，企业的发展就没有后劲。这些年，越来越多的私企老板意识到人才的重要性，私企招聘人才也日益频繁，但私企招才之路却一直充满曲折与坎坷。

中捷缝纫机股份有限公司是一家驰名中外的缝制设备制造企业。成立之初，它只不过是个作坊式的小企业，而今已一跃而成拥有总资产5亿多元，员工近千人，2003年销售收入达到5.8亿元，利税8000多万元的民营500强企业。

2004年初夏时节，笔者来到浙江省玉环县，走访了中捷公司董事长蔡开坚。说起公司的发展，蔡开坚感慨地说：人才是企业的基石，中捷公司之所以能够实现跨越式发展，就是因为打破了家族管理模式，建立了一个优秀的人才团队。

蔡开坚是个非常重视人才的企业家。他认为，缝纫机是精密机械产品，对科技与人才有很强的依赖性。缝纫机企业的竞争，实质上就是人才的竞争。按照著名的"8020法则"，每个企业都有决定自己发展前途的20%的最重要因素。对于中捷公司而言，这个20%就是产品品质。而技术与人才是生产高品质产品的根本保障，因而用于技术和人才的投入，再多也不为过。在蔡开坚的主持下，中捷公司制定了"创造良好的企业文化氛围吸引人才，给予优惠的待遇和宽松的工作环境留住人才，采用切实可行的激励机制重用人才"的人才战略方针，始终把人才引进、培养作为头等大事来抓。

和众多民营企业一样，中捷公司创立之初，也是一个家族式企业，父亲、妻子、兄弟都曾是企业的重要成员。不可否认，在企业发展之初，家族模式发挥了不可替代的重要作用。但随着企业的发展，这种模式的局限性也逐渐显露出来，妨碍企业吸引人才，影响企业做大做强。蔡开坚敏锐地发现了这一问题，采取果断措施，先后把兄弟、父亲、妻子、妹夫等人请出公司，引进外来人才，使企业走出家族制，建立起规范的现代企业制度。

我国缝纫机行业人才极其缺乏，国内至今没有一所大学有缝纫机专业。随着高新技术和缝制机械的密切结合，缝纫机产业尤其缺乏机械和电脑结合的、深层次了解缝纫机设计的专门人才。人才短缺是我国缝纫机工业发展的致命弱点。对于地处玉环的中捷公司而言，人才瓶颈更为突出。20世纪八九十年代，玉环由于地理位置偏僻，经济发展缓慢。中捷公司所在的陈屿镇，位于玉环岛的西南角，更有玉环"西伯利亚"之称，一般人望而生畏，吸引人才相当困难。

如何突破人才瓶颈？创业之初，蔡开坚以四分五厘的高息从民间借贷，保送四名素质较好的高考落榜生到浙江工业大学委培，学习机械制造专业。他们毕业后回到中捷，蔡开坚对他们委以重任，使他们成长为技术骨干。与此同时，中捷采取短期聘用的办法，聚集一批人才从事新产品开发，使公司逐渐走出人才困境。

随着公司的发展壮大，中捷的聚才环境有了改善，对人才的吸引力不断增强。蔡开坚及时实施人才扩张战略，加快了引才步伐。对于优秀人才，他经常采取"三顾茅庐"、电话邀约等办法，真诚相邀。一些重要的人才招聘会，蔡开坚也亲自带队，奔赴省内外招聘人才。不少人才为他的真诚所打动，千里迢迢来到中捷，加入这个充满活力的团队。迄今为止，中捷公司已经从全国各地聘请专业技术人才数十人，分别将他们放到重要的岗位，充分发挥他们的特长和潜能。目前中捷公司的中层以上干部中，有一半是外来人才。

世纪之交，国际缝纫机产业纷纷向中国及东南亚地区转移，国内缝纫机企业迅速增加，其中有不少是外资独资、合资企业，市场的竞争空前激烈。要想与国际一流企业竞争，必须有国际一流人才。20 世纪末，世界著名缝纫机厂家日本日钢胜家公司关门停产，一批世界顶尖人才离开公司各奔东西。蔡开坚及时抓住这个大好机会，以百万年薪聘请该公司资深缝纫机制造专家佐藤秀一为技术顾问，签订技术合作协议。尔后，又以百万年薪聘请了另一世界著名缝纫机厂家德国百福公司的技术专家施尔茨为中捷研发中心主任。年薪百万聘专家，这样的魄力确实令人称道。国际顶尖人才的加盟，使中捷能够及时跟踪最前沿国际高新技术，公司的竞争力大大增强。

到 2004 年夏天，公司 1000 多名员工之中，大专以上专业人才就有200 多人，他们分布于生产制造、市场营销、企业管理的各个领域。其中仅研发中心就有本科及中级职称以上人员 65 人，其中高级职称 5 人，博士生导师 1 名，教授 1 名，博士生 3 名。众多的人才为企业提供了澎湃的动力。中捷如今已经发展成了上市公司。

不过，回顾起公司打破家族模式的历程，蔡开坚仍感慨不已。据了解，公司清退亲属时，经历了不少曲折。争吵、反目，是难免的事。有的人事后能够理解蔡开坚的良苦用心，但也有的人与蔡老板的关系却因此疏远，成为蔡开坚心里难解的痛……

和中捷公司一样，许多民营企业也经历了人事震荡。北京的华普集团曾有过一次"大换血"，将管理素质较低的企业"元勋"高薪养起来，同时引进高层次人才，使集团总部95％的员工具有大学本科以上学历，其中有硕士、博士学位的占15％。昌宁集团总裁石山麟也曾含泪辞退自己的亲弟弟和大舅哥，婉言拒绝了从千里之外来求职的外甥女，在集团发起了一场"清退干部小舅子运动"，并从此立下了科以下干部的属下不得有自己亲属的规矩……

然而民营企业彻底打破家族模式的，毕竟还是少数，大部分中小企业或多或少都还存在家族色彩。一位民营藤器厂的老板感叹："我们公司是靠家庭成员共同拼搏而起家的，如今要清退家族成员，改革家族式管理模式，实在是太难了。每次与父母、兄妹谈判，都艰苦卓绝。如果亲人能够理解，还好办些。但有时反复做工作，他们还是不理解，这就让我们心里很难受，改革的步伐也不得不停顿下来。"

高端人才流失严重

由于人才观念的变化，民营企业吸纳人才逐年增多，民营企业已经成为吸纳人才和增加就业的重要渠道。

统计资料表明，随着企业数量的增多和规模的扩大，2004年1—5月，江苏省个体私营企业从业人员增加90万人，山东省较上年同期新吸纳人员88万人。截至2004年6月底，河北省个体私营企业从业人员达1005万人；宁夏民营企业从业人员同比增长12％；湖北省民营企业从业人员达115万人，同比增长23％；辽宁省达730万人，较上年增长20万人；福建省民营企业从业人员增长20.3％，而同期国有企业从业人员仅增长1.1％。

从近年人才市场供求情况看，各地民营企业对人才的需求十分旺盛，已经成为吸纳人才的主体。

据统计，2004 年由广州市属单位接收并报市人事局办理手续的高校毕业生中，非国有单位接收数量首次超过国有单位接收数量，在接收的 16574 名高校毕业生中，属于非国有单位接收的就有 9199 人，占总量的 55.5%。这些数字还只包括通过正规的途径实施完全意义上就业（档案、户口、工作三位一体解决）的那一部分。据了解，每年进入民营企业工作，但是不解决户口、档案问题的人数远远高于这个数字。

据江苏省镇江市人才服务中心的统计分析，在 2004 年 1—4 月该市举办的招聘会上，民营企业占了用人单位的大头，包括改制企业在内的民营、个私经济组织占到用人单位总数的 51%。据沈阳市人事局的统计，2004 年沈阳市共接收 23465 名毕业生，其中到公有制单位就业 7254 人，非公有制单位就业 10449 人。非公有制单位容纳毕业生就业同比增加 4579 人，成为就业主渠道。这一方面是因为民营企业活力增强，求才心切，同时也因为毕业生择业心态发生了变化。沈阳市毕业生就业指导中心有关人士称，一些大中专毕业生不再把户口、干部身份看得很重，而主要以就业单位的经济效益和自身发展为择业标准。虽然国有企业职工在住房、工作稳定性、医疗及养老保障等方面仍然具有相对的优势，但由于经济收入、个人发展机会等方面的问题，相当数量的毕业生越来越倾向于选择非国有企业。

对人才的大幅吸纳，使民营企业人才总量不断增加。据北京市人事局统计，到 2004 年末，北京市非公经济组织中的人才总量已达 66.5 万人，超过首都地区人才资源总量的 1/3。浙江省的调查统计则表明，到 2000 年底，全省非公有制企业拥有人才 72.83 万人，是国有企业人才总量的 2 倍。在非公有制经济较发达的余姚市，目前拥有各类人才 32000 多人，其中 30% 分布在党政机关和国有企事业单位，70% 分布在非公经济领域及新型经济组织。

民营企业的人才，往往也被称为"体制外"的人才。调查显示，"体制外"人才主要来源有三个方面：一是土生土长的内生性人才；二是高校毕业生等社会新生人才；三是从"体制内"的党政机关、国有企事业单位流出的人才。据人事部统计，仅 2002 年，通过人才市场，全国非公有制企业就获得人才 200 多万人。

　　民营企业不仅人才总量增加，人才质量也有明显提升，不少高级专业技术人才纷纷加盟，使民营企业高层次管理人才群体逐渐庞大。据贵阳市企调队的调查，贵阳民营企业从业人员文化素质逐年提高，民营企业总经理的文化程度，大学专科以上的占到 80.9%，其中硕士有 8 人，占8.5%；大学本科 40 人，占 42.6%；大学专科 28 人，占 29.8%。有 72%的企业总经理获得过技术职称，82% 的总经理熟悉国际业务。全国百强县河南省巩义市近年从全国各科研院所和国有企业引进中高级专业技术人才和企业管理人才 1100 多人，90% 进入当地非公有制企业。

　　但是，我们还是应当清醒地看到，这些年民营企业吸引的人才，大部分还是一般的专业技术人才，真正的高层次人才仍十分稀少。民营企业引进一般的专业技术人员比较容易，但引进并留住、用好高层次人才，却还面临许多问题。

　　从宏观层面上看，民企人才队伍总体状况与民营企业的迅猛发展不相适应，在很大程度上制约着民营企业的长足发展。

　　据上海市社会工作党委决策研究处的一项调查，上海民营企业中，有很大一部分是高学历、高科技人才和海归高层次管理人才和科技人员，但上海民企人才状况还存在几大不足：一是从业人员文化程度仍参差不齐。业主中仍有 35.16% 为中专或高中文化程度，16.67% 为初中文化程度。二是企业经营管理技能和专业技能缺乏。有 61.13% 的业主没有经过系统的企业经营管理和各项专业技能的培训。此外，业主的主流意识形态认同度和社会责任意识有待增强，纳税意识也有待强化。

　　广东是民营企业比较发达的省份，据广东省统计局开展的一次全省范围内的民企人才大调查，到 2004 年初，广东民营企业中中专及以上学历人才数量约为 151.5 万人，占民营企业从业人员的 30.3%。由于私营企业是广东民营企业的主要组成部分，私营企业人才数量有 110.3 万人，占了民营企业人才数量的绝大部分，达 72.8%。从全省分布状况看，广东民企人才地区分布大致可分为三个层次。第一层次是民营企业特别发达的广州、深圳、佛山三市，这三市集中了全省民营企业人才的 60%，数量近 90 万人。这说明民企人才主要集中在发达地区。第二层次是以珠三角其他发达地区及经济特区为中心的地区，如东莞、中山、江门、珠海、汕头等市，这一地区集中了全省民营企业人才的 20%，总数量近 30 万人。第三层次是东西两翼以及粤北山区的大部分地区，这些地区远离经济发达的中心城市，幅员广阔，交通不便，经济相对落后，民营企业数量少，工资收入低，福利待遇较差，企业对人才缺乏吸引力。这些地区集中了全省一半以上的县市，但人才数量只占了全省的 20%。这也意味着，这些地区民营经济的发展，仍将面临着人才困境。

在中西部地区，民营企业的人才问题更显突出。2004 年，云南省玉溪市乡镇企业局曾对该市民营企业人才队伍现状做过一次摸底调查，发现民营企业人才存在着以下几个问题：

一是人才总量不足。全市民营企业从业人员中，拥有各类专业技术人员 13825 人，大专以上学历的有 5572 人，分别只占从业人员总数的 12.6% 和 5%，平均每户企业拥有专业技术人员不到 5 人，中、高级技术人才所占比例更小。

二是人才结构单一，分布不合理。全市中、高级技术人才，建筑类占了 58.5%，其他专业所占比例非常低，而且主要集中在红塔、通海、江川这些经济较为发达的县、区。据统计，上述 3 县、区共有中高级专业技术人员 2270 人，占总数的 70.7%，仅红塔区就达 1708 人。

三是人才供需矛盾大。一方面，全市每年的大中专毕业生面临择业难的问题；另一方面，民营企业所需大量人才又得不到补充。这主要是人们对民营企业仍有偏见，以及民营企业的福利待遇还缺乏制度保障等原因。

四是人才浪费现象较为严重。一些民营企业仍以"家族式"管理为主，重要岗位由经营者的亲属占据，引进人员不能充分施展才干，难以实现事业上的成就，造成人才浪费，甚至流失。

五是重使用，轻培训。一些民营企业没有将人力资源开发作为一项长期的发展计划，引进人才在于急切使用，不重视职工的继续教育和人才的知识更新，企业的整体素质得不到提高，逐步散失新产品开发能力和企业创新能力。

家族企业对外来人才总是有一种天生的排斥性，引才积极性不高，即使引进了少量人才，也因为机制僵化，不愿放权，使人才才华难以施展，最终留不住人才。一些企业虽然也知道人才的重要性，常常用高薪的方式招揽人才，甚至开出百万年薪，但由于不懂人才管理，人才使用上存在问题，高薪人才来了也难以施展才能，最后只能白白流失。

据宁波市经营者人才评价推荐中心的一位负责人介绍，浙江民企中每年大约有50%以上的高层人才因为各种原因被别的公司挖走，民企高层人才流失已经成为一个普遍问题。企业如何把引来的凤凰用好留好成为民营企业发展的瓶颈。云南省昆明市五华区工商联在调研中发现，民营企业的接班人才正面临断层。目前许多民营企业的领导者年龄大多在50岁左右，他们面临的是急需培养接班人。

据有关资料显示，培养一个企业合格的接班人至少需要十年以上的时间。如何加快人才市场和企业家队伍的建设步伐，为非公有制企业培养高素质的经营人才，特别是中高层管理人员，这个问题可谓迫在眉睫。

人才无奈老板也无奈

多年前，浙江一家私营企业曾以30万年薪招聘总经理。30万，这在当时是个天价，消息一出立刻引起轰动。许多媒体为私企人才意识的觉醒而欢呼，更多的人则用艳羡的目光看着这30万究竟花落谁家。经过多轮角逐，一名上海男子力挫群雄，在众多应聘者中脱颖而出，激情满怀的走进了这家工厂。然而，高价招聘人才后企业效益并未大幅度上升，一段时间后，这位"幸运"的总经理在重重压力下，不得不悄然离开工厂。与来时风光十足相比，他走时默默无闻，黯然神伤。无论是来去匆匆的总经理本人，还是私营企业主，对这次虎头蛇尾的招才活动，都三缄其口，忌讳莫深。

很长时间后，这位应聘者才向人吐露心头苦衷：这家工厂管理混乱，即使是千里马，来到这里也会水牛落井，有劲难使。虽然30万的年薪极具诱惑，但因为环境所限，这笔钱绝不是随便能拿到的，甚至是不可能拿到的。

这件事给很多人浇了一盆凉水：高价人才未必带来高效益，选择企业不能仅仅看它给你多少薪水。

一个人能否人尽其才，创造出应有的效益，很大程度上取决于环境与机制。私营企业的家族式管理，可以说是外来人才的致命天敌。这几年许多私企老总在竭力革除家族企业的积弊，但冰冻三尺，非一日之寒，私企这一与生俱来的管理模式，很难从根本上消除或改变。

一位曾应聘到私企的管理人员伤叹："那里的生产、营销、成本及财务监督、员工培训等制度均未建立，有的建立了也未认真执行。要严格执行某项规定，往往就要触动家族成员的既得利益，要与家族势力抗争，老板支持理解还好办些，如果老板态度暧昧，事情就很难办。没有良好的机制，再有本事也枉然。"

家族人员的参与是许多民营企业得以萌发、生存的基础。但企业发展壮大，步入正常轨道后，管理方式不及时改革，却会产生种种弊端，阻碍企业发展。

在一些家族色彩浓厚的私营企业，外聘的副总经理的决策权往往比不上老板夫人，尽管老板夫人在企业内连一个挂名的职位和头衔也没有。广东汕头一家生产毛衣制品的公司，资产规模过亿，但因为老板夫人及其亲属在企业内独断专行，公司的副总在两年内换掉了4个。在这样的环境下，外来人才在企业内能有什么作为呢？最终又能有什么好的结局？外来人才与企业主的矛盾，又如何能够避免呢？而这种状况倘若没有改变，那么企业与外来人才，都将两败俱伤。

高薪揽才是私企招人的惯用手法，也是它的一大特色。其实高薪揽才的背后，有着私企的许多苦衷。同国企相比，私企在人才争夺上存在先天的劣势，如干部身份难以解决，工龄无法计算等。北京的一些民营企业想招聘人才，进京指标便是难以逾越的障碍。在一些民营企业中，高层管理人才和技术人员是外地人，因户口问题，存在着购房难，子女上学难的实际困难，致使他们难以安心工作。时至今日，政府部门在人才政策上给了私企许多倾斜，私企的"招才"环境有了很大改善，但很多地方还是不能同国企相比。为了弥补这些劣势，使人才心理平衡，能够招得来留得住，民营企业只好使出杀手锏：提高待遇，重金揽才。

但高薪招聘常常会掩盖一些深层矛盾，使招聘陷入某种误区。从老板的角度说，过分看重支付给人才的薪金，而忽视企业科学管理机制的建立，会使老板产生一种心理："我花那么多钱请你来，你就得给我创造那么多的效益，否则就走人。"管理机制科学与否直接影响着企业的发展，制约着人才能力的发挥。但这种制约具有某种模糊性，难以量化。而支付给人才的薪金，却是非常直观的，10万就是10万，20万就是20万。当企业遭遇挫折，而又很难准确地归结出其他原因时，老板往往会把责任推卸到人才身上，对人才的能力产生怀疑和不信任感，导致双方的矛盾，进而不欢而散。据调查，民营企业人才流动频繁，武汉的民营企业中，科技人员流动的达50%以上。有的城市流动率还更高。

从人才的角度看，过分看重薪金，而忽略对企业管理机制、人员素质等因素的考察，往往会使应聘出现盲目。企业倘若缺少对企业文化的构建，把薪酬作为唯一的衡量人才价值的标尺，也会使人才的心理产生偏差。有的应聘人员感叹："私企权力集中，要害部门全是老板的亲友把持，科技人员来到这里，总有一种外人之感，很难融入。干得再好也很难晋升，很难有事业上的成就感。除了薪金还是薪金，久而久之，就会使人产生短期行为，甚至唯利是图。"这样一种心态，人才是很难在某个企业干得长久的。

民营企业的家族管理遭到过许多人的口诛笔伐。但如果一味指责私企老板缺少眼光，心胸狭隘，未免也过于简单而有失公允。外来人才加盟企业后，能不能融入企业，顺利度过磨合期，取得企业主的信任，进而发挥作用，实现自己的价值，也是影响他在企业能否长久干下去的重要因素。由于缺乏科学的人才评价机制，一些重金引进的人才，品德、素质、能力与企业主期望的往往存在差距，企业主不可避免地对他们怀有一定程度的戒备心理，他们与外来人才之间存在一定的间隙也在所难免。如果这一间隙能够逐渐弥合，那么双方的合作就能持续下去。如果这种间隙逐渐扩大，那么双方分道扬镳也就不可避免。

一位私企老板感叹："我也曾经引进过外来人才，但他们的能力并不像想象的那么强，而且他们能否时刻把企业的利益放在首位，我们心里也没底。所以公司的核心业务还是不能让他们掌控，怕他们突然走了，公司受到损失。但这样的防备和担心又让他们感到不受重用，结果他们走了。"

其实，处于这种两难境地的企业老板，不在少数。

兰州黄河集团老总杨纪强可以说是个很有眼光很有魄力的企业家。十多年来，他创办的黄河啤酒厂不仅自身迅猛发展，还走上了兼并控股之路，形成集团企业规模，跨入甘肃十大骨干企业集团行列。黄河集团有句口号，叫"汇入黄河"。在向外来人才开放方面，杨纪强极有气度。

1998 年 5 月，他曾在《经济日报》等报上刊登月薪 3 万元招聘总经理一名、月薪 2 万元招聘副总经理 10 名的广告，高薪引才。他求贤若渴的心是真诚的。当时公司一些人想不通，他还在职代会上苦口婆心做这些人的思想工作。他说："高薪聘人才是被逼出来的，这需要胆略，超前意识。年薪 36 万也好，24 万也好，他们拿到的只是他们所创造价值的一点点。大家要把他们扶上马送一程，要对人才负责，对自己负责。不要小家子气。不要让人才没有发挥的环境、干不成。"

不久，经过重重答辩、考核筛选出来的人才来到了黄河。杨纪强让出总经理职位，把经营大权交给了应聘而来的周某。可悲的是，周某等人因缺少驾驭大型企业的经验，不适应民营企业灵活的运作方式，没能履约完成产量翻番的目标，相反由于决策失误，经营受挫，公司陷入险境。公司里风言风语，杨纪强失望之余，也承受着许多压力，与周某等人的关系也变僵。到任几个月，周某等人不得不离开了黄河。杨纪强只好让儿子顶上，把总经理大权交给了儿子。

为了把企业做大做强，黄河集团改组为股份公司。但如何谋求公司上市，进行资本经营，文化程度不高的杨纪强有些力不从心。1997 年 9 月，他怀着真切的爱才之心，引进原中国乡镇企业报驻甘肃记者站站长王某这一能人，聘请她为集团公司副总经理，负责股份公司上市和宣传工作。

王某加盟黄河集团后，促成了公司上市。作为回报，杨纪强委任她为股份公司副董事长兼总经理。王某的妹妹虽不是股东，也成了监事会监事。然而股份公司上市后，杨纪强、王某的关系却逐渐恶化，以至到了剑拔弩张的地步。企业上市不久，王某私自以每股 1.5 元的低价转让集团公司所持股份公司的法人股 1980 万股，受让方是其子任法人代表的北京某科技公司。王又多次独自召集董事会议，试图架空杨纪强，后来竟发展到与董事长杨纪强分别在两地同时召开董事会。杨纪强引进王某，原本是为了促进公司的发展，但王某的这些做法，却使黄河集团陷入了危机。

在危急关头，集团公司向公安机关举报王某利用募集资金买高额国债、转存大额存单，有关部门冻结了股份公司的资金。11月7日，王某在保定被拘留，12月上旬以涉嫌经济犯罪被正式逮捕。一场"黄河保卫战"才落下帷幕。这一民营企业引进人才的故事就这样以令人心酸的悲剧收场。

此后，杨纪强让儿子取代王某，出任股份公司总经理。黄河又恢复了杨家掌控的局面。这一事件也让杨纪强感到伤心和迷惑：民营企业的人才问题，究竟应该怎么解决？尽管他表示不会"一朝被蛇咬，十年怕井绳"，但在引进人才方面，他确实变得慎之又慎。

黄河的遭遇也许有它的特殊性。但这一事例却警醒人们，一些人应聘到民营企业，心态和素质都有问题。有的人骨子里看不起民营企业，认为到民营企业是给了老板面子。有的人过惯了国有企业或行政事业单位的日子，不适应私有企业的机制。有的人只是把应聘到私企作为某种资历，视作人生的某种资本。而有些人甚至想利用私企老板知识结构、管理方式的某些欠缺，图谋不轨，损人利己。

在企业界，职业经理人与企业主之间相争反目的故事，还有不少。

陆强华原来在上广电担任副总经理兼销售中心总经理，1996年被创维董事长黄宏生看中，并盛邀其加盟，任命他为创维中国区域销售总部总经理。黄、陆合作期间，创维的销售额从15亿元攀升至43.4亿元。但双方在人事、经营策略上也逐渐产生分歧。2000年8月2日，黄宏生提升陆强华为创维中国区董事总经理，主抓创维上市事宜。对此次任命，陆认为是自己"功高盖主"引来"实权架空"。

2000年11月2日，陆强华留下一封《致创维销售系统全体员工公开信》，将他个人与创维的恩恩怨怨彻底公开，称创维的文化就是"人整人"，又一纸诉状将创维告上法庭，要求其赔偿违约金和补偿金1100万元，并大造舆论。两天后，陆强华携创维100多号人马（包括多位片区经理和管理层干部）投身东菱电器、即创维的市场对手高路华，陆任总裁兼国内销售公司总经理。

这一举动在创维内部引起轩然大波，导致销售精英大面积"哗变"，有的办事处甚至被一锅端，造成财务混乱，资产大量流失。更致命的是市场资源也被带走，4000 位经销商有一半"归顺"了高路华，剩下的也"身在曹营心在汉"。创维苦心经营数年的网络几乎土崩瓦解。接踵而来的是由于军心不稳，流水作业工人一时糊涂，造成两个批次的产品出现质量问题，上千万元的货品全部报废。

陆强华到了高路华后，双方蜜月没有持续多久，陆与老板之间再度爆发争执。后来他还是离开了高路华，走上了自主创业之路。

1999 年 10 月 28 日，广东中山华帝集团实施"两权分离"，聘请 27 岁的原营销部经理姚吉庆为华帝集团总经理和中山华帝燃具有限公司总经理。上任后，姚吉庆将华帝的知名度与美誉度提高到了前所未有的程度。仅一年时间，华帝集团销售额比上年同期增长 15%。2001 年 12 月，华帝公司进行股份制改造，原中山华帝燃具有限公司总经理姚吉庆不担任主营灶具产品的股份公司总经理，但续任集团总经理。媒体猜测：这种职务的调整，实质上是明升暗降。姚吉庆已被架空，出走已成必然。而姚吉庆自己也认为公司没有赋予他作为一个总经理应有的经营决策权，他在事实上仅仅是一个董事会决策的执行者而已。用他自己的话说："我作为公司总经理，却没有项目审批权。"2002 年，在公司即将上市的时候，姚吉庆接到了董事会的解聘书，他不得不离开华帝。

随后，姚吉庆与美加科技联合出资成立威莱数码中山有限公司和威莱国际（亚太地区）市场推广机构，并出任威莱公司执行董事和 CEO，成为新公司的老板之一，走上了自主创业之路。姚吉庆表示，以后不会再从事单纯的职业经理人生涯。他认为，如果一个企业不能彻底解决治理结构和激励机制的话，职业经理人的生存空间始终有限，也不能充分地发挥自己的价值。要改善中国职业经理人的生存环境，必须解决好两个问题，首先是使企业的发展目标即股东利益与职业经理人的利益一致，其次是建立起专门的职业经理人市场。众多问题中，激励制度尤其要得到彻底的解决。

职业经理人与老板之间的是非恩怨，外人难以辨清。但他们的遭遇，却暴露了外来人才在民营企业中的尴尬地位，同时也显示了企业运行机制的许多无奈。

给民营企业人才多些关爱

民营企业的人才困境，与外界对民营企业的关心、支持不够也有很大关系。虽然民营经济发展迅速，但有关部门对民营企业的人才队伍建设却不够重视。

由于我国尚未建立民营企业人才统计年报制度，不少地方对民营企业的人才队伍状况并不了解，人才管理部门与民营企业也缺乏沟通交流，民营企业的人才工作往往处于自生自灭的放任状态，既没有制定出适合当地实情、适合民营企业特点的人才政策，对民营企业人才使用上的违法违规行为也无法及时处理。

九三学社银川市委员会曾对银川人才状况做过一次调查，他们发现，非公经济的迅速发展，急需大量的经营管理人才和专业技术人才；在银川市各类人才招聘会上，民营企业招聘人才就达到80%以上。但是有关部门对如何为民营企业提供人才服务似乎还没有做好对接。中央确立党管人才的原则后，银川市也成立了人才工作领导小组，但是大量的、具体的人才管理工作亟待加强。有关人才管理部门既存在各自为政，又存在重复性做工作的现象，而有些事情却又无人去管。例如近年来非公经济快速发展，吸纳了不少人才，可银川市却没有一个有关部门掌握这方面的情况。为此，九三学社银川市委员会呼吁，政府有关部门应为民营企业搭建平台，研究加强人才队伍建设的政策措施。

中国南方人才市场党委书记盛南方说，非公经济组织的人才群体是广州市社会经济发展的重要力量，近年来广州非公经济组织接收高校毕业生的数量越来越大，但政府在出台各项政策和下发文件时对这一部分人才的考虑和重视却没有达到相应的程度。长期以来，很多政策文件都下发到市直单位或各主管单位，在民营企业就业的人才往往没有顺畅的渠道获取各种人事政策和职称考试等信息，社保、公积金、职称评定、资格考试报考、劳动保障对于他们来说更困难。他呼吁，政府部门应将非公经济组织人才资源全部纳入管理和服务视野，并提供平等待遇。

令人欣慰的是，近一时期，不少地区纷纷出台措施，加强民营企业人才工作。2004 年 5 月，北京市人事局发出《关于支持非公有制经济组织人才队伍建设的通知》，明确要求支持非公有制经济组织人才队伍建设。今后民营企业不仅在人才引进、职称评审等方面可与国有企业单位享有同等待遇，而且在达到一定规模、具备管理条件的时候还可被逐步授予档案管理职能。《通知》指出，对民营企业需要的各类人才与高校毕业生，在办理人才引进、学生招聘和《北京市工作居住证》等方面，均与国有企业单位同等对待。同时，对于与民营企业确立了劳动关系的专业技术人员，不论户籍、档案、身份，只要符合条件的，可以按照规定参加北京市组织的各级别、各系列的社会化专业技术职称评审与专业技术资格、职业资格考试。

上海、浙江、江苏等省市也出台了相关政策、规定，强化为民营企业提供人事人才服务的意识，创造让民营企业人才发挥作用的政策环境，开辟为民营企业引进人才的绿色通道，加大对民营企业培养人才的投入力度，丰富为民营企业人才工作的服务手段，完善为民营企业人事人才工作的保障机制。上海市明确规定："非公经济组织在政府人事部门提供的职称评审、人才培训、表彰奖励、人才资助等方面与国有企事业单位享有平等待遇。市、区（县）人事局及其所属的人才服务机构应当向非公经济组织提供公共人事服务。公共人事服务主要包括以下项目：公共人事政策信息；户籍人才引进；上海市居住证；照顾人才家庭困难调沪；人才家属农业户口转为非农业户口；申报专业技术职务任职资格；职（执）业资格考试和注册登记；参加政府特殊津贴、新世纪百千万人才工程、杰出（优秀）专业技术人才等各类评选或表彰；申请上海市人才发展资金等各类资助；申报建立企业博士后科研工作站；人事档案挂靠；人才业绩档案管理和服务；流动人员出国政审；工龄核定；办理大中专毕业生有关人事手续；单位人事托管；出具各类人事证明；集体户口挂靠；党团员管理等。"

温州是非公经济最为活跃的地区之一，但人才特别是高层次技术管理人才和高级技术工人缺乏，已经成为温州非公经济发展的一大障碍。对此，温州市领导表示，积极创造条件，吸引更多的"名院名校"来温州市设点建校，共建创新载体，搞好共性技术和关键技术的研发和应用。人才特别是高层次技术管理人才和高级技术工人缺乏，是温州市非公经济发展的一大障碍。解决这个问题，要靠培养，但从近期说更多的是依靠引进。要引导和支持民营企业加大人才引进力度，采取合作开发技术和产品、柔性流动、直接聘用等多种形式，引进和利用国际国内优秀人才。政府和企业要共同努力，办好中国国际民营企业人才智力交流大会，把一批急需人才引到温州来，促进民营企业发展。

广州市人事局何伍爱副局长也表示，广州将把非公有制经济和社会组织的各类人才纳入建设现代人才都会的整体战略规划，在政治上一视同仁，在政府奖励、职称评定上统一安排，在面向社会的资助、基金、培训项目、人才信息库等公共资源的使用上平等开放，在改善创业环境和工作条件上提供服务；把非公有制经济和社会组织的专业技术人员和管理人员纳入政府特殊津贴专家、突出贡献专家和学科技术带头人的选拔培养范围；对有一定规模的非公有制经济组织，在设立博士后工作站、人才和智力引进、技术合作、国际交流等方面予以扶持。

据有关部门统计，至 2003 年汕头市非公有制企业已达 88896 家，其中工业企业 14732 家，创工业产值 725 亿元，占全市工业总产值的 78.5%。非公有制单位的人才资源已成为全市人才资源潜力最好、活力最大的部分。

针对人才引进困难和人才流失并存的问题，汕头市紧紧抓住人才引进、培养、使用三个关键环节全面加强队伍建设。在人才引进方面，政策上注意向非公有制单位特别是重点非公有制单位倾斜，鼓励人才到非公有制单位工作。广东省宜华企业（集团）有限公司就是在当地组织人事部门的帮助下，1999 年以来引进各类人才 316 名，其中研究生 2 名，本科生 26 名，高级工程师 5 名。同样，在拔尖人才的选拔上，只要是在生产、科研第一线工作，表现好、技术水平领先、近年业绩突出、公认度高的中青年优秀科技人才和优秀管理人才，不唯学历和职称，不唯本人身份和单位所有制，就能及时纳入市管专家和拔尖人才进行管理和培养。另外，人事代理和人事立户制的建立则为到非公有制企业工作的人才提供全方位的人事代理服务，并赋予符合条件的非公有制单位人事管理权限，为他们提供"直通车"服务。

同时，汕头市还根据企业经营管理人才、技能型人才紧缺的情况，加大实用人才培训力度。为帮助民企培训经营管理人才，市经贸部门以经济网站管理干部学校为培训基地，积极为民企"量身定做"培训菜单。据统计，从2003年3月到现在，培训基地共举办WTO知识、民企政策、全国营销经理资格认证、行政许可法、质量管理、进出口核销员等各类培训班30多期，培训相关干部及专业人员近7000人。

过去，求职者对到非公有制单位就业持怀疑态度，一些民营企业自行招聘人才，由于求职者不信任，效果往往有限。为了解决这个问题，扶持非公经济的发展，福建省莆田市委组织部和市人事局一同出面，为民营企业举行专门的人才招聘会，大大增强了求职者的信任度。他们先后在莆田、福州、厦门、上海、北京、广州、沈阳等地举办多场人才招聘会，全市共有193家企业与2319名求职者对接成功，占企业需求总人数的72.1%。

据了解，莆田市还建立健全领导挂钩制度，由市委常委分别挂钩3—5家困难企业，帮助解决企业实际困难，进行发展再生产。同时推行了干部挂职下派制度，每年选派一批党员干部到民营企业挂职，帮助企业完善现代管理制度，加快企业的发展，发挥播种机的作用，在企业中建立党组织，协调和促进企业与政府更好地进行沟通，为企业解决难题，促进企业经营方式和增长方式的进一步优化。这种方式受到了民营企业的欢迎，许多民营企业主动要求派干部挂职，挂职干部出现了供不应求的现象。

令人欣慰的是，在一些沿海地区，人事部门在为民营企业服务方面，表现得相当积极主动。江苏省南通市人事局一位官员说，民营企业的人才工作，目前并没有明确由哪个部门来管，人事部门如果积极介入，就能够开创一片新的领域，也就能够树立起自己的地位，有为才能有位嘛。

是否想为民营企业服务，就一定能够服务好？答案是否定的。江苏某县人事局一位跟民营企业打交道比较多的负责人坦言，一些好的民营企业，他们的人才理念、用人机制、激励机制相当超前，跟我们所理解的完全是两个层次。相比之下，我们的观念却非常滞后，跟他们在一起简直没法对话。人事部门要为非企业服务，首先自己要加强学习，更新观念，否则有可能帮倒忙。

民营企业的人才工作是个复杂的系统工程，绝不是出台几个文件就万事大吉。在这方面，我们应当有足够的心理准备。

与一位民企老总的对话

2000 年 3 月，企业草创之初，长沙楚天科技有限公司只是一个仅有 20 万元启动资金、六七名员工、在长沙市郊一个废弃多年的畜牧场办公的小作坊。

5 年后，楚天已一跃而成国内赫赫有名的主要从事医药、食品包装机械、印刷机械研究、开发、生产与销售的高新技术企业。楚天致力于高科技产品的开发，是中国安瓿、口服液、抗生素瓶联动线最大的制造企业，拥有八大类 60 多个规格的制药包装机械和六种规格的印刷机械。产品销往包括台湾地区在内的全国各省、直辖市、自治区，哈药集团、三九药业、双鹤集团等知名制药企业都使用楚天的生产联动机。一般的装备工业企业，产品市场占有率能达到 5% 就已相当可观，而楚天已拥有客户上千家，2004 年国内市场占有率达 60%。在国际市场上，楚天产品逐步走向东南亚、欧洲等地。对外销售额每年以 100 万美元的速度递增。目前，楚天公司的总资产已经达到 1.06 亿元，其中固定资产达 5800 万元，公司拥有员工 499 人，2004 年销售收入达 1.3 亿元，利税过千万。

2005 年阳春三月，带着对民营经济发展问题的热切关注，笔者来到长沙，到楚天公司采访。走进位于长沙 CBD 中心新世纪大厦的楚天公司总部，但见那里窗明几净，秩序井然。驱车来到位于宁乡县的占地 10 万平方米的楚天科技工业园，更见那里气势恢宏，现代化的厂房与绿茵茵的草坪交相辉映，构成一幅设计超前、具有强烈现代感的厂区图景。徜徉在厂区，我不禁感到惊奇，在短短五年间，楚天公司经历了翻天覆地的变化，这一切靠的是什么？楚天腾飞的奥秘何在？

带着深深的疑问，笔者走访了长沙楚天科技有限公司董事长兼总经理唐岳。

唐岳，1963 年 6 月出生，汉族，中共党员，硕士研究生学历。现任长沙楚天包装机械有限公司董事长、长沙楚天印刷机器有限公司董事长、长沙楚天科技有限公司董事长兼总经理。1999 年至今共发明和参与发明了 30 多项专利技术。曾获"长沙市劳动模范"、"长沙市乡镇十大杰出人物"、"湖南省乡镇企业家"、"全国乡镇企业家"、"全国第四届企业之星"等称号。兼任长沙市天心区人大常委会委员、湖南省技术经济与管理现代化研究会理事长、湖南农业大学客座教授、中国乡镇企业研究院研究员。

核心竞争力就是"吃苦"

笔者：据我所知，我国的制药装备工业起步于 20 世纪 80 年代。楚天公司并不是最早进入制药装备这个行业的。楚天成立之时，国内同行业中销售额过亿元的企业已经有好几家。在激烈的市场竞争中，你们是如何立住脚跟，在市场中杀出一条血路？

唐岳：不同的企业有不同的核心竞争力。有的企业技术领先，他们的核心竞争力在于技术。有的企业资本强大，他们的核心竞争力在于资本。有的企业人才众多，他们的核心竞争力在于人才。楚天公司创办之初，面临着"三缺"状况：缺资金、缺人才、缺技术。在这种情况下，如何同别的企业竞争？如何来设计我们的核心竞争力？我们当时抓住了一个"苦"字，也就是艰苦奋斗，敢于吃苦，顽强拼搏。

楚天公司是从湖南永州迁到长沙来的。说是外迁企业，主要是迁人。因为资产很少，大家背个包就来了。创始人中大多数已经成家，但为了纯洁企业队伍的结构，避免沾亲带故，给管理带来障碍，我们制定了一条铁的规定：不允许家属在本企业做工。当时有些人不理解，觉得这样的规定很"无情"。但我认为，队伍建设关系到企业的可持续发展，一定要有长远的战略眼光，所以坚持这样做。

员工们初来乍到，在长沙人地生疏，家属们很难在别的单位找到工作，又不能进入楚天，只能靠我们公司员工的工资生活。当时公司员工月薪只有 800 元。这点钱要养一个家，实在不容易。但我们对这个行业的前景充满信心，对公司的前景充满信心，觉得苦只是暂时的，只要敢于吃苦敢于拼搏，一定能够创造美好生活。我们制定了一条规则，要求公司的领导层每天工作 16 小时，中层干部每天工作 12 小时，员工每天工作 8

小时。

当时公司设在长沙郊区一个废弃的养牛场里，我们住也住在那里，前面是五合板隔成的宿舍，后面是生产车间。条件虽然艰苦，但大家齐心协力，没有人产生动摇。通过吃苦，公司完成了技术、人才、资本的积累。当时行业中有好几家企业模式已经不小，我们一度仰视他们。但五年后，他们在原地徘徊，我们却后来居上，超越了他们。

对企业有用的就是人才

笔者：企业要快速发展，必须建设一支优秀的团队。楚天公司是怎么构建自己的团队的？

唐岳：团队建设要有宽广的胸怀，不能近亲繁殖，而应五湖四海，广泛吸纳各路英才。楚天创业时的骨干来自永州，企业迁到长沙后，后来优先补充了一批长沙人。他们熟悉长沙，在长沙有广泛的人际资源，对公司的生产经营很有帮助。随着企业的壮大，我们后来又优先吸纳了一批湖南其他地市的人才。再后，市场开拓得更广了，企业辐射力更强了，我们又侧重吸纳了一批湖南以外的人才，他们对开拓外省市场发挥了重要作用。如今我们瞄准国际市场，下一步我们准备从德国引进专家，参与到国际人才大循环中。

我们为什么对外来人才感兴趣？一般说来，移民多的国家发展得快，移民多的城市发展得快，移民多的企业发展也比较快。因为移民进取心较强，吃苦拼搏精神较强，企业有活力。另外，外来人才思想观念上没有固有的束缚，条条框框较少，更能融入新的环境，接受新的理念，形成共同的价值体系。

目前楚天的骨干人员中，有上海人、安徽人，也有河北人、山东人，还有广东人。我们把上海人的精细、河北人山东人的气魄、广东人的开放、湖南人的善于思考等优点结合起来，博采众长，优势互补，使这个团队保持着生机和活力，能够适应企业快速扩张的需要。

笔者：楚天曾花重金引进一批技能人才，楚天引才的故事还被业界称之为"楚天现象"。你对人才的标准是怎么看的？

唐岳：人才资源是企业的第一资源。楚天公司是一家高科技企业，我

术的专业技术人才。（2）技术专业与管理专业的复合、两种专业技术的
复合、技术专业与外语及计算机的复合三大类复合型人才是需求重点。
（3）财务管理人才、市场营销、工商管理等辅助专业人才需求，在高新
技术企业中所占比重越来越大。（4）应用能力强、具有一线工作经验的
人才需求呈上升趋势。高新技术产业和现代制造业两个领域都呈现出需求
人才趋于年轻化，对复合型、应用型、经验型、高技能操作型人才需求旺
盛。（5）学历、专业工作年限、能力业绩成为需求人才评价的重要指标。

2004 年 9 月 8—11 日，中关村人才市场举办了第二届"新工作·新
生活——科技与管理人才招聘会"。从招聘会情况看，人才需求集中在计
算机、互联网、电子技术、教育文化、科研培训、机械仪器仪表行业，招
聘热门职位主要包括市场营销、计算机网络、计算机应用、计算机软件、
自动控制和机械设计等，行政文秘类人才需求保持稳定。从求职者来看，
应聘者多集中在计算机软硬件、计算机互联网、文秘、财会、行政管理、
市场营销等专业。

中关村提出建设全球研发中心，但目前中关村关键技术领域的研发人
员和金融、法律方面的国际化人才却相当缺乏。

软件产业是上海市重点扶植的高科技产业之一。由于软件企业的急剧
扩张和各行各业信息化进程不断加速，上海需要大量的软件人才。此外，
许多跨国公司为节约运营成本，纷纷将研发机构和大型软件项目的开发外
包到国内，对本地软件人才的需求也非常迫切。这种状况造成上海软件人
才供求矛盾十分突出。上海市信息化委员会透露，目前上海软件产业从业
人员只有 4.1 万人。根据产业分析，近几年至少需要 10 万名软件人才，
方能满足产业发展的需要。目前，上海各类高校每年培养的计算机相关专
业毕业生仅 5000 人左右，即使加上外省市来沪就业的软件人才，也远不
能弥补这一缺口。

上海软件人才的供求矛盾，已经持续不少时日。在人才招聘网站制定
的各类 IT 人才市场需求排行榜上，软件工程师往往高居榜首。调查显示，
大多数软件企业由于实力有限，无法培训所需人才，它们急需的是"拿
来就能用"的员工。这类"拿来就能用"的人才有三个标准：知识面较
广，掌握 1—2 种比较常用的软件编程工具；具备 1 年左右实际项目开发

的经验，能够运用软件工程的基本概念；具有较高的职业素养，包括沟通能力、团队协作精神等。但这种"拿来就能用"的人才，不仅上海需要，其他地区同样需要，竞争十分激烈。

从全国的情况看，随着我国软件业规模不断扩大，软件人才结构性矛盾日显突出。从1995年开始，科技部依托国家高新区组建国家"火炬计划"软件产业基地，集中地区软件产业优势，创造适合软件产业发展的环境，推进软件技术创新、产品开发、企业孵化、人才培训和出口创汇。先后认定东大软件园、齐鲁软件园、西部软件园、长沙软件园、北京软件园、天津华苑软件园、湖北软件基地、杭州高新软件园、福州软件园、金庐软件园、西安软件园、大连软件园、广州软件园、上海软件园、南京软件园、长春软件园、厦门软件园、合肥软件园和南宁软件园等19个园区为国家"火炬计划"软件产业基地。这些基地已经成为全国软件产业的支柱力量。软件园的创立，使高新企业对软件人才的需求进一步增加。据有关资料显示，我国软件人才每年的需求量在40万左右，而学历教育只能提供5万—6万人才，软件人才的缺口每年约为35万人。

由于人才匮乏，我国的高新产业发展受到不同程度的影响。

近年来，福建省高技术产业的发展受到各级政府的关注。以优先发展高新技术产业为切入点，从而带动整个产业结构调整和传统产业的升级，成为各级政府的共识。统计资料显示，2002年，福建省规模以上工业高技术产业产值为748.05亿元，居全国第7位。位列广东（4532.33亿元）、江苏（1846.04亿元）、上海（1427.85亿元）、北京（1090.59元）、天津（934.00亿元）和浙江（760.90亿元）等省市之后。但从福建高新技术产业发展情况看，高新技术产业所应具备的技术密集、效益好、附加值高等特征不明显，优势不突出。通过调查显示，福建高新技术产业发展存在着以下不容忽视的几个问题。

在产业结构方面，福建虽然已经在高新技术及其产业上取得了不少成就，但高新技术的产业结构还不够合理。在高新技术产业中，医药制造、航空航天器制造、医疗器械及仪器仪表制造、信息化学品制造、农业高新技术和软件开发等高新技术产业产值均不超过50亿元，这些高新技术产业产值占全省高新技术产业产值的比值还不到一成，只有

8.4%。而占比重比较高的电子及通信设备制造（28.7%）、电子计算机及办公设备制造（29.7%），其技术水平不是很高，有相当部分的产品是来料组装。

在关联效应方面，拥有国内自主开发研制能力的高新技术企业还较少，在全部高新技术产业单位中，企业拥有核心技术和自行研制开发的能力尚不强，尤其是在计算机制造和通信设备制造方面特别明显，在现有高新技术产业中，电子及通信设备制造业和电子计算机及办公设备制造业的产值所占的比值已接近六成，但拥有自己知识产权的产品较少，大部分产品是组装。如销售收入规模较大的戴尔计算机、福建捷联、冠捷电子、华映光电等，其关键技术主要来源于国外，国内的企业主要是组装和销售。这四家企业的产值占福建省高新技术产业产值的比重达29.2%。许多高新技术产业产品生产的关键技术或零部件依赖于进口。有些高技术产业虽然在统计上认定为高新技术产业，但实际从事的只是一些劳动密集型的加工组装工作，而不是严格意义上的高新技术产业。这种情况必然造成了一些高新技术产业同其他产业关联效应较差，难以实现通过高新技术产业装备、改造传统产业，从而带动整个国民经济发展的目标。

在经济效益方面，由于高新技术产业的发展主要依靠引进国外技术和生产能力，使得相当部分重点行业始终停留在对进口零部件进行组装或劳动密集型加工的阶段，深加工、高附加值、高科技含量、市场竞争力强的拳头产品和名牌产品少，尤其缺乏具有国际先进水平、能够参与国际市场竞争的产品。从目前情况看，福建高新技术产业具备的高技术密集度高、效益好、附加值大等特征还没有突出出来，与其他行业相比，高新技术企业在增加值率上的优势尚不明显，虽然比全部工业的增加值率高，但比规模以上工业低。而且在全部高新技术产业单位中还有亏损企业，2000年、2001年和2002年的亏损面分别为25.8%、27.7%和16.3%，2003年为25.2%。高新技术产业的附加值率低，缺乏产业关联带动效应。

福建属于沿海开放地区，高新产业的发展尚且如此，许多中西部省市相比之下，状况更令人担忧。一些地方响亮地提出了打造"××硅谷"的口号，但由于人才短缺，核心竞争力严重不足，陷入了步履维艰的尴尬境地。

人才短缺事出有因

高科技企业是智力密集型企业，成功与否的关键，取决于是否有一支高素质的且不断壮大的人才队伍。企业兴衰与人才的关系，正如一家企业老总所说的："企业像人的躯壳，人才像体内的血液。"没有"血液"，企业将成为没有生命的僵尸。在各种类型的企业中，高科技企业对人才的依赖性最强。

高科技企业出现的人才矛盾，是有特定历史背景的。20 世纪 90 年代，我国高科技产业迅猛发展，许多省市都把高新技术产业列为当地的支柱产业，大力扶植。北京出现了一批以联想、方正、四通等为代表的产学研相结合、具有较强实力的高科技信息技术企业，电子信息产业和信息服务业增加值在国民生产总值中所占比重达 34%。上海、江苏、广东、福建、浙江等省市，高新企业也迅速增多。不仅企业数量大增，规模也在迅速扩大，许多企业都以超常规的速度，跳跃式地发展。企业的高速发展，导致对科研人员、管理人员的需求激增。

与此同时，随着一大批外资企业在中国的设立，以及它们实行的人才本土化战略，人才争夺更显白热化。近年来，我国利用外资的规模逐渐扩大，同时外商投资结构也在不断改善，支柱产业、资金技术密集型项目连年增多。不少国际知名的高科技企业，都在中国设立了分支机构。各国研发机构也越来越多地将目光聚集在了中国。截至 2004 年，仅在北京中关村地区的 500 多家研发中心中，跨国公司设立的全球研发中心就有 40 多家，包括微软、朗讯、西门子等国际知名公司都在那里设立了全球研发中心。其中微软在中关村设立了两家研发机构，一个是微软亚洲研究院，主要从事基础研究；另一个是微软产品研发中心，主要从事产品研发。

跨国公司每年将 10% 的研究经费投在这些研发中心。微软亚洲研究院自 1998 年成立以来，迄今投资中关村累计已超过 1 亿美元。客观地说，这些跨国公司研发机构的设立，使国内企业接触到了国际上正在开发的领先产品、技术，学习到了先进的研发手段及研发活动的组织与管理经验，还吸引了大量留学人员归国参与到中国研发的全球化进程中。但与此同时，跨国公司也在争抢中国的人才，使人才竞争更加激烈，人才价格一再上涨，高层次人才流动日渐频繁。许多国内企业眼睁睁看着一流人才在外企高薪诱惑之下接连流失，痛心疾首，又无可奈何。

面对高科技人才需求激增，我国人才培养严重脱节，满足不了经济发展的需要。据统计显示，目前我国现有 4700 家以上的软件企业，从业人员 59 万人，专业技术人才约 30 万人，而每年高校计算机专业毕业人数计 6.2 万人，包括大专生和博士生。按国家计划，到 2005 年中国软件专业技术人才须达到 80 万人，以目前的人才培训速度，届时，软件从业人员的数量远远不能达到政府设定的目标。不仅在数量上不能满足，在质量上与企业的要求也有相当差距。

目前国内软件人才的培养主要有三种途径：高校的计算机相关专业、软件学院和社会上的各种 IT 培训机构。高校计算机系能为学生打下扎实的理论基础，但知识体系更新不快，与产业发展存在脱节；高校的软件学院大多是近一两年成立的，虽然与产业结合较紧，但尚处于起步和摸索阶段；社会上 IT 培训机构往往围绕公司产品技术提供短期培训，缺乏完整性和系统性。因此，这三种途径培养出来的人才，素质都不能完全满足企业的要求。因此，即便短期内高校相关专业的毕业生能够增多，人才紧缺的矛盾也不可能迅速缓解。许多毕业生需要在实际工作中经受磨炼之后，才能担当重任。

但具体到某一地区、某一企业，人才矛盾则有更为复杂的原因。一些地方人才环境欠佳，人才开发力度不够大，引才措施不够得当有效，致使引进高层次人才困难重重，在人才竞争中处于被动地位。在一些企业内部，由于用人机制不够灵活，分配机制陈旧，缺少竞争激励机制，也加剧了高新企业人才难引、难留的矛盾。

所幸的是，高新企业的人才问题，已经引起有关方面的重视。

2004 年 1 月，深圳市委、市政府联合召开的高新技术产业工作会议，出台了《关于完善区域创新体系，推动高新技术产业持续快速发展的决定》，提出要高度重视人才在区域创新体系中的核心作用，进一步形成育才、引才、聚才和用才的良好环境。根据这一决定，深圳市政府将设立科学技术奖，包括深圳市长奖、深圳市科学技术进步奖和深圳市技术发明奖，每年安排 800 万元重奖在深圳高新技术产业中有突出贡献、创造巨大经济效益的科技人员。对经国家批准设立的博士后科研工作站，深圳市政府将予以资助，并对进入博士后科研工作站的博士后每位每年资助 5 万元。经认定的高新技术企业和研究开发机构所需专业人才，市（区）人事部门将优先调入，并给予多种优惠待遇。

为了促进高新产业发展，深圳市将设立高新技术产业专项补助资金，主要用于高新技术企业和项目、重点软件企业、重点新产品研发费用以及创业投资补贴等。2004 年，市财政安排的专项经费达 1.5 亿元。市政府还将出资建软件大厦、留学生大厦等。

一些高新企业为了缓解人才矛盾，也绞尽脑汁，探索新办法、新途径。比如，金山软件公司为了吸引人才，与北大青鸟 APTECH 签署了《人才战略合作协议》，将北大青鸟 APTECH 的 ACCP 毕业学员列为软件人才来源的渠道之一，并为北大青鸟 APTECH 的学员提供实习项目和软件开发的实践指导。而北大青鸟 APTECH 将把金山软件公司作为 ACCP 学员的重要推介单位，其毕业学员自动进入金山人才储备资源库，并且北大青鸟 APTECH 可以针对金山的人才需求为其设立专项培训项目。这种企业与培训机构联手的方式，不失为一种有益的尝试。

然而，冰冻三尺，非一日之寒。解决高新企业的人才矛盾，还有很长的路要走。

中关村遭遇人才争夺战

一个人才高频流动的地区

中关村大大小小公司的老总，大部分都有过跳槽的经历。

1984 年四通公司筹建的时候，其创始人邀请航空部 621 所研究室副主任段永基加盟。当时段永基思想还比较保守，没有贸然答应，只是采取了"脚踩两只船"的策略，既参加四通的筹办，又没有脱离研究室。他带着研究室的人，到东方化工厂把催化剂的废料低价买来，业余时间从中提炼银搞创收，想着法子多挣一些奖金。他们在四通下面设了个账号，以方便资金往来。创收受到了研究室的欢迎，却为所里的一些人所不容。段永基也就不想在所里待下去了，1985 年，他毅然离开了研究室，头也不回，正式加入四通。段永基跳出来了，6 年后，他成了四通集团公司总裁。

1988 年 10 月，在国务院机关事务管理局财务司工作的王文京辞去公职，与苏启强一起，跳到了中关村，在海淀南路一个居委会 9 平方米的房间里开始创业，办起了用友公司。王文京在机关里干得是不错的，当过先进，上上下下关系都不错。但他还是跳出来了。时隔多年，用友集团成了中关村最有影响的财务软件公司之一，王文京的身份也变成了"总裁"。

1989 年 5 月，王志东跳进了北京大学计算机技术研究所，研制"中文多窗口图形支撑环境"，1990 年 6 月，他感到应该到一个正规化的公司锻炼一下，便又跳到了北大方正。在方正干了两年，他又想再学点别的，于是，1992 年 4 月，他离开方正，跟人合伙创办了新天地电子信息技术研究所，出任总工程师和副总经理，开发出了赫赫有名的中文之星。一年后，公司出现矛盾，痛苦之中，王志东告别新天地，创办了四通利方信息技术有限公司，亲任总经理。尔后王志东又成了新浪网总裁。2001 年 6 月，IT 业界传出一条爆炸性消息，新浪网创始人王志东辞去新浪网执行长和新浪董事会董事的职务，由茅道林接任其职务，原新浪中国总经理汪延也同时被提升为新浪网总裁。短短十来年，王志东的遭遇几起几落，身份也几经变化……

中国有句古训：人挪活，树挪死。中关村人的每一次"跳"，可以说都是怀着几分梦想，几分追求，当然也有几分无奈。一个人跳出去了，给背后的人留下一串感叹，当年王文京离开国务院机关事务管理局时，原来的同事感慨了好一阵子。用友公司成立后，1992 年，一群创业者从用友跳了出去，自立门户，成立了金蜘蛛软件公司，这让王文京难过了好一阵子。1994 年王文京的伙伴苏启强也跳出用友，单挑一摊创业。苏启强这一"跳"，使中关村多了个联邦软件产业发展公司，多了一个"总裁"。

中关村就是这么在聚聚合合中书写着历史，书写着人情的冷暖、企业的兴衰。

在流动与跳跃中，一些人最终找到了归宿，在某个点上扎下了根，成就了一番事业，成了村里的名人。还有更多的人则依旧茫然，依旧在跳，依旧在流，依旧在寻找自己的归宿。

同 20 世纪 80 年代相比，如今的中关村已迥然不同。随着产业政策的不断调整，高科技产业迅猛发展，包括北京在内的许多省市都把高新技术产业列为当地的支柱产业，大力扶植。这几年，北京出现了一批以联想、方正、四通、希望、用友等为代表的产学研相结合、具有较强实力的高科技信息技术企业，电子信息产业和信息服务业增加值在国民生产总值中所占比重达 34%。大气候在变，中关村也在变。

1980 年 10 月，中科院物理所研究员陈春先受到"硅谷"的启发，到中关村创办第一个民营科技实体——"先进技术发展服务部"，到现在，中关村已经形成了电子信息、机电一体化、新材料和新能源、环境医药和生命科学为支柱产业的高科技园区。区内产值超亿元的企业已有 30 多家，超千万的有 60 多家，并有 70 余项产品市场覆盖率位于国内前三名。企业数量大增，规模也在迅速扩大，尤其是高新技术企业，很多都以超常规的速度、跳跃式地发展。放眼中关村，满街都是林林总总的公司。企业多了，规模大了，给人们提供的跳槽机会也就多了，人员流动的比例也高了。国内公司人员在流，外企的人员也在流。

中关村成了人才流动频率最高的地区之一。

环境变了，"跳槽"两个字的含义也悄然演变，这流来流去的表象背后，演绎出了一场争抢人才的特殊战争。

人才争夺硝烟正浓

1999 年 1、2 月间，不少媒体曾披露这么一条消息：四通利方信息技术有限公司聘请了原美国华登国际投资集团副总裁茅道林为其新浪网常务副总裁。茅道林辞去了在华登集团的职务，很快开始掌管新浪网营运方针。茅道林在任华登集团副总裁期间，负责中国大陆投资，曾与四通利方有过合作。1997 年，四通利方获得美国风险资金，主要就是由华登引进的。

1999 年 3 月，中关村又传出消息，王志东从美国挖来前网景公司副总裁沙正治博士，出任共同 CEO（首席执行官）。网景是美国著名网络公司之一，曾与美国连线、微软、雅虎并称美国因特网"四巨头"。网景的存在曾成为对抗微软的象征，公司成立短短 4 年间，以领航员浏览器获得极高的市场占有率，每月有数百万的访额和 900 万的注册用户。沙正治 1994 年加入网景，是该公司的创业者之一，担任资深电子商务副总裁，是华人在该公司出任的最高职位。1998 年，"美国连线"因特网服务公司以 42.1 亿美元的天价收购网景，网景的高层人员处于分化状态。王志东闻讯赶赴美国，找到沙正治，动员他加盟四通利方。

细心的读者还记得，在茅道林和沙正治到来之前，四通利方曾于 1997 年 1 月聘用美国人华尔街金融世家之子马克作财务总监。四通利方这些挖人举措，是为了实现国际化人才的梦幻组合。

媒体爆炒这则消息，是有一些深层原因的。

1998 年 11 月，微软中国研究院宣告成立，该院坐落在中关村，占地 3000 平方米，拥有全新的科研设备，计划在 6 年内共投资 8000 万美元，在 3 年内拥有 100 位优秀的研究人员，并在提供国际培训和交流的情况下，使人员不断本地化。这个研究院成立不久，就推出了"微软学者计划"，为国内优秀计算机人才提供奖学金等方面的资助。按照这一计划，每年将有大约 10 名计算机专业的优秀博士生获得"微软学者"称号。获奖学生除了可每月获得微软公司提供的一定数额的奖学金外，每人每年还有一次由微软公司提供的出国机会，学生可选择参加任何国际性学术会议，可参观在美国雷德蒙的微软研究院。此外，还可以在得到学校和导师许可的前提下，到微软中国研究院工作，甚至可选择到微软研究院完成其博士论文。

这条消息一经报道，就引起了人们的震惊。微软计划投资的 8000 万美元，主要将花在人才投资上，这意思是明摆着的，微软要争抢中关村的软件人才！

此后，不少外国高科技公司也纷纷表示，要在北京成立研究院，确实是咄咄逼人！外国企业要用中国人的智力、中国人的劳动，赚中国人的钱。

这些对于国内企业老总来说，是个不祥之兆。

稍懂经济的人都知道，高科技企业是智力密集型企业，成功与否的关键，取决于是否有一支高素质的且不断壮大的人才队伍。企业兴衰与人才的关系，正如一位老总所比喻的："企业像人的躯壳，人才像体内的血液。"人没有血液，就是死人，企业没有了血液，也就成了没有生命的僵尸。"以人为本"，这句老生常谈的话，在某些类型的企业里，这话或许只是一句口号，一个幌子。但在高新企业，它却有至关重要的含义，容不得丝毫的虚伪和造作。谁要把这句话仅仅当成口号，谁就注定要失败。在各种类型的企业中，没有比高科技企业对人才的依赖更深。尤其是软件开发，完全是一种高智商的创造。离开了高素质的人，企业搞得好才怪。

一个软件公司的负责人说："计算机产业，特别是软件行业，有它的特殊性。用户挑选软件产品，只选择最好的。对企业来说，要么把产品做得最好，要么就失败。这就对人才的素质提出了很高的要求。一个企业如果有一批高素质的人才，事业就成功了一半。"

所以，微软的举动没法不让人忧心。

微软中国研究院成立之时，中关村的许多老总就感到颇为担忧。对微软开高价码收买人才的办法，斥之为"哄抬物价"。金山公司董事总经理雷军就说：如果有一个人可以在微软挣到一年10万美金，那么，和他差不多的人就都会想自己也可以挣10万美金。10万美金的年薪在美国是正常的，但在中国，社会财富的总体水平与美国差距很大，恐怕就不行。这当然会给我们带来压力。不过微软的目标似乎是博士毕业生，我们这里还没有……

也有一些激进人士很不服气：外企能从我们这里挖人，我们能不能从外国挖人？

能吗？能！新浪挖来了。

新浪顺应了人们的心理，人们感到解了口气。这样的新闻，媒体怎么能不报呢？有"卖点"嘛。

不过，新浪的举措，可不单单为了"解气"，而是企业发展的需要，人才竞争的需要。

最大的对手是外企

中国不缺人，但缺人才。

信息产业的高速发展，对科研人员、管理人员的需求激增。然而，高科技人才的储备与培养，却适应不了市场的需求。人才争夺也就在所难免了。出于竞争与发展的需要，各家企业不得不使尽招数，四处挖掘人才。

中关村的人才争夺，有两个方面的争夺，一是国内企业之间的争夺，二是国内企业与外企之间的争夺。

但最让中关村老总们感到威胁的，还是外企。

跨国公司在中国抢滩登陆，可谓野心勃勃。但是随着民族信息产业的崛起，外企对中国的市场争夺遇到了日渐强大的障碍。早在1998年，外国公司在中国计算机市场上所占份额，比起1997年已略有下降，在国内市场的排名也有所变化。1998年第三季度，联想集团的市场占有率已经超过康柏公司和IBM，成为中国计算机系统第一大销售厂商。这一信息表明，外国企业在中国计算机市场上横冲直撞、所向无敌的场景已经不复存在。

市场格局出现这样的变化，首先是因为有一大批志士高举民族信息产业的大旗，以"人在阵地在"的悲壮气概，在这方阵地上"严防死守"。

于是，外国公司意识到，要抢夺中国的市场，必须先抢夺中国的人才。既然人才是根本，那么就先扼制住"根本"，在"根本"上解决问题。从某种意义上说，外企挖中国的人才，是市场竞争中的最"损"的一招，他们的阴险意图可以用一句话来形容：企图釜底抽薪。

近年来，我国利用外资的规模逐渐扩大，同时外商投资结构也在不断改善，支柱产业、资金技术密集型项目连年增多。不少国际知名的高科技企业，如摩托罗拉、HP、IBM，都在中国设立了分支机构。它们不仅在分割中国的市场，也在争抢中国的人才。

跨国公司在抢滩海外市场时，其用人策略一般采取母国化、当地化、全球化三种形式。由于外籍员工所需费用日益高涨，而他们在中国市场的工作效率并不比当地员工高，同时，进入20世纪90年代以来，中国内地高级人才整体素质提高很快，他们对中国国内政策和当地市场比较熟悉，对开展业务很有利，而人工成本又比较低，这就使得人才本地化成为外企用人的一大趋势。

外企的人才本地化战略，在中国大体经历了三个阶段。一是派母公司高级主管来指导工作，二是聘用了解中西方文化的台港澳地区人员过渡，三是聘任和重用谙熟当地市场的华人主管。

IBM进军中国后，人才本土化进展相当迅速。他们意识到，只有做到人才本土化，才能真正与客户沟通，让客户满意，推动项目的发展。1992年IBM中国有限公司只有一位经理人员是在国内招聘的，到1997年底，IBM中国公司150名经理中已有一半以上来自中国国内，90%的一般工作人员都是中国国内的。人才本土化的迅猛发展，使IBM公司在中国计算机行业里，一度成为雇佣中国员工最多的跨国公司。

1995年深圳长科国际电子有限公司成立时，外方管理人员有4人，中方仅1人，员工仅100人。到1998年6月，除外方高层管理人员没有变外，14个部门经理全都换成了中国当地人，员工也达到1000多人，其中只有1个美国人。

一些在华著名的机构表示，几年内要使中国雇员达到甚至超过90%。早在1996年，ABB公司总裁巴内维就表示，占领中国市场最大的任务是地方化和培训中国的人员。他说："3到5年后，我们要建立起一个完全由中国人组成的经理班子。"

外企一直在虎视眈眈，中关村的老总岂能不忧虑？

外企尽使"狠招"

据统计，在三资企业工作的中国人有1200万之多，其中近100万担任着管理者或技术指导职务。早在1996年，外企服务总公司曾做过一次统计，当时北京的外企中方员工总数为183万人。十年后的现在，这个数字无疑已大大上升。

为了吸引中国人才，外企的招聘政策、用人方略根据形势的变化，不断进行调整。

在工资方面，薪酬是衡量人才价值的一把标尺。据北京西三角人事技术研究所的一项调查，1999年，北京外企雇员的平均年薪是：高科技企业为63987元，工业制造企业为27856元，快速消费品企业为20911元。在薪酬水平上，一般的专业人员月薪收入在2000—5000元左右，主管、主任、督导月薪收入在3500—7000元左右，经理月薪收入在5000—12000元左右，董事月薪收入在7000—20000元左右。在调薪制度上，82%的企业每年调一次，14%的企业每年调两次。

2002年，北京30多家外企通用职位的最新薪酬的调查结果显示，一般职员的月薪在2500—6000元，主管、主任、督导的月薪为4000—10000元，经理的月薪为5500—15000元，总监的月薪为8000—25000元。在外企雇员平均年薪方面，高科技企业为62653元；工业制造企业为28654元，快速消费品企业为24013元，其中各类企业雇员薪酬占销售收入比例为6.92%。

另据调查，2005年外企平均薪酬涨幅达8.4%。

从这些数字可以看出，外企的薪酬近年来不断上升，高工资是外企挖人的杀手锏。一位外国管理人员胸有成竹地说："要想得到中国的软件技术并不困难，只要花重金买下中关村 5 到 10 个关键软件人才即可。"

高工资确实很有诱惑力。近两年，在北京举行的人才招聘会上，外企招聘专场总是场场爆满。不少外企在招聘现场打出这样的招牌："一流的人才，一流的价格"、"高学历＋高水平＝高收入"。不少毕业生求职是把外企当成首选。之所以做出这种选择，收入高是一个重要因素。

随着人才竞争的日渐激烈，光靠工资已经吸引不了人才。因此，外企也强调，让中国雇员看到自己发展前景，这种"前景"包括住房、职位、培训，其他福利待遇等，是一个综合因素。

在住房方面，过去许多人留恋国有单位，重要原因之一就是为了房子。尤其是在北京，房价居高不下，房子一直是人们心头之痛。因而，能不能解决房子问题，始终是人们衡量一个单位"好"与"不好"的砝码。人们的账算得很清楚，外企工资虽高，但如解决不了房子，也没有绝对优势。北京一套房子几十万，一年工资几万元或十来万元，要干上好几年才能买一套商品房。一旦买了房，几年也就等于白干了。在国有单位工作，工资虽低，但若能分到一套福利房，也等于赚了几十万，差不多能和外企的高工资打个平手。所以北京一些有点本事的人说，在北京挣钱不难，挣房子难。稍微"活络"的人，手里都有一笔存款，但要比房子，就寒酸了。如果租房，随便两居室的房子，一月租金也得一二千。长期寄人篱下，漂泊不定，总归是没有自己的家。所以求职也罢，跳槽也罢，年轻人最关心的是房子。在住房制度改革前，不少人因为盼分房而"将就"着留在国有单位。一些对分房感到绝望的人，则跳槽而去。留也罢，走也罢，都是因为房子。一些国有单位因为房子问题解决得不好，失去了一批人才。

而今，外企渐渐熟知中国文化，知道中国人"家"的意识很重，安居乐业的观念根深蒂固。他们摸透了中国人的心思，入乡随俗，采取了一套适合中国国情的招揽人才策略：解决房子。1995 年 9 月，摩托罗拉公司在天津解放南路兴建员工住宅，1996 年底又启动了北京摩托罗拉员工住宅工程。IBM 中国有限公司实施了与中国国有单位相同的住房公积金制度，还推出了"住房补助基金计划"，凡进入公司两年以上的员工，在购买住房时，均可申请此项补助基金，按本人月工资 15％ 的比例，累计计算，最高可获得 7.5 万元的补助。在联想收购 IBM 之前，已有 10％的员工享受到了这一实惠。在惠普公司，员工购房时，则可申请最高为 13 万元的无息贷款。

据统计，北京的外企 82％建立了住房公积金，其他解决员工住房的途径依次为：住房货币化，包括在工资中；企业自建或购买商品房，按房管部门的成本价售给员工，员工享有部分产权；企业按期发放一定数额的住房补贴，不解决住房；企业自建或购买商品房无偿或低租分配给员工居住，离开公司时要求退还。

近些年，我国实行住房制度改革，福利分房取消了，改成货币分房。外企和国有单位的人才竞争，在住房条件上，已经站到同一起跑线上。而外企的高工资，更加显出其竞争优势。

在其他福利方面，包括大病统筹、医药费报销、带薪休假、午餐补助、失业保险、养老保险等。一些外企除按我国有关规定，为全体员工办理了养老保险以外，还建立了"补充养老保险金制度"，公司为每个员工按其月工资 4％的比例逐月储存，到本人退休时一次性付给。若有的员工工作满 10 年辞职，则给付部分，满 14 年，可全部给付。此外，还为员工办理了团体人寿保险，人身意外伤害保险、全球工伤意外保险。许多人之前觉得外企不稳定，有了这种福利后，人们没有了那种后顾之忧。

不少人进入外企，也是为了长点见识，学点东西。为此，外企对人员培训颇为重视。

随着外企数量的不断增加，外企之间对中国高级雇员的争夺也越来越激烈。挖人才越来越难了，许多外国公司不得不向那种不劳而获的"抢"人才告别，对所招聘的雇员实行不同层次的培训，而且不断提高培训档次，以图自己培养人才。

摩托罗拉目前主要采取培训的手段来实现人才本土化的目标。培训员工的高素质、高技能，灌输摩托罗拉的企业文化，追求国际质量和标准以及团结进取的团队精神是他们的培训目标。围绕这些目标，他们制定了各种各样的培训项目以适应不同的需要。为公司、用户以及供应商设计和施行一系列培训课程。1995 年初，摩托罗拉公司推出了 CAMP 培训计划，还在北京成立了摩托罗拉大学，选择了一批素质优良的公司本地员工进行培训。1997 年，摩托罗拉在培训方面的投资超过 500 万美元，主要项目包括"中国强训管理计划"和"领导效率强化发展计划"。摩托罗拉培训的短期目标是使员工成为中级管理人员，长远目标是为高级管理层培养人才。

为了争抢中国的人才，许多外国企业纷纷把手伸向中国高校和科研机构。

1993 年，IBM 总裁郭士纳首次访问中国，1994 年下半年，IBM 中国公司便成立了大学合作部。数年来，IBM 向中国高校捐赠了一批计算机设备，成立了 20 多个重点大学 IBM 计算机技术中心，开办 IBM 技术课程，举办 IBM 专项技术专业认证。从 1996 年开始，IBM 与一些大学合作举办校内招聘员工活动，1997 年底，IBM 人事部把这一项目积极地推广到了更多的城市中去，将 IBM 校内招聘项目在 IBM 分公司所在地的各所大学举行。《蓝色巨人——IBM 在中国》的作者袁道之、白莉认为："在某种程度上，IBM 在中国的重大发展，是与大学合作分不开的。"

目前，清华大学近百种奖学金中，有 20 多项来自外国企业；在北京大学，外企公司设各种奖约占 2/3，最高额定到 1 万元。

一些北京高校的学生坦言：我是在极为困难的时候，得到外企的奖学金的，心里总是有一种对外企的感激之情。毕业后，我第一个愿望就是去外企。人总是要报答恩情嘛。

中国是个礼仪之邦，中国人讲感情，讲投桃报李。这么看来，外企已在感情上把一些中国人给俘虏了。

面对外企有计划、有步骤的强大攻势，中国企业的确面临着严峻的挑战。在中关村，高层次人才流失相当频繁。曾有报道说，中关村至少一半像点样的人才，都到外企去了。这种说法，可能有些夸大。但人才的流失，的确是中关村面临的一个严重问题。没有人才，高科技从何体现？

自己有没有问题

中关村人才流动频繁，大部分公司老总都经历过失去人才的伤痛。那么，公司老总们对人才流动又是什么样一种态度呢？

中软公司总经理王志刚说，人才只可能相对稳定，没有绝对的，看到谁好，往这一放，就站着不动了，这是不可能的，永远做不到。外企也在流动，都一样。从中软考虑，要力争做到真正的骨干相对稳定。年轻同志来了 10 个，可能有 3 个找到了位置，7 个走，很正常，因为就 3 个位置。在这 10 个人里面，你看重的是这 3 个人，不是那 7 个人，那 7 个人走很正常。

四通利方一位主管表示：高科技企业的人才流动是正常的，不流动也是不健康的。人才不流动，企业也没有活力。但流动过大，也不利。骨干人才的流失，很可惜。人才刚刚学到一点东西，还没有发挥出来，就走了，他自己没学到东西，对企业也不好。

他们的言谈，宽容中都透出几分无奈。

说起跳槽，有一点必须澄清。在中关村，毕竟不是所有跳槽者都跳到了外企。这就迫使我们思考一个问题：他们为什么跳？中关村的企业，自己有没有问题？

周先生是个编序好手。他开发的汉字输入法受到许多用户的好评。他原来在中国科学院的一个研究所工作，也是因为看到了中关村一些人的成功，他动心了，跃跃欲试，后来真的与四五个同事一起，下海了，办起了一家公司。

周先生和几个同事都相信自己的技术实力，公司开办起来，就提出了"技术驱动"的发展方略。他们认为，只要自己的技术好，能拿出好东西，就不愁公司办不好。挣扎了一年，他们失败了。不是产品不好，但就是打不开市场。公司营业额少得可怜。创业初期的激情很快就消磨掉了，同事们愁眉苦脸，公司里人气惨淡。

这时候，周先生才真切感觉到，搞开发和办企业，完全是两码事。搞开发主观随意性较大，想把软件做成什么样子，就可以做成什么样子。办企业却不能如此，必须研究市场，确定经营目标，有好产品，还得琢磨如何推销出去。但公司几个人根本没有经营管理经验，有的只是一腔热情。而大家下海的初衷，也很不一致。有的甚至天真地认为，下海本身就是目的，办起了公司，有了个"总经理"的头衔，目的就达到了。至于公司怎么运转，则一片茫然。

公司散伙了。周先生跳到了一家经营水平更高的公司。别的同事，有的回到原单位，有的也跳走了。

联想集团总裁柳传志有句名言："办企业就是办人。"他曾认为，自己能够成功，重要原因之一就是掌握了以"建班子、定战略、带队伍"为主要内容的"管理三要素"。纵观中关村的企业，搞得像样的，联想也罢、方正也罢、紫光也罢，管理上都有一套。

用人是一门艺术。但从调查中我们发现，中关村的许多老总是搞技术出身的，管理恰恰是他们最大的弱项。

一位电脑公司的董事长说："一线经理，50％的工作要放在管理上，50％的工作放在实际业务。而总经理一级的干部，90％的工作要放在管理，10％的精力放在具体业务上。"

但在实践中，许多经理人做不到这一点。信息产业发展太快，电脑公司的干部提拔也很快。不少经理人是从一线提上来的，管理功夫欠缺。同时，许多经理人对软件开发等具体业务有一种创造的激情和冲动，成为经理后表现出很强的不适应症，放弃具体业务，转向管理，常令他们感到痛苦。

经理人首先必须是个管理者。如果连经理人本身都排斥管理，公司又怎么能笼住人才呢？

老总们在反思

对中关村的老总们而言，每一次人才流失都是一次伤痛。痛定思痛，老总们也渐渐成熟起来了，在用人问题上各有一番感悟。

1992年，一批骨干人员突然离开用友，出去创办金蜘蛛软件公司。这件事使王文京难过了好一阵子，后来他也想明白了，人才流失是不可避免的，关键是这种时候能否不为此所困，继续把公司的事业推向前进。他咬着牙，挺过了难关，用友艰难地发展起来了。1995年，用友集团成立，一部分从这里走出去的人，又陆续回流。这使王文京深深感到：企业的发展是留住人才最重要的基础。为此，他总结了几条：一要让员工看到发展前景，以及怎样去实现它。二要给人才一个舞台，给他干事的机会，软件人才都有自己的抱负，选择公司不仅仅只考虑收入，还希望在这个地方能发挥专长，有所建树。三是待遇，公司应尽量通过员工的努力和企业的发展解决好大家物质生活的问题。四是文化，要有一个符合软件企业特点的企业文化，让员工能够愉快工作。

中软公司总经理王志刚说，高工资并不是万能的，微软给了挺高的工资，但一些人还是走了，因为有公司给更高的工资。这样的人，你给高工资也留不住。在他看来，留住优秀人才，应该创造这样一个工作环境：你现在能干的时候创造的效益，在你今后从一个骨干变成一个次要的、非骨干的时候，还能得到体现。这就是你的股份，做到眼前利益和长远利益结合，眼前利益有工资有分红，长远利益是你持有的股份。

联想集团总裁柳传志对此有着冷静的认识。他明白，今天的高科技企业，员工年龄大都只有二三十岁。1990 年以来，由于企业发展快，中国科学院计算技术研究所难以再提供充足的人才，联想开始从社会上招人。柳传志发现，新进入联想的年轻人，他们的思想观念、价值观念比起五六十年代，甚至七八十年代的人，都有很大不同。除了拥有实现自我价值的理想，他们还有明确的包括工资、福利、住房在内的物质要求。企业要稳住他们，对他们的心理必须有清醒的认识，对症下药，制定有效的管理机制。为了适应员工对激励要求的变化，联想集团从 1990 年以后，大幅度提高了员工的薪水收入，改善职工待遇。仅商品房一项，1991—1995 年间就为员工解决了住房 200 多套。三十出头的公司骨干，绝大多数享有三室一厅的住房。

由于企业迅速庞大，在管理体制方面，联想也作了调整，从过去中央集权的"大船结构"管理模式，向由集权与分权相结合的"舰队模式"转变。舰队是个整体，但每条船有一定的自主权。毫无疑问，这种模式更适合规模大的企业，更有利于调动部门的个人的积极性。

1993 年，联想的销售体系改为事业部体制，经营决策的权利便由公司转移到事业部。相对以前的业务部而言，事业部单独核算，权利与利益比之以前的业务部都有了很大变化。它们像独立的企业一样进行自主经营，成本与利润的掌握在自己手中，只不过没有法人资格。过去的业务部，超额完成营业额以后，由公司发给一定数额的奖金。实行事业部后，超额完成的利润部分50%上缴集团公司，另外50%由事业部自行处理，用于奖励或本部门福利。这种制度使年轻人感觉自己在当家做主，感到了自己的价值，感到了满足。

正是由于管理方式的调整，联想焕发出了凝聚力，激发了员工的创造力。当不少企业陷入人才流失的困境时，联想的人才队伍却十分稳定。

在中关村的人才大战中，政府部门也是帮了企业一把的。民营企业招人一直比较困难。而中关村的高新企业大多是民营。为了帮助企业解决难题，海淀人才中心在户口、档案存放、出国审批、婚姻状况证明、婚育指标、养老保险等一系列企业棘手的问题上，大胆探索，为企业提供方便。近些年，北大方正、清华紫光每年都要招聘一批大学生，单靠北京生源远不能满足，因此他们只能从外地生源中补充，而这又涉及毕业生的留京指标和户口问题。为了给企业留住人才，海淀人才中心上下奔波，为企业引进的近千名大学生办理了进京指标和集体户口，使毕业生更能安心在企业工作。

随着产业结构的调整，企业科技含量的增大，我国高科技企业还会更多，对人才的需求还会更大。而从近期各地人才市场反馈的信息看，一些高科技企业的急需人才，却还比较短缺。这种结构性短缺，还要持续一段时间。这意味着高科技企业的人才争夺战，短期内还不可能平息。

文化产业呼唤人才

生机勃勃的朝阳产业

文化产业被称为 21 世纪的朝阳产业。在西方国家，文化产业在国民经济中占有很大比重。英国文化产业的年产值近 600 亿英镑。美国文化产业的产值占 GDP 约 1/5，其音像制品出口超过航空航天业，成为全美第一大出口贸易产品，占据了 40% 以上国际音像市场份额。中国的文化产业起步较晚，但发展迅速。尤其是党的十六大提出"积极发展文化事业和文化产业"后，各地对文化产业极其重视，文化产业的发展进入了一个快车道。

在中央的部署下，全国确定了 35 个文化体制改革试点单位和 9 个综合试点省市，行业遍及新闻媒体、出版单位、图书馆、博物馆、文化馆、文艺院团、影视制作企业、印刷、发行、放映公司等。伴随着试点工作不断走向深入，不仅原有国有文化企业提高了市场竞争力，壮大了产业规模，还出现了民营资本投资文化产业的高潮。

目前我国已初步形成了包括新闻出版、影视音像、演出娱乐、艺术培训、文化旅游、会展咨询等在内的综合型文化产业体系，文化产业的产值占 GDP 的比重不断提高。一些行业的增长速度相当快，如新闻传媒业，近几年的增长速度连续保持 25% 的水平。据新闻出版署 2003 年的统计，我国出版、报业集团中有 31 家进入我国企业 500 强，年收入几十亿的出版集团达到 14 个，年收入 10 亿元以上的报业集团 9 个，年收入 10 亿元以上的发行企业、印刷企业已经数十家，单品种发行千万册以上的图书、百万份以上的报纸、三百万份以上的期刊、百万张以上光盘的企业已经有相当数量。

根据测算，目前我国文化产业产值有 5300 亿元，而理论需求高达 10900 亿元，缺口达 5600 亿元。如果继续以 10% 的速度增长，到 2020 年产值仅能达到 29460 亿元，而理论需求达 42400 亿元，缺口 12940 亿元。这意味着文化产业有着巨大的发展空间，称之为朝阳产业毫不为过。诱人的发展前景，使各地对文化产业极其重视，不少省市纷纷提出建设"文化强省"、"文化大市"的发展规划。境外的文化巨头也看好中国的文化消费市场，纷纷进军中国，意欲分享这块大蛋糕。

与此同时，我国对文化产业采取了日渐开放的政策。除新闻媒体外，在影视节目制作、文艺院团改制、电影院院线改造、文化市场培育、文艺演出、信息中介和图书发行等领域，鼓励社会资本、民间资本以及外资参与合作。凡是法律法规没有禁止的文化领域，都将允许和鼓励社会资本、民间资本进入，有的还可以吸引外资。国有文化单位完全依赖政府拨款、机制不活、死水一潭的局面将彻底被打破。

人才瓶颈日益突出

文化产业的蓬勃发展，对人才的需求与日俱增。但目前高层次的文化产业人才却相当短缺。人才匮乏已经成为文化产业发展的瓶颈。

北京是历史文化名城，历来是各类文化人才集聚之地，这里拥有一批国内外一流的文化艺术人才，但从总体上看，人才结构也存在不合理之处，还缺少三类人：第一是通晓文化专业知识和市场经济运作的经营管理型人才；第二是眼界开阔、善于谋断的创新型人才；第三是能够熟练掌握文化领域最新科学技术的高科技人才。

北京尚且如此，其他省市情况更不容乐观。

据安徽省的一项统计，截至 2002 年底，该省教育、文艺及广电等文化行业拥有专业技术人才 51 万人，但人才的结构性矛盾较为突出。主要表现在高层次人才严重不足，全省文化行业专业技术人才中高级人才仅占 5%，低于全国专业技术人才中高级人员比重 1.8 个百分点；人才年龄结构也不尽合理，35 岁及以下的人员比重为 45%，低于全国专业技术人才中 35 岁以下人员比重 2 个百分点。

深圳市的调查统计也表明，这几年，深圳的文化产业已经达到相当的规模，其中文化旅游业、印刷业、报业、图书发行业、歌舞娱乐业、广告及平面设计业、软件业、网络及计算机服务业、影视及音像制品制造业等的发展，已经显露出大有可为的前景。但深圳的文化产业在发展进程中，也面临着不少问题，其中最大的问题就是文化人才严重缺乏。深圳是个工商城市，对文化人才的吸引力有限，文化产业发展需要的文化人才，尤其是文化原创人才、文化研究人才和既懂文化又懂市场的经营管理人才缺口甚大。深圳文化产业研究、文化发展规划和政策法规制定等方面的滞后，都与人才有关，人才问题已经成为制约文化产业发展的严重障碍。这几年，深圳在影视制作等方面也成功地推出了一批优秀作品。但这些作品在运作过程中，大多采取临时外聘专业人才的做法，项目完成，各类人才也各奔东西，人才群体显现出极大的不稳定性。

文化人才的普遍短缺，与国家对文化单位的管理模式有很大关系。长久以来，文化单位定性为事业单位，由国家包养。文化单位的从业人员不同程度地存在着依赖思想，多给钱多办事，少给钱少办事，不给钱不办事，没有在市场风浪中摔打、磨炼。随着市场经济的发展，文化经营管理人才便面临着严重断层。再者，近年来文化产业迅速扩张，而人才培养步伐尚未跟上，加之文化单位用人机制落后，文化人才一方面短缺，一方面又不同程度地闲置，这也造成了人才状况与产业发展不相适应。

如何破解人才矛盾？一些人士提出了自己的看法。

深圳市委宣传部副部长李小甘认为：一是要加大高层次文化艺术人才引进力度，以优势产业积聚人才，以重点项目吸引人才，以合作方式招揽人才。二是要加快人才培养步伐，大力培养复合型人才、文化产业经营管理人才和文化艺术各类专门人才。三是要加快建立新型人才使用机制与激励机制。实行文化产业经营人才和各类文化艺术人才有偿转让和自由流动政策，合理配置人才资源，优化人才组合。允许一些拥有特殊才能和自主知识产权的人才拥有文化企业股份。推行人才签约制度和绩效分配制度，并以效益评估的方式，对有突出贡献的经营管理人才和文化艺术专门人才予以重奖。

各地加紧引进人才

目前，各地为了缓解文化人才紧缺的矛盾，纷纷出台政策、措施，开发、引进高层次人才。

为了加紧储备文化人才，广州市提出了专款培养、引进高级人才、试行个人工作室制度、管理人才带项目入股、特殊人才可兼职等多种培养人才的办法。对引进正高级职务或博士学历的专业技术人员，或确实属急需的人才，给予 5 万—10 万元购房补助和 3000—5000 元安家费。对经营单位引进的高层次经营管理人才，允许实行年薪制、自带项目入股参与分配、高额奖金、高额退职（休）金等多种形式的分配制度。广州还准备在文物考古研究所、文艺创作研究所、群众艺术馆等单位试行个人工作室制度，支持具有高级职务的专业技术人员或博士学历的人才，设立个人命名的工作室，让他们成为学科带头人。

北京市为了解决文化人才特别是文化管理和经营人才紧缺的矛盾，不久前颁布了《鼓励和吸引优秀文化体育人才来京创业工作的若干暂行规定》，于 2004 年 3 月 1 日起实施。根据这一规定，海内外优秀的文化体育人才进京创业、工作时，可以享受资金支持、办理北京市工作居住证等待遇。这些人才包括六大类：文化艺术名人、民族传统艺术专家、体育明星；获得国际及国家、省（部）级重大奖项的专业人才；曾供职于世界知名文化艺术传媒和体育团体的优秀人才；制作策划、编辑出版和体育科研人才；通晓国际文化体育市场运作惯例和资本运营规则的文化体育经营管理人才；综合素质高、发展潜力大的优秀中青年人才。北京市允许他们进京后采取灵活多样的创业和工作方式；对有突出贡献的文体人才，市政府将提供专项资金予以扶持。据悉，北京市目前已组建了专门机构对提出申请的文体人才进行资格认定。长期生活在北京的"北漂"一族只要符合条件，也可以向有关部门提出申请。

在引进人才的同时，各地也加紧进行文化单位的管理体制和用人机制改革，盘活人才资源。据报道，山西制定了超常规、跨越式、可持续发展的总体思路。具体做法是，在省广电局的领导下，将对所属山西电影制片厂、山西电视台影视部、山西音像资料馆、山西音像出版社4个影视音像单位实行重组整合，组建山西电影电视剧中心。通过挖掘资源潜力、创新体制机制，达到人才优势互补、业务优势互补、设备优势互补、市场优势互补。该影视中心成立后，将建立完善的创作生产和市场体系。以市场需求为先导，以影视生产为主体，以新业务开发为重点，以管理、激励、团结为动力，设备器材统一调配，影视音像资料统一使用，财务统一考核。同时要面向全国吸引人才，力争在短期内聚集一批创作、管理优秀人才，为繁荣山西影视业创造条件。

　　但从全国来看，文化单位的管理体制改革和用人机制改革，刚刚拉开一个序幕。文化产业的人才问题，仍将是个有待破解的难题。

出版业能否突破人才瓶颈

传媒竞争引发人才大战

2004 年夏天，江苏某报以年薪20万—30万元的高价面向全国招聘执行主编、编辑部主任等新闻人才，在行业内激起强烈震撼。一些人士惊呼：传媒业的人才争夺战又升级了！

近些年，伴随着新闻出版业市场竞争愈演愈烈，行业内强弱悬殊、贫富悬殊不断加大，新闻出版行业对人才的争夺也日益激烈。

据新闻出版总署的统计，2003年我国共有出版社570家（其中中央级出版社220家，地方出版社350家），共有期刊9074种，报纸2119种，音像制品出版单位320家，电子出版物出版单位121家。在9000余种期刊中，平均每种刊物期发行量约为2.19万册。2000余份报纸中，平均每种报纸的期印数约9万份。但实际上，不同的出版社、报社、杂志社，发展极不平衡。

2004年1月，读者杂志社宣布，该刊月发行量已突破800万份，稳居全国9000多种期刊之首。自1981年创刊以来，《读者》的总发行量已经超过10亿本，成为"亚洲第一大刊"。同年2月，上海文艺出版社的《故事会》杂志宣布，该刊发行量突破了470万册，与上年同期相比增长100多万册。同这些期刊市场的"巨无霸"相比，不少杂志期发行量仅几千册，处于靠化缘度日的维持状态，经营状况举步维艰。

在2000余家报纸中，年广告额过亿元的有100余家，尤其是一些地域性、城市性报纸，广告增长极快。2003年，《广州日报》广告额高达16亿元，成为全国单张报纸广告额最高的报纸。《深圳商报》、《北京晚报》、《北京青年报》紧随其后，年广告收入也名列前茅。然而，不少报纸的年广告收入仅有三四百万元，甚至一二百万元。其生存很大程度上还得依靠财政拨款，生存能力极差。

从 2003 年下半年到 2004 年上半年，受国家报刊整顿政策的影响，各级党政部门主管主办的报刊陆续停办一批，使报刊总量有所减少。在被精简的报刊中，相当一部分市场化程度低，生存能力较弱。但与此同时，一批市场化报刊却在急剧扩张。报纸纷纷扩版加厚，使厚报成为一种时尚。期刊则在纷纷缩短刊期，月刊改为半月刊，半月刊改为旬刊，旬刊改为周刊。如《知音》、《家庭》等大众女性期刊继前几年改为半月刊之后，2005 年起改为旬刊出版，以求占有更多的市场份额。一边是停刊，一边是扩张，两极分化极为明显。

出版社的情况也是如此。据业内人士称，我国出版业利润的 90% 集中在占出版社总数 5% 的大出版社手里。众多的中小出版社处境非常艰难，有的甚至连年亏损，朝不保夕。同在出版界，却是冰火两重天。

人往高处走，水往低处流。传媒业发展的不平衡，注定新闻出版人才的流动不可避免。

书报刊作为文化产品，对人才的依赖性较大。强者要扩张，弱者要生存，这些都离不开人才。近些年，几乎每一份新报刊的诞生，都会引发一场人才争夺战。新报刊的出现不仅意味着市场的重新分割，也意味着人才资源的又一次分化组合。

2001 年 5 月 28 日，人民日报主管的综合性日报《京华时报》创刊。该报既有《人民日报》的背景，又有"北大文化"雄厚的资金投入，可谓来势凶猛。更引人注目的是，该报进行了管理体制创新，采取彻底的企业化管理，取消一切行政级别。按照报纸的生产流程和主要环节设置了新闻中心、编辑中心、发行中心、广告中心、财务部、人力资源部、办公室等几个少而精的机构。在人事管理上实行全员劳动合同制，中层干部一律竞聘上岗，严格实行末位淘汰，做到人员能进能出，干部能上能下。在分配制度上，按照现代企业制度实行按岗定薪，按劳取酬，奖优罚劣，奖勤罚懒，绩效挂钩。公平而灵活的机制，使它对人才产生了巨大的诱惑力。

创刊伊始，《京华时报》就笼络了一批精英人才。常务副总编辑朱德付原是《信息时报》总编辑，有着南方的办报经验和较新的办报理念。副总编辑李洪洋曾长期在《解放军报》总编室工作，有着中央级大报的规范运作经验和严谨的工作作风。副总编辑刘明胜曾在《北京青年报》、《北京晨报》工作过，有着北京报业市场化运作经验以及地域化新闻的资源。副总经理谭军波原任《南方都市报》副总编辑，曾把《南方都市报》的发行量从3000份扩大到50万份，被誉为"发行奇人"。副总经理石家友原是《中国青年报》湖南记者站站长，并担任一家公司的总经理，具有丰富的企业管理经验。他们舍去原事业单位的行政级别、待遇，汇聚到了《京华时报》。

《京华时报》在招聘采编人员时，吸引了《北京晨报》、《北京青年报》、《精品购物指南》、《北京娱乐信报》、《劳动午报》等北京媒体，《人民日报》、《光明日报》等中央媒体，《华商报》、《华西都市报》、《南方都市报》等外省媒体的同行纷纷加盟。据称，《京华时报》原准备在北京某报上投放5天招聘广告，但那家报纸突然变卦，因为广告刊登后，该报包括部门主任在内的多位编采人员纷纷提出跳槽，加盟《京华时报》，以致那家报纸不敢再登招聘广告！

《京华时报》创刊后不久，《新京报》创刊，人才争夺的一幕再度上演。富有戏剧性的是，当初涌向《京华时报》的记者，也有一批转而投靠《新京报》。再后来，《法制晚报》创刊，京城媒体的记者又出现了一次流动高潮。据有关人士的观察，在这两份报纸创刊期间，有些媒体的采编人员流动率竟然超过了30%，用"地震"二字来形容，也不为过。

出版界的人才争夺也非常激烈。近年来各地纷纷出台人才引进政策，招兵买马，延揽人才。2001年8月，广西的接力出版社从北京重金引进作家出版社副社长、编审白冰，担任总编辑。同年还引进了曾供职于《信息世界》杂志、《三联生活周刊》、《中国图书商报》和博库网站，有丰富媒体工作经验的黄集伟，担任副总编辑。这些高层次的人才没有让接力出版社失望。当年白冰策划出版的《阿笨猫》一书就获得中宣部"五个一工程"一本好书奖和国家图书奖提名奖。2002年，白冰参与策划的《鸡皮疙瘩》系列丛书发行超过360万册。2003年组织出版的《马小跳》系列丛书发行230多万册，从2001年8月到2004年三年间，由于白冰的努力，接力出版社一般图书销售码洋从 3000 多万连上三个台阶，突破亿元大关，显示了高素质人才的巨大作用。黄集伟到任后，使接力出版社的品牌知名度、传播度因此获得迅猛增长，本社一般图书的市场推广工作也达到了事半功倍的效果。广西新闻出版局透露，1996—1998 年、2000—2001 年，广西新闻出版界曾形成两次引进人才的高潮，共引进人才 256 人，加上其他年份引进的 70 人，共计引进 326 人，其中包括 2 名编审、3 名博士。

家庭期刊集团成立以来，先后从北京、西安、香港等地挖来多名高素质的经营人才和管理人才，委以重任，为他们提供能充分施展才华的事业平台。2001 年，他们从中山大学出版社挖来该社总编辑谭广洪，请她担任集团旗下的品牌系列刊《孩子》主编。谭广洪是广东出版界资深人才，上任后，她带领一班人克服重重困难，埋头苦干，很快使新刊在期刊市场中站稳了脚跟，并赢得了越来越多读者和专家的好评和赞誉。2003 年，考虑到谭广洪在图书出版方面的专长，家庭期刊集团调她到图书编辑室主持工作。结果图书编辑室的工作在短短的半年时间里便有了很大起色。重视人才的培养与引进，使《家庭》在激烈的期刊市场竞争中立于不败之地。据国家新闻出版总署统计发布，家庭期刊集团的销售利润率、人均利润，在全国 31 家出版、报业、发行、期刊集团中居首位，在全国 500 强中分别居第 6 位和第 23 位，资产利润率也位居前茅，在 31 家出版、报业、发行、期刊集团中居第 3 位。

伴随着新闻出版单位人才意识的加强，对人才的争夺愈演愈烈，人才流动不断加剧，一些优秀人才的价码也越来越高。

人才开发面临六大瓶颈

近些年，我国的新闻出版人才队伍建设取得了可喜成就，人才总量增多，质量也大幅提高，但从总体上看，人才开发还存在一些不容忽视的问题。人才争夺的背后，暴露了新闻出版人才队伍的种种缺陷。

笔者从新闻出版管理部门了解到，新闻出版人才开发面临着不少瓶颈，主要表现在几个方面：

瓶颈之一：人才分布不均衡。从全国的情况看，东部与西部，大城市与中小城市，人才总量差异明显。据北京市新闻出版局统计，到 2004 年底北京地区共有 23300 多家新闻出版单位，其中出版单位 3507 家（出版社 238 家，报刊社 3081 家，音像出版单位 127 家，电子出版单位 61 家），印刷复制单位 2025 多家，出版物发行企业 7808 多家，新闻出版办事机构和各类文化公司 7000 多家。新闻出版从业人员加起来 36 万多人，其中新闻采编人员 11.7 万人、出版编辑人员 6.2 万人，印刷复制人员 10.2 万人，出版物发行人员 8.4 万人。可以说，北京是新闻出版人才最为密集的地区，汇聚了全国 1/4 的新闻出版人才。然而在中西部地区，人才却相当匮乏。据有关部门的统计，到 2004 年，新疆全区出版行业从业人员仅有 5764 人，其中研究生 21 人，大学本科 1010 人，专科以下 4733 人。西藏新闻出版从业人员仅 3400 人，其中博士 1 人，硕士 3 人，本科 148 人。

在同一省市的不同单位之间，人才分布也极不平衡。在北京，人民日报、京报集团、商务印书馆、北京出版社出版集团等 30% 的大社占有 70% 的高级人才。在四川，各新闻出版单位之间人才总量差异明显，部分出版社已经出现了人员断层。

瓶颈之二：人员素质存在着结构性缺陷。新闻出版行业是一个知识型行业，但人才整体质量却不高。北京的人才质量总体是比较高的，但也还存在许多不足。从学历上看，大专以上学历占 61.5%，初高中学历还占一定比例，从业人员的整体知识水平不能适应新闻出版业发展的需要。据统计，纽约的新闻出版业人均 GDP 是 87598 美元。东京是 77874 美元，新加坡是 58376 美元，分别是北京的 9 倍、8 倍和 6 倍，差距显而易见。在其他省市，人才的素质缺陷更为明显。

从总体上看，人员素质的结构性矛盾，在管理人员、专业技术人员、技术工人方面，都有体现。

领导干部方面：主要是领导班子的年龄结构偏大，年轻干部偏少，领导干部的政策理论水平有待提高，经营管理知识有待加强。

专业技术人才队伍方面：高层次经营管理人才缺乏，特别是具有多元化知识结构，善于策划、营销、交往，并具备一定外语能力，能利用现代科技手段迅速获取信息的各种复合型人才，最为缺乏。能够支持出版业实现整体协调发展的专业人才明显偏少，如新型出版人才，特别是电子出版、多媒体出版、网络出版、电子商务和信息管理等方面的人才，具有国际出版理念和从业经验的版权专家、法律专家以及高级会计人才等。古籍整理、辞书编辑、高级外语翻译编辑等专家学术型人才也后继乏人。人才的知识结构相对单一，文、史、哲类专业人才居多，不能适应产业发展对人才全方位的要求。

技术工人方面：印刷复制和发行单位的人员知识偏低，新工人缺乏系统有效的培训。一些技术装备比较先进、工艺比较复杂的关键技术岗位后继乏人。高级技师、技师人数偏少。行政后勤人员比例偏大，人员臃肿问题尤为严重。

瓶颈之三：人才利用不充分。新闻出版长期处于改革的"亚热带"，高歌改革的劲头十足，但是自身改革却远远不够，处于滞后的边缘地带，人才资本的观念、市场经济的观念、发展的观念相对淡薄，习惯于"管"人，而不是把人作为一种可贵的资源来开发。用人机制不灵活，不科学，人才资源的潜力没有被充分挖掘出来，加上新闻出版人才资源条块分割，不同的隶属关系和利益关系制约着相互之间的交流、协作与联合，资源浪费严重。北京市新闻出版局的人士称："目前中央单位与市属单位出版人才资源之间尚未建立起有效的联系、合作机制与渠道，人才壁垒没有彻底打破，使得北京的人才优势体现不足，人才资源尚未得到充分开发和利用。"此外，对社会上一批新闻出版人才，由于没有明确的管理规定和相关政策，疏于管理，没有将他们纳入新闻出版人才管理的范畴，使他们闲散于社会，从而造成了一方面是国有新闻出版单位人才总量不足，另一方面在社会上却游离着一批新闻出版人才。

瓶颈之四：欠发达地区人才流失严重。据不完全统计，截至 2003 年底，吉林省出版、发行、印刷单位脱岗人员 155 人，2000—2003 年外流编辑、出版、发行人员约 20 人，仅 2003 年一年外流人员就达 10 人。近十年来，黑龙江新闻出版系统各类骨干人才流失 40 多人，他们有的是图书出版策划和市场运作的高手，有的已是版权贸易、外语方面的能手，有的甚至是毕业于 MBA、极具发展潜力的高学历人才。在西部省区，人才流失也相当严重。由于经济欠发达，这些地区无法引进名牌大学毕业生和较成熟的人才。发展落后制约着人才引进，人才的匮乏又直接影响着发展，造成了恶性循环。

瓶颈之五：机制不活。许多新闻出版单位基本上沿袭着传统的人事管理模式，刻着计划经济时代的烙印，没有建立市场经济条件下人才管理所需要的新的管理体制，尚未形成分层次分阶段的培养机制、公开竞争的选拔机制、科学规范的评价机制、人尽其才的使用机制、自由开放的流动机制。机制僵化使得国有出版单位中的优秀人才不能得到充分利用，才能不能得到充分发挥。例如在分配制度上，许多国有出版单位收入分配不合理，仍普遍采用平均主义的分配制度，没有真正体现市场机制，编辑人员获得的劳动报酬和为出版所作的贡献不相符。这样做的结果是使编辑人员丧失了积极性，劳动生产率低下，出现了大量干私活、出工不出力的现象，有的编辑人员身在曹营心在汉，上班在单位磨洋工，下班忙着挣外快。

一位在北京某行业报工作的编辑向笔者抱怨："我们报社的分配方式，是按学历高低划几个工资等级，收入与工作量不挂钩。有的人学历虽高，但工作量小，拿的钱也多。有的人学历虽低，但完成任务出色，也拿不到合理的报酬。这样的分配机制，谁会卖力干活？"

这位编辑所描述的情况，在新闻出版界很有普遍性。据了解，目前我国新闻出版业普遍没有形成具有行业指导意义的薪酬价位指导标准，收入分配不合理，一般劳动力价格高于社会平均价，而创新人才、关键人才、优秀青年人才的价格低于社会平均价，没有真正体现市场机制，导致一些人才丧失积极性，劳动生产率低下。

瓶颈之六：对新闻出版单位领导者大多仍然采取传统的人事管理模式，评价机制还不完善，市场化的聘任以及有效的激励和制约机制还处于起步阶段，利用市场机制配置和调节经营管理人才资源的能力不强。一位行业报的编辑说："我们社领导都是由部里任命的，有的是部领导的秘书，有的是领导身边的人，在机关里安排不下，就派到报社来了。他们有的没在新闻界干过，派到这里来任职，光熟悉情况就得好一段时间，往往造成决策迟缓，或者决策失误，使报社错过了许多发展机遇。对班子的考核方式也不科学。报社是否发展，国有资产是否增值，往往不在考核范围之内，或者标准非常模糊。这样的考核机制，谁有事业心？"

针对这种状况，新闻出版总署有关领导一针见血地指出："今后一个时期新闻出版人才工作的主要任务，一是出人才，二是出机制。"

新闻出版总署官员称，所谓出人才，就是抓好党政人才、经营管理人才、专业技术人才和高技能人才这四支人才队伍。所谓出机制，就是要抓好人才评价、使用、激励等机制，形成充满生机和活力的人才工作局面。要坚持科学发展观，正确政绩观和科学人才观，加快建立和完善六大机制：一是以能力和业绩为导向，科学的社会化的人才评价机制；二是以公开、平等、竞争、择优为导向，有利于优秀人才脱颖而出、充分施展才能的选人用人机制；三是以尊重人才和用人单位主体地位为原则的人才合理流动机制；四是与社会主义市场经济体制相适应，与工作业绩紧密联系，鼓励人才创新创造的分配机制和激励机制；五是体现以人为本要求的人才保障机制；六是坚持党管人才原则的人才管理机制。

出版界谋求人才突围

新闻出版界对人才问题可谓日益重视。笔者从新闻出版总署了解到，最近十年来，新闻出版署采取了多种措施，加强人才队伍建设。1994 年新闻出版总署在昆明召开了全国出版行业第二次教育培训工作会议，拉开了全面加强队伍建设的序幕。1996 年又在井冈山召开了全国新闻出版行业跨世纪人才培养工作会议，着手实施"311 跨世纪人才工程"。新闻出版人才培养从此进入新的阶段。2004 年 10 月，新闻出版总署又在甘肃酒泉召开全国新闻出版行业人才工作会议，全面部署新世纪新阶段的人才工作。

概括起来，近十年来新闻出版行业的人才工作，主要抓了以下几个方面：

第一是开展了大规模的岗位培训。1994 年的昆明会议后，新闻出版署与中宣部、国家教委和人事部等四部门联合颁布了《在全国新闻出版行业开展岗位培训、实施持证上岗制度的规定》，在全国出版行业开展了以出版社社长等 8 个岗位为主的出版单位领导干部岗位培训工作。经过 5

年努力，到 2000 年底，全国出版行业 8 个岗位在职人员普遍轮训了一遍。与此同时，开展了出版行业其他 64 个岗位专业人员的岗位培训，到 2003 年底基本完成了培训任务。2002 年，新闻出版总署颁布了《新闻出版宣传领导干部持证上岗实施办法》，对新上任的新闻出版单位领导成员首先进行培训，将报社社长等新闻单位领导岗位纳入岗位培训范围，并根据新闻单位采访记者证发放要求，开展了新闻采编人员的资格培训。截至 2004 年 6 月底，已培训出版社社长等 8 个岗位的领导干部 15000 余人，培训 64 个其他岗位专业人员 8500 余人，培训新闻采编人员 21 万人，培训报社社长 400 余人。这是中央新闻出版管理机构成立以来，开展的规模最大、范围最广、层次最高、培训内容最为实用、培训方式最为规范的行业培训活动，在全行业中产生了深远和重大的影响。

第二是实施了"跨世纪人才工程"。1996 年，新闻出版总署制定了《全国出版行业跨世纪人才工程纲要》，明确了 5—10 年全国出版行业人才培养工作的基本目标和卓越人才、杰出人才、优秀人才等三支高层次人才队伍的建设规划，带头出资并感召各地捐资设立了人才培养专项资金。跨世纪人才工程的实施，对全国出版行业进一步形成重视人才、培养人才的良好风气起了重要的推动作用。上海、湖南、湖北、广西、江西、安徽等省市不仅每年拿出可观的专项资金用于人才培养，而且出台了一系列重要政策，鼓励和支持人才脱颖而出。

第三是开展紧缺人才培养。从 1995 年开始，新闻出版总署与上海财经大学联合培养新闻出版工商管理硕士，到 2003 年底共培养 177 人，已有 137 人获得了学位。与对外经济贸易大学联合培养企业管理硕士，到 2003 年底，共培养了 300 人，已有 60 人获得硕士学位。这些获得硕士学位的高级经营管理人才绝大部分被各地任命为新闻出版单位的领导，已成为当今我国新闻出版业改革发展的中坚力量和排头兵。从 1998 年开始，新闻出版署开始进一步探索培养外向型人才的途径，选拔国内出版单位有发展前途的年轻业务骨干赴国外进修，学习国际出版通则，了解国际版权贸易知识，增强对外交流能力和国际竞争意识。现已在美国、英国、德国等国家建立培训中国出版业外向型人才的工作渠道和固定实习机构，使外向型人才培养逐步制度化和规范化。先后已派出 12 期 300 多名学员，全部学成归国。这些人员中有 2/3 已经成为新闻出版单位的主要领导人，有的已成为省级出版集团的一把手。

第四是形成了在职培训与正规教育基地网络。1996 年，新闻出版总署教育培训中心成立，新闻出版行业干部教育培训和人才培养从此有了重要的基地，确保了近十年来新闻出版行业的人才培训工作步入有组织、有计划、规范化的新阶段。北京、江西、安徽、甘肃、湖北等省市也相继建立了教育培训中心或相应机构，到 2003 年底，新闻出版行业基本形成了从总署到省市区一级的干部教育、人才培养和基地网络，构建了人才培养的重要载体。目前，我国一批高等院校设置了新闻传播、出版、印刷等专业，从而成为大批量培养新闻出版业后备人才的主阵地。10 年间，新闻出版总署支持北京印刷学院、上海印刷高等专科学校成为学科齐全的出版印刷类综合性高等学府，鼓励武汉大学等一批全国重点院校设置编辑、发行、出版经营管理学等专业博士点和硕士点，成为新闻出版业高层次、高学历专业人才培养的基地。新闻出版总署还支持广东、安徽、辽宁、上海等地新闻出版局所属的出版、印刷职业技术学校提高办学层次，使之成为出版、印刷业急需的高技能人才培养基地。

这些工作使新闻出版人才队伍的质量和结构得到了优化。据统计，目前我国书报刊出版单位专业技术人员学历水平大幅度提高，拥有本科以上学历者已达到 70% 以上，较十年前提高了近 34 个百分点。年龄结构处于近年来最好状况，36—50 岁的人才成为主体，占人才队伍总数的 55% 左右。职称结构有较大改善，编辑出版单位拥有职称的人员比例已从占从业人员的 20% 提高到 49%。通过国家职业资格考试的人员，将成为出版专业技术人员的主体。专业结构趋向合理，以编辑为主体的单一专业结构状况得到了显著改善，现代经营管理人才、版权贸易与外语人才、电子音像出版人才和游戏软件、网络出版人才等新型和复合型人才在全行业中比例明显提高。工商管理硕士等高级经营管理人才的加入，使新闻出版业现代经营管理人才奇缺的状况得到明显缓解。

2005 年 7 月，新闻出版总署制定并颁布了《2005—2010 年全国新闻出版（版权）人才工作纲要》，提出在全国新闻出版业大力实施素质工程、领军人才工程和高技能人才工程三项重点人才工程。这是新闻出版业人才工作的又一战略举措。据悉，三大工程的主要内容包括：

大力实施素质工程。通过学历教育、继续教育、岗位培训、技能练兵等方式，全面提升新闻出版（版权）业人才队伍整体素质。具体目标是：(1) 从业人员学历水平明显提高。要通过提高就业门槛，加强在职教育等措施大幅度提高从业人员的学历水平和知识技能。图书、报刊、音像、电子、网络等出版单位从业专业人员基本达到大学本科学历水平，发行单位从业专业人员大专以上学历要达到50%，其中本科以上学历人员比例有明显增加，印刷复制单位技术人员的学历要达到中等技校以上学历，高等职业技术教育学历人员比例要明显增加，重要技术岗位人员要普遍达到大专以上学历。(2) 岗位培训和持证上岗成为稳定制度。对新闻出版（版权）单位社长、总编辑、主编、董事长、总经理、经理等领导岗位的人员持续开展岗位培训，普遍持证上岗。其他专业人员要普遍参加业务轮训。5年内轮训率达到90%以上。

重点推进领军人才工程。通过5—10年的重点培养，在新闻出版系统形成一支以党政领导干部、优秀出版（版权）家、优秀出版物营销商、优秀出版职业经理人为核心，以优秀新闻采编、编辑策划、版权贸易、经营管理、网络出版等专业技术人才为骨干的领军人才群体。具体目标是：(1) 培养和造就100名理论素养高、党性强，具有战略思维、国际眼光和较强依法行政能力的新闻出版（版权）党政领导骨干。(2) 培养和造就500名社会责任感强、精通新闻出版（版权）业务，对推动新闻出版（版权）业发展贡献卓著，在业内威望较高、在社会上有一定影响的优秀出版（版权）家；500名熟悉现代营销、物流管理和连锁经营并做出突出业绩的优秀出版物营销商；500名实践经验丰富、具有企业战略组织能力和管理能力、能提升企业团队创新能力、能打造企业品牌形象的新闻出版（版权）职业经理人。(3) 培养和造就1000名专业基础扎实，有较强的业务能力和较高学术造诣，在本领域有重要影响，能够发挥中坚作用的优秀新闻采编、编辑策划、经营管理、网络出版、版权贸易和学术研究的拔尖专业人才。

积极启动高技能人才工程。通过学校培养、岗位培训、名师传授和技能竞赛等多种途径，培养印刷、复制、出版发行等环节的高素质、高技能人才。重点培养百名高级印刷设计师、百名高级制版工艺师、百名高级数字印刷工程师和千名高级印刷技术人员，培养千名具有光机电一体化专业知识和技能，能适应光盘复制企业需要的高级专业技术人员，培养百名高级校对、百名发行师和千名高级发行员。

可以想见，这三大工程的实施，将使新闻出版业人才队伍建设迈向一个新的层次。

一些省市也根据当地实情，因地制宜提出各自的人才开发规划。如湖南省提出，今后着力培养和引进六类紧缺人才：（1）熟知中国传统国情，精通新闻出版业务，熟悉现代传媒运营，具有把握市场、参与竞争尤其是参与国际传媒竞争能力的媒体经营人才。（2）熟悉和掌握市场经济、现代出版规律和WTO知识及相关规则，具有系统的经营、管理理论知识和一定的外语基础，懂现代经营管理，能够与国际经济、技术、贸易接轨，具有较强创新能力的复合型、外向型管理人才。（3）专业基础扎实，具有较高科学文化素质，掌握现代信息技术、现代出版规律和现代出版手段，精通出版业务，具有创新意识和竞争意识，能够追踪文化阅读前沿的出版专业技术人才。（4）熟悉和掌握WTO知识及相关规则，精通著作权法及相关法律，精通国际版权公约及相关协议，具有系统的版权专业知识和较高外语水平，能够与国际经济、技术、贸易接轨的版权管理和版权贸易专业人才。（5）熟悉、掌握市场经济规律和WTO知识及相关规则，熟悉出版工作流程和产品特点以及相关技术、工艺，懂得出版管理行业法规和出版市场运作规律，具有系统的市场营销理论知识，懂现代经营管理，具有把握市场，参与竞争能力的发行市场高级营销人才。（6）专业基础扎实，掌握现代信息技术，具有较高科学文化素养，富有钻研精神，能独立、熟练操作，维护先进设备，能解决技术难题的高级印刷技术人才。这，也是务实的表现。

向改革要人才

近些年，各省市新闻出版部门也采取了许多措施，加紧开发人才。2002年4月，长江文艺出版社与中国报告文学学会合作，将《报告文学》杂志上半月刊的编辑组稿工作移到北京，在京设立了组稿中心，聘请张胜友、张锲等报告文学元老担任刊物编委。这是长江文艺出版社实施"走出去"发展战略的重要一步。在长江文艺出版社老总们看来，北京有着丰富的人才资源，把这些人聘请到武汉去，相对而言付出的代价要大，如果把编辑部移师北京，就地取材利用北京的人才资源，则要轻松得多。于是，他们做出了一个重要的战略决策，到人才聚集地去，进行跨地区经营，让贤才为己所用。2003 年 4 月，他们在北京注册成立了长江文艺出版社北京图书中心，聘请原华艺出版社副社长金丽红、发行部主任黎波为副社长，主持图书中心工作。2004 年 1 月，该社在上海注册成立上海长文图书有限公司，聘请从英国、法国留学归国的资深编辑主持工作。2004 年 5 月，他们与北京硕良文化发展有限公司达成战略合作关系，以此为基础成立长江文艺出版社北京外国文学编辑部，聘请刘硕良主持工作。

大胆的创新，使长江文艺出版社打破了传统用人体制的约束。他们蓦然发现，天下可用之才竟是如此之多。这些机构虽然设置的时间不长，但运作都呈现良好的发展态势。北京图书中心在短短一年多时间内已连续出版了《我把青春献给你》、《心相约》、《手机》、《靠自己去成功》、《狼图腾》、《告诉孩子你真棒》等多种畅销书，2003 年半年实现利润 130 万元，国有资产的增值为 150%，人均创造利润 12 万元。2004 年上半年人均产值达到 155 万元，全年实现销售达 3000 万元。

据长江文艺出版社有关人士介绍，跨地区经营具有多方面的优势：

首先，异地经营可以使出版社避开原有单位存在的种种弊端，按照生产力发展的要求，重新设置机构，配备人员，解决旧体制上形成的人浮于事、因人设事的状况。大部分工作人员可以根据需要在当地招聘最合适的人选，既可以解决"人员能进不能出，干部能上不能下，收入能高不能低"的矛盾，同时还能优化资源配置，吸纳当地的优秀人才，最大限度地发挥他们的才能。

其次，在分配上，可以打破原有的分配方式，真正实现"多劳多得"，解决现有体制下无法完全解决的"大锅饭"问题。

再次，新成立的机构，必是设在目前经济、文化、信息最发达，人才与出版资源相对集中，同时也是最接近主要市场前沿的地区，有利于出版社降低成本，减少投入，从而实现两个效益的最佳结合。

也正因为看到了这些优势，近年不少外地出版社纷纷进军北京，设立机构，网罗人才。近两年，各地出版社在北京设立的"工作室"、"组稿中心"、"分公司"等越来越多。

在"走出去"的同时，不少新闻出版机构也纷纷吸纳、引进各方面优秀人才。2003年广西师范大学出版社从山东画报出版社引进一位副总编担任北京公司总经理，策划了一批优秀的图书，像白先勇的《说昆曲》，郑石岩的《觉》、《悟》等新书。2004年引进一位在英国留学、有国外出版工作经验的硕士生，担任版权室副主任。该社还通过各种渠道积极吸纳在业界有影响的民营书业界人士加入这个集体。2002年，聘用南京师范大学出版社发行部主任陈建法担任南京公司的总经理。他们都是在书界很有影响的、成功的业界人士，他们的加入大大加强了出版社人才厚度，为出版社各分公司的良好发展打下了坚实基础。

然而，由于新闻出版单位往往人员众多，尤其是一些老社，人员难出难进，包袱很重，要想大规模引进外来人才，往往不切实际。在这种情况下，如何破解人才难题？

"必须用改革的方式盘活现有人才！"中国作家出版集团党委书记、管委会主任张胜友说。他认为，很多出版社总是讲没有人才，其实未必如此。哪个单位都有人才，关键是他们往往难以按照自己的思路操作。人才的思路可能跟领导的思路有较大的差别，那么这时应该按什么思路操作？是领导退一步，还是人才退一步？这很关键。作家出版社一个编辑的年利润就达到900万，这样的人才的产生，与作家出版社给人才留出了相当大的活动空间是分不开的。在目前的环境下，对人员进行"大换血"是不现实的，因此在人才开发的问题上，领导的眼光应当多向内看，多从内部挖潜，大胆改革，用良好的机制盘活人才，让优秀人才脱颖而出。

张胜友被称为中国出版界传奇人物。1993年他出任光明日报出版社总编辑，在一年内还清了360万元外债，并向报社上缴利润80万元。1995年9月他调任作家出版社社长，仅一个月，作家出版社的月图书发行码洋从39万元跃升至276万元。一年后发行码洋即从1200万元达到

3859 万元。2001 年则飙升至 1.7 亿元，经济总量相当于改革前的 14 倍，甚至曾经有一个月份控制中国文学畅销书市场的 2/3 份额。2003 年 12 月，中国作家出版集团成立，他被任命为党委书记兼管委会主任。

张胜友说，作家出版社近年来发展的过程，也正是盘活人才的过程。刚调任作家出版社时，该社经营不善、矛盾重重、举步维艰，但张胜友认为它有品牌优势，关键在于资源能否重组，人员能否焕发出活力。他打破按文学门类划分编辑室的传统做法，把它们变成相应并列的编辑室，允许他们放手开发各个文学门类的图书，即微观搞活，让大家在同一起跑线上公平竞争，使编辑的潜能能够充分发挥。

在管理上，他们引入竞争机制，人员双向选择，优化组合。"原来的编辑部主任，我继续让你当编辑部主任，你也可以竖起一杆旗，你可以选择编辑，编辑也可以选择你。业绩不好，没有编辑选择你的时候，你就自然会让贤。我就非常顺利地推动了改革的进程，既实现了我的目的，又没有激化矛盾。最后有几个编辑被优化下来，如果改革要彻底一点，尾数淘汰是可以的。但是我不这么干，我引进足球赛事的甲 A 甲 B 制，前三名先进，后三名成立一个综合编辑室，甲 B 队。奖金肯定少了，但明年你业绩上去了，又可以从甲 B 出来。"这样做既推进了改革，又不激化矛盾。为了使大家劲往一处使，全社实行效益挂钩，每本图书要记 3 个卡片，分别是关于成本、销售、利润的卡片。管理人员、出版部门、美编以及作者都和编辑、发行人员捆绑在一起，组成利益共同体。

在分配上，作家出版社彻底打破平均主义，真正实现多劳多得。身为社长，张胜友自言个人收入在社里排名几十位之后，奖金一年也就是四五万块钱，而收入最高的编辑一年奖金曾达 80 多万元。

近些年，新闻出版界用人机制改革的力度越来越大，向改革要人才，已经成为业内人士的普遍共识。

然而，用人机制改革在目前还是一个艰难的历程。尽管各地普遍开展的竞聘上岗等改革，但从总体上看，改革还处在浅层次上，有的甚至流于形式。有的则因为用人机制改革与分配制度改革脱节，使改革的成果得不到巩固，员工的积极性并没有真正发挥。凡此种种，使用人机制僵化依然成为人才浪费的主要原因。这种状况在中西部地区和中央部委出版社中体现得最为明显。

据甘肃省新闻出版局介绍，用人机制僵化已经成为人才流不进的重要原因。目前，甘肃省新闻出版系统内绝大多数单位编制满员，一些职工学历低下，业务能力十分有限，但却占着编制，企业奈何不了，即便有个别年龄大的同意提前离岗，也要求单位照顾子女，造成了"需要的人进不来，不需要的人出不去"的局面。由此可见，出版人才开发，还是一个漫长而艰辛的过程。

大竞争下的传媒改革

风起云涌的改革浪潮

1999 年 3 月 9 日上午，南方日报报业集团办公大楼静谧的会议室里，一个特殊的会议正在这里紧张进行。

这是关于干部人事制度改革的会议。

李孟昱社长面带庄重的神色，宣布职代会刚刚通过的实行干部聘任制的方案。所有的人都聚精会神地听着，大家心里清楚，这是一场直接关系到报业集团前程和干部职工命运的深层次改革。

按照这个方案，报业集团将引入竞争机制，对中层以下干部实行聘任制，"竞争上岗，优化组合、双向选择"。凡报业集团内在职干部和聘用人员，符合聘任条件和聘任资格者，均可申报竞聘集团的中层干部岗位。申报竞聘不受原工作部门的限制，可以跨部门申报。申报正、副处级岗位的竞聘者，要进行演讲答辩，发表"施政纲领"，由领导小组评分，再由所在部门全体干部员工无记名投票，获半数以上"赞成竞聘者"，方可进入下一步竞争，最后由社委会决定是否聘任。正处级干部提名本部门副处级岗位人选，处级领导班子根据部门定员定编进行"部门组阁"，提出本部门正科级、副科级岗位人选。一般干部的聘任实行优化组合，双向选择。

这个方案还规定，聘任期限原则上定为两年，两年后进行新一轮聘任。报业集团对受聘人员实行分级管理，逐级考核。第一年考核被评为不称职者，第二年即调整其工作岗位，有聘任职务的，其职务自行解除。第一年考核被评为基本称职者，给予"提醒注意"，聘任期内连续两年基本称职者，调整工作岗位，下一轮聘任只能低聘下一级职务或岗位，一般干部则失去下一轮受聘资格。有一年基本称职者，下一轮聘任只能聘同一级职务或岗位。连续两年达到称职或优秀者，下一轮聘任才有资格聘任高一级职务。

这是一场公平的竞争。能者上，平者让，庸者下。

激奋、期盼、惶惑、焦虑，人们脸上写满了各种复杂的表情。压力，是显而易见的。

面对改革，人们心态各异。但有个基本的想法是一致的：面对报刊市场激烈的竞争，用人机制改革势在必行。报业集团要进一步发展，必须建立集约化的运行机制、市场化的经营机制、规范化的激励机制、有序化的竞争机制、制度化的约束机制、集团化的人才机制。

改革，不仅仅发生在南方日报社。

早在 1983 年，天津日报社开始实行中层领导干部聘任制。1996 年，又深化改革，出台了《聘用制管理暂行办法》，实行全员聘用制，签约上岗，优胜劣汰，打破大锅饭，于当年 7 月 1 日在全社正式推行。

1992 年，沈阳日报社在全国新闻界同行中率先实行编采人员专业技术职务内部聘任制，大大激发了编辑记者的敬业感和创造力。1998 年 7 月，又实施了干部全员聘用制和工人全员合同制，严把"进口"，放宽"出口"，使"进了报社门，只要不想走，终身报社人"的历史一去不返。

1994 年 10 月，中国水利报社在水利部在京直属单位中率先进行中层干部竞争上岗，共有 17 人参加竞争。其程序是，先由职工自己报名，报社根据条件初步筛选，然后竞争者每人在大会上进行 20 分钟的竞争演讲，充分陈述自己的优势，也不回避缺点，随后大家投票。社党委根据投票结果进行必要的审核把关，最后由报社下发聘任文件。竞争中有 7 名优秀年轻干部进入中层岗位，1 人由副职变为正职，2 名中层干部落聘。1998 年初，报社又进行了第二次干部竞争上岗。

从 1994 年起，四川日报社在全社范围内实行人员双向选择、聘用上岗制，打破了干部与工人的界限，报社聘用各部室正副职负责人，聘用副职征求正职的意见，各部室负责人聘用本部室工作人员。1995 年起，报社对新进人员，包括大中专毕业生和研究生实行聘用合同制，新进人员为合同制职工，报社与之签订聘用合同书，明确双方的责、权、利。四川日报社还实行人事代理制，新招聘人员的人事档案、行政关系、工资关系、党团关系均委托四川省人才交流中心管理，报社负责缴纳每年的管理费用。

1996 年 10 月，衢州日报社把中层干部任命制改为公开竞聘制，原有中层干部职务一律自行消失，报社推出 20 个中层干部职位，每个职位定目标、定任务、定职责、定报酬，在内部公开竞聘，方案和操作过程全部公开。此举一出，群情振奋，30 名有志者报名竞聘，3 人因学历、身体原因被淘汰，27 人登台竞聘演说，全体职工对竞聘者德才、能力投信任票，得票数达半数以上者才有任职资格。结果，被聘的 20 人中，一般干部任科级副职的有 6 人，原科级副职升任正职的 6 人，一批年轻骨干走上了中层岗位……

媒体的用人机制改革，已成为新闻界一个热点话题。

改革是逼出来的

说起来简直令人难以置信，作为一家新闻单位，编辑记者成堆，人才济济，怎么会没人写稿子？报社是生产报纸的地方，如果无稿可发，版面开天窗，那还叫什么报纸？还叫什么报社？

但这一切实实在在地发生了。

1992 年的时候，辽宁一家日报就曾因为"稿荒"面临严重危机。偌大一个报社，拥有中高级职称的人几十号，就是没人认真写稿。每每报纸快要付印了，却找不出一篇可以上"头题"撑门面的稿子。总编辑急得团团转，无奈之中只得勉强抓篇东西填窟窿。"天窗"尽管没开，报纸质量却每况愈下。看看编辑部的人，有的游手好闲，俨然一个旁观者；有的牢骚满腹，消极应付；有的热衷于吃喝，搞有偿新闻谋取小恩小惠；有的干脆把精力转移到第二职业上。

严峻的现实，使总编辑不得不进行一番冷静的反思。

他发现，造成这种状况，原因是多方面的。其一，报社一直沿用计划经济体制下的用工模式，人员能进不能出，泡在终身制的"铁饭碗"里无忧无虑，人浮于事，根本谈不上工作效率。其二，在分配方面，酬劳严重脱节。编采人员的工资标准主要根据职称高低来定。一些编采人员获得了高级职称，待遇上去了，觉得熬到头了，万事大吉，不思进取。一些工作勤奋努力的记者编辑，职称低，干得再出色，工资也还是那么一点点。而报社没有职称评审权，只有聘用权，尽管熟知某位采编人员的工作能力和工作业绩，却无权授予相应的职称，不能给他相应的工资。多劳不多得，自然心理不平衡，长此以往，就萌生了消极情绪，丧失了活力。

要让报社重焕生机，必须打破这种现状。

总编辑与编委会成员几经研究，横下了一条心：实行编采人员职称内聘制，以工作成绩论英雄，所有编辑记者的职称重新申报，原由国家有关部门评定的资格作为档案记载。内聘职称与工作定额及相应待遇挂钩，每一种职称、每一个岗位，都规定工作量，完成情况日登记、月累计、年算账，以此作为编采人员职称升降、收入增减的依据，定量考核，动态管理，确保高职称高待遇，低职称低收入。报社规定，倘若连续三年被聘为高级职称，可按标准分配四室一厅或三室一厅住房，在安排出国考察、公出乘坐交通工具、住宿标准方面，均可享受优厚待遇。反之，如果不能完成工作定额，轻者扣罚工资、奖金，重者下一年降等级聘任职称。

机制变了，报社面貌随之改观。以往热衷于炒股票、拉广告、会上泡、酒桌闹的记者纷纷改弦更张。一时间，探讨业务、挖掘线索、捕捉新闻、快速反应成了编辑部门一道独特的风景线。

说起这个"逼"字，哈尔滨日报社的同仁们也是感触良深的。

同许许多多机关报一样，《哈尔滨日报》也是长期按政府机关的管理模式运行，分配上，平均主义观念根深蒂固；考核上，干多干少、干好干坏一个样；观念上，许多人官本位思想严重，本非政府机关，却争着爬官阶，当了科长奔处长；待遇上，奉行不要白不要的原则，不讲奉献，只图索取，房子盖得再多也不够分，职称评得再高也不满意。相反，报纸质量却无人关心，年复一年板着一副老面孔……

1995年，王建男出任该报总编辑。面对这种状况，他心里焦虑万分。他很清楚，这种状况沿袭下去，报社根本没有出路，甚至正常出报都可能出现问题。他没有更多的选择，要么墨守成规，就这么混下去，要么就迎接挑战，大胆改革。

他选择了后者。

在他的主持之下，报社建立了一套细致的目标管理体系，从主编、副主编到部门负责人到每名员工，人人有任务，个个有指标。同时，针对每个部门、每个实体、每个员工的实际，根据可比性原则选出若干要素组成一百分，建立百分制考评体系。用人上，报社在反复研究测算的基础上，提出岗位设置方案，公之于众，让每名干部职工自由择岗。不分国有、集体、干部、工人，不论级别、学历和职称高低，不看资历、年龄，只要符合岗位条件，均可应聘相应岗位。上岗后，每个人的现聘任职务、职称与原有职务、职称彻底分开，原职务、职称一律进入档案，工资、福利待遇以现聘职务、职称为准，让大家在同一起跑线上竞争。

改革并不是一帆风顺的。刚开始，一些人对改革持观望态度，觉得这不过是走走形式，做官样文章，最终是兑现不了的。在讨论百分制考核方案时，有人竟不加修改把方案退了回去。

冷漠。人们要先看看王建男。

王建男不动声色，他心里很清楚，方案若兑现不了，以后什么改革也搞不成了。说到必须做到，方可令行禁止。

年终到了，考核完全按照年初制订的方案进行。该得房子的得房子，该出国的出国，该解聘的解聘。报社震动了！有人找王建男想通融通融，还有人提出对百分制考评办法有意见，王建男微微一笑：对不起，有意见在修改明年方案时再提，今年就按这个方案办。

一名记者把一篇消息写砸了，原因是敷衍塞责，结果被调换岗位。在报纸的头版上，一字之误，造成一次小小的政治差错，上至值班的副总编，下至相关编辑记者，全都受罚。广告部两名工作人员，因服务态度不好赶跑了客户，虽仅此一次，但没有"下不为例"，解聘。王建男有一次逛报摊，发现报纸印成"双眼皮"，他当即买回一份，罚了报社印刷厂厂长5000元。以往，开编前会总有人迟到，现在以铃响为准，迟到一次罚款10元。执罚人不到，罚20元。东北人爱喝酒，以前编辑记者中午去饭店小聚，喝上几杯，是常有的事。现在不行了，没有总编辑事前批准，中午一律不准喝酒，发现一次罚款500元，事后补报，理由再充分也无效……

世界上怕就怕"认真"二字。一动了真的，局面就变了。

自 1995 年初实施管理机制改革以来，哈尔滨日报社共出台了 120 多项规章制度，大到报社领导班子的工作制度，小到会议室的管理，都有章可循。1996 年底，报社又修订并出台了第一部"法典"——《哈尔滨日报社规章制度汇编》，为依法治社、科学管理打下了坚实的基础。

改革三年，报社先后有 271 人被高聘，有 827 人同级聘任，13 人被低聘，19 人被解聘、除名。根据考核结果，报社奖励了 429 人次，其中重奖 97 人，奖住房 80 人，奖出国考察 17 人。

随着管理方式的变革，《哈尔滨日报》的质量提高了，发行量大了，经济效益也上去了。

1999 年，深圳报业集团在深圳特区报社正、副处级领导干部中实行空缺岗位公开竞聘，后来又推行到各个岗位。2001 年 4 月，他们在原深圳特区报业集团内进行重大的人事机构改革，精简机构、重整资源，打破终身制，实行全员聘用合同制；淡化或取消行政级别；全面实行末位淘汰，改革分配制度，向重要岗位和骨干人才倾斜。此次改革中，有近 20 位同志在中层领导岗位上进行了交流，10 位同志退出原处级领导岗位，6 位原正处级干部竞聘落选。许多年轻骨干脱颖而出，十几个三十出头的青年人才走上采编中层岗位，领导干部平均年龄从 42.2 岁降到了 40.7 岁。同时处级干部职位数减少近一成，原有十几个新闻采编部门精简为四大中心，管理机构精简，管理链条减少，管理效率提高。各新闻采编中心的主任由副总编辑分别兼任，中心副主任及下属首席记者、执行主编、主编均公开竞聘上岗，并且提出"业务领导业务强，业务不强就换岗"。2002 年成立深圳报业集团后，主要的系列报刊也相继进行了人事改革。由于彻底破除了"官"念，强化了岗位意识，员工积极性空前高涨。

传媒经济呼唤管理

这是一个传媒大发展的时代。

也是个传媒大竞争的时代。

据新闻出版总署的统计，截至 2004 年 12 月 31 日，我国共出版报纸 1922 种。由于治理整顿等原因，同前些年相比，报纸数量并未增长，但许多报纸纷纷扩版增刊，刊期从周一、周二刊发展为周五刊或日报，版面从对开 4 版发展为 8 版、12 版、16 版、24 版、48 版甚至 100 多版、200 多版。据了解，我国日报出版总量规模已连续五年居世界第一。2004 年，我国出版的日报种类已经占全球日报总量的 14.5%，世界每 7 种日报中，就有一种出自中国；而日报平均期印量逼近 1 亿大关，居世界第一位，我国千人日报拥有率达到 75.8 份。与此同时，我国报纸经济实力大幅上升，全年报纸总定价达 252.9 亿元，报纸广告经营额达 230.7 亿元，报纸印刷总量达到了 1526 亿对开张，比上年增长 23.5%。

到 2004 年末，我国有期刊 9490 种（不含军队系统的 273 种），同 1997 年的 8135 种相比，数量明显增加。而且，不少期刊仍不断增加页码，缩短出版周刊，《环球》、《知音》从月刊改成半月刊，《中华儿女》则派生出系列子刊《中华儿女·成功导刊》、《中华儿女·国内版》、《中华儿女·海外版》、《中华儿女·财经导刊》、《中华儿女·风尚导刊》等。

在传统印刷媒体纷纷扩张之时，大众传媒结构发生了引人注目的变化。20 世纪 80 年代以来，随着"四级办广播、四级办电视、四级混合覆盖"的方针的实施，电视业异军突起，使传媒的竞争更趋激烈。如今，中央、省、地都有电视台，许多县也建立了电视台，甚至有些乡镇也办起了电视台。全国共有 2000 多座电台，3000 多座电视台。电视频道不断增多，而卫星电视的出现，更是打破了电视覆盖面的区域限制。

20 世纪 90 年代以来，号称第四代媒体的国际互联网蓬勃兴起，更是使传媒面临严重挑战。一些网络媒体已经做到 24 小时值班，各种各样的信息通过筛选和编辑之后马上到网上发布，这样的时效性已经到了新闻的制高点。在都市，从网上获取信息资源已经成为一种时尚。互联网正以不可阻挡的迅猛态势，对信息传播的观念与方式，形成巨大的冲击。

此外，海外传媒正加紧渗入我们的市场，争夺我们的受众。早在 1994 年，有关机构曾做过一次调查，被调查的 4306 人中，经常接触国外传媒的达 25%，经常接触台湾、港澳地区传媒的分别为 38.2% 和 44.3%。随着先进技术手段的采用，广播电视的穿透力越来越强，来自海外的挑战越来越严峻。

这一切，都加剧了传媒行业的竞争。

近两年，有关传媒在竞争中沉浮的消息不绝于耳——

大型文学期刊《昆仑》、《漓江》、《小说》接连停刊。

《南方体育》等一批报纸停刊或陷入困境。

一些曾经风光无限的报刊连续几年出现大面积亏损……

竞争对某些人而言是一种威胁，对某些人来说却是一种发展机遇。如何面对竞争，在竞争中求得生存空间，已是传媒界最令人关注的话题。

1979 年，国家财政部批准《人民日报》等首都几家报纸试行企业化管理，此后，事业单位、企业化管理成了中国报业广泛推行的经营管理体制。1992 年中国报业协会在江西井冈山举行会议，正式提出了"报业经济"的概念。如今，报业经济已逐步成为一门独特的部门经济或"行业经济"。随着报业集团的成立，一些有战略眼光的报人都把发展成为覆盖面广、实力强、影响大、效益好的信息传播集团作为自己的奋斗目标。

发展传媒经济，必须实施科学化的大管理。强化管理，成了各媒体首脑的自觉追求。

《深圳商报》总编辑高兴烈说："要用企业家的思维来经营报业。报业经营要从事经济活动，参与市场竞争，因此必须按经济规律办事，实行企业化管理。经营队伍的建设，重要的在于重视选拔人才，首先是领导人才，培养长于报业经营的企业家。"

《羊城晚报》社长曹淳亮认为："现代报业经济是一种信息与知识高度密集，有严格时间限制，科技含量大，有广大的服务面的社会化大生产的经济，它对组织管理水平的要求是非常高的。我们的管理需要有一个较大的改革，较大的提高。"

管理和人才成为媒体最为关注的话题之一。据《中国报业发展报告2005》分析，目前我国报业人力资源存在着四个方面的问题：复合型人才匮乏，在领导、采编和经营三方面存在较大人才缺口；缺乏人才流通的平台；薪酬福利制度尚未完善；集团化过程中的人力资源整合问题。中国报业人才济济，但在结构上还需调整，才能适应中国报业即将到来的第四轮增长的需要。如何破解人才难题？许多媒体从改革入手，纷纷出台政策，激励员工、网络人才，用人机制改革、分配制度改革的力度越来越大。

据《精品购物指南》总编辑张书新透露，该报近两年推行了事业部制，按行业和产业划分，将房地产、汽车等一些行业和产业的采编、广告、活动集纳到一起，一个部门负责采编，还有一个团队负责广告推广和一些社会活动，从而划小了经营单位。在管理方面，实行目标管理，责、权、利挂钩，强化绩效考核。每年11月15日至12月15日，报社都要开展竞争上岗，由30—40人去打分，如果3分以下就下岗，3—4分要么重新答辩，要么由社委会决定是否上岗，4分以上可以自动上岗。

《计算机世界》传媒集团总裁刘九如说："我们最具实际意义的竞争力，就是全面采用了现代企业的用人制度。"据介绍，该集团目前有500多位员工，所有的员工都面向社会公开招聘，员工档案放在人才交流中心，所有干部都是竞争上岗。学历、资历、职称不和待遇挂钩，员工能进能出，干部能上能下，薪酬能长能降，以岗位作为基准进行考核。他们把员工待遇纵向分为八档，横向分为十个级别。同时，实行风险年薪制，即员工工资30%是固定的，70%是浮动的。比如，一个记者的岗位年薪确定为10万元，业绩突出的可以拿到15万—20万，业绩不好的只能拿到5万—8万。这样的管理方式，大大激发了员工积极性。

《新女报》在采编人员工资分配上，在国内率先实行零底薪计件工资制。报社根据采编任务核实部门人员编制，每月按编制数拨给部门的工资费用由部门进行二次分配，不设底薪，完全与采编人员完成的工作数量和工作质量挂钩，进一步拉大了收入差距，实现了人员合理自然淘汰。对经营人员实行岗位工资制，不再传统地与工龄、级别、职称等挂钩，而是根据岗位的工作性质、任务量以及工作责任来确定工资标准。为了量化采编人员对经营的贡献，该报对采编人员实行"目标责任制"，对采编部门和经营部门同样签订目标责任书，实行年度目标责任制，根据年度发行、广告目标的实现情况兑现奖励。有效地协调了采编部门与经营部门的关系，增强了采编人员的市场意识和全局意识。由于管理到位，《新女报》实现了跨越式发展，2001年12月13日创刊，3个月发行量就攀升到15万份，9个月实现营利，两年半实现跨地域经营，3年实现跨媒体经营。如今该报发行量接近20万份，广告经营额实现3000万元，形成了两报一刊一网的战略发展格局。

在采访中我们发现，新闻单位的用人机制改革，尽管已有不少成功的先例，但从总体上看，改革还是比较滞后的。从地域分布看，南方特别是广东的媒体，经营理念更新潮，管理手段也更为先进。而内地的媒体，略逊一筹。从媒体的属性看，大部分官方色彩较浓的政府机关报，特别是北京的部委机关报，机关痕迹颇重，改革相对迟缓，这类报纸内容不可能走市场，发行主要也靠行政手段，管理模式当然也就比较陈旧。而一些民间色彩较重的报纸，靠市场闯生路的报纸，管理更严格、更企业化。

一位报社老总坦言：这些年我们也做了一些尝试，如采编人员的量化考核，多劳多得。但整个步子迈得不大，人浮于事的现象还比较严重。

北京一家大报的人事处的同志，甚至不愿意接受我们的采访，只是在电话中说了一句："我们没什么可说的，这方面很滞后。"言语中露出几分焦虑与无奈。

然而，尽管改革步履维艰，新闻界的人士还是关注着改革、期盼着改革。事实上，即使是在北京，一些单位的改革力度已越来越大。

是什么造成了技工荒

高技能人才缺口究竟有多大

在深圳人才市场举办的一次招聘会上，一家企业开出 6600 元的月薪招聘高级钳工。在青岛举办的一场招聘会上，一家公司为高级模具技工更是开出年薪 16 万的"天价"！

物以稀为贵。技能人才薪资见涨，告诉我们这样一个事实：技能人才已经成为紧缺人才！

统计资料表明，我国的技术工人目前有 7000 万，其中高级技工仅占 3.5%，与发达国家高级技工占近 40% 的水平相比差距甚远。高级技工的缺口不仅集中在机械、建筑、印刷等传统行业，更大量集中在电子信息、环保工程、工艺美术等高新技术产业。数控技术是制造业实现自动化、柔性化和集成化生产的基础，其应用是提高制造业产品质量和劳动生产率的重要手段。目前各国在机械制造业的竞争，实质上是数控技术和数控人才的竞争。中国机械工业联合会有关负责人指出，目前中国数控机床的操作技术工人缺口达 60 多万，数控技工的稀缺已成为不争的事实。

在全国许多省市，高技能人才短缺已成为普遍现象。

上海是我国最大的工业基地，高级技工也仅占技工总数的 7%。上海市企业调查队曾对该市技工状况进行调查，在上海的技术工人当中，高级技师比重仅占 0.1%，技师和高级工也分别仅占 1.1% 和 6.1%。而且，在岗技术工人的年龄结构趋于老化，36—45 岁的占到了 45%，22 岁以下的仅有 3%。高级技工更趋老化，在 60 家被调查企业当中，36 岁以下的高级技工比例仅为 4.9%，初级工却占了 54.7%，高级技师则一个也没有。而且技术工人的文化程度偏低，技术工人中初中文化程度的占 50%。这样的年龄结构和文化水平所掌握的技术，难以适应现代科技发展的需要。一些企业反映，在上海找高级技师比找研究生还难！

北京技能人才尤其是高级技能人才，目前也处在十分短缺的状态。北京市副市长翟鸿祥在一次会议上透露，北京市高级技工占技工总数的比例仅有10%。技能型人才严重断档，像生物工程等一些新兴的科技含量较高的工种奇缺技术型工人。

江苏技工人才很缺。从企业市场需求方面看，根据国家要求及全省经济发展的需要测算，以城镇企业在岗技能职工300万人，若高级工以上技能人员等级比例占20%，则全省高级工以上技能人员缺口为30多万人；以国家抽样调查"十五"期间企业对高级工以上技能人员占29%的估算，全省缺口达60多万人。如将全省1000万乡镇企业从业人员，纳入持证准入管理，那么高级以上技能人才的缺口就更大。从对2005年的分析情况看，全省对技能劳动者需求总量增加20%—25%，技师、高级技师的需求比2003年增加一倍。

南京高级技工的总量偏低，其中技师、高级技师只占技术工人总数的8.2%。统计资料显示，2005年上半年，南京技师、高级技师只有5557人，高级工有53200人，仅占南京全市88万在岗职工的6.7%，与"十五"规划要达到的15%相比，南京全市高级技能人才缺少7.3万人。苏州高新区和工业园区现有4000多家企业，每年技工需求量达3万多人，可整个苏州本地中职类在校生只有1万多人，每年毕业生只有5000人，缺口至少有2万人。苏州工业园区2005年新增用工量7万—8万人，其中一线高技能人才5万—6万人；苏州高新区需要4万—5万人，其中一线技能人才需求占80%。而当地能够提供的机电类企业一线劳动者只满足需求的1/3，高技能人才仅能满足需求的1/10。以数控专业为例，具有中级职业资格证书的有1000人，市场需求量在万人以上。无锡市曾专门调查了700多家外商企业，发现技工缺口高达上万人。目前苏南企业为技工开出的月薪来看，一般在3000—6000元之间，个别紧缺工种月薪达上万元，苏南企业对工人的文化素质要求普遍比较高，一些数控机床的工作，要求有大专以上文凭。

浙江是我国制造业比较发达的省份之一。浙江的企业一度饱受技工荒之苦。浙江省城调队发布的调查报告显示，在就业人员中，初级技工占3.4%，中级技工占1.3%，高级技工和技师分别只占0.3%，而高级技师所占比例更是仅占0.1%。包括高级技工、技师、高级技师在内的高技能人才，目前仅占从业人员总数的0.7%，企业高级技师的缺口率更是高达93.8%。高、中、初级技工的比例为13∶24∶63，离发达国家35∶50∶15的比例相去甚远。浙江省城调队对19家企业进行了调查，发现企业需求量最大的是初级技工和中级技工，两者合计约占技工需求总量的八成。如杭州钢铁集团现拥有技工3199人，目前技工需求数为7180人，缺口达3979人；未来3—5年还需8900人。高级技工更是稀缺，如宁波奥克斯集团2005年高级技师、技师缺口均达100人。高级技工的匮乏已影响到企业的生产和发展。调查发现，很多企业因缺乏高级技工导致创新和研发能力大减。如绍兴黄酒集团引进了意大利生产线，终因没有适合的高级技术工人，生产设备无法发挥最大效能。

东北是我国著名的老工业基地，素有"技能人才大本营"之称，是技工培训、锻炼和成熟的最好地区。几十年来，特别是近二十年来，东北输送给全国各地工业企业的成熟技工有几十万。然而在这样"盛产"技工的地区，如今却也面临着高级技工严重短缺的窘境。辽宁省劳动和社会保障厅2005年提供的数据表明，目前该省高级技工人数占技工总数还不到10%，按照这个数据测算，到2010年，辽宁的高级技工人才将缺少40万人以上。大连是个以制造业为主的工业城市，现在大连劳动力市场40岁以下技术工人的供需比是1∶10，技工、技师人才的储备与制造业的迅速扩容严重失衡，这已成为当前无法回避的一个问题，并将对制造行业发展造成威胁。2002年，大连机车厂欲在大连劳动力市场招用20名技术工人，但几乎没有应聘的。

从黑龙江的情况看，技术工人素质现状还不能适应经济发展要求。一是技术工人数量短缺，结构不合理。根据省劳动保障厅调查和测算，全省413万职工中技术工人178.8万，占职工总数的43.3%；在技术工人中，高级工以上的占15%，技师和高级技师占3.44%，技术工人等级结构为6.1∶2.4∶1.5。根据老工业基地发展需要，比照发达国家技术工人构成，全省尚缺高级工近30万，中级工近50万。二是高技能人才年龄普遍偏大、学历偏低，部分青年工人学技能的积极性不高。座谈中工人师傅反映，过去的普通活现在成了难活，一些关键设备青年工人不会操作，技能水平一代不如一代，企业只好请回已退休的老师傅。有的企业厂长讲，目前最缺乏主机手和关键工种的技术带头人。三是国有大中型企业面临顶尖技术工人流失的威胁。企业反映，长三角、珠三角地区的企业经常到国有大中型企业用高薪挖人。一重集团焊接、数控机床等技术工人都被实行过"定点清除"，齐齐哈尔市近年流失的技术工人骨干达1000多人。

有关人士认为，东北缺水平比较高的技工，那里正面临着"技工荒"。优秀技工人才的缺乏，甚至危及到东北老工业基地的振兴战略能否顺利实施。

技能人才、尤其是高技能人才是广东企业争夺的对象。据调查，随着广州机电、轻工、钢铁、汽车、信息五大支柱产业的发展，各类企业对高级技术人才的需求十分迫切。据统计，2004年广州市技术工人需求缺口已经达到30万人；预计今后5年内，广州将继续保持对高级技工人才的大量需求。深圳现有技工人才仅142万人，需求缺口达78万人。到2010年，深圳市技能人才需求在220万人左右。在中山市近期举办的人才招聘会上，也暴露了这样一个现实，一般职位人才供过于求，而高级技术工人却十分紧缺。招聘各类技术工人公司的摊位往往异常冷清，技术工人职位虚位以待却少人问津。目前，仅中山火炬开发区大约就有5000—10000个技工人才缺口，以电子、医药、包装印刷等产业工人为主，而随着高新技术和汽配行业的进一步成型，各个层次的技工人才缺口将会更大。为了招揽人才，企业给技工开出了不低的工资。技术工人一般在800—1800元之间，但高级技工，中级以上技工在2000—10000元之间，曾经有一个企业在博天人才市场招人，招一个抛光工，出10000元。但尽管如此，招聘仍很难成功。

近年，湖南省高技能人才队伍虽有明显改善，但从总体上看，高技能人才数量不够，素质不高，结构不合理，区域、行业分布不均衡，不能适应湖南省经济结构调整、产业升级和技术创新的需要，成为制约地方经济发展的重要因素。据统计，截至2004年底，全省220万技术工人中，高技能人才（技师27256人、高级技师681人）仅占技工总数的1.3%。另据株洲市的调查，高技能人才不仅比例过低，而且分布不平衡：从行业分布看，冶金、机械行业技师、高级技师比重较大，占全市技师、高级技师总数的70%；从专业分布看，高技能人才主要集中在通用工种，占全市高技能人才总数的85%以上，而计算机、信息网络、光机电一体化等新兴产业高技能人才严重缺乏。高技能人才短缺不仅表现在"量"上，更主要反映在"质"上。中联重科浦沅分公司反映，目前企业缺的是高素质、高技能、复合型技能人才。尽管说，现有技术工人可以基本使用现有先进设备，基本保证机器正常运转，但是没有最大限度地利用设备，没有最大限度地发挥其效能，没有最大限度地提高生产效率。

制造业是许多省市的支柱产业，曾有一段时间，把中国建成"世界工厂"的舆论喧嚣尘上。然而，全国普遍存在的制造业人才结构失调，却让人产生一个疑问：缺少这方面的人才，谁来支撑未来的制造业？

事实上，技能人才严重短缺已经产生令人担忧的后果。据报道，我国企业产品的平均合格率只有70%，每年不良产品造成的经济损失达到两千亿元之巨；近几年发生的公交企业事故中，因职业意识不强、岗位职能不高造成的占到50%以上。在市场竞争更为激烈、产品科技含量不断提高的今天，中高级技术人才的紧缺，已经给企业发展带来了危机。

是什么阻碍了高技能人才开发

高技能人才短缺是不争的事实，这已成为不少地方制约发展的主要瓶颈之一。那么，究竟是什么阻碍了高技能人才开发？高技能人才队伍建设难在哪里？2005年，中组部、全国总工会、劳动和社会保障部等部门组成调查组，分赴各地进行相关调研，发现了其中的一些问题。

原因一：高技能人才地位不高

尽管高技能人才对经济社会发展的重要性日益凸显，社会各界对加快高技能人才队伍建设的呼声日益高涨，但在现实中，高技能人才的社会地位和经济地位并不高。

调查组在陕西的调研情况表明，目前技术工人特别是高技能人才的社会地位和经济地位还有待进一步提高和巩固。在部分企业，高技能人才仍遭到不公平对待，"干部"和"工人"之间的身份差别仍然是高技能人才与工程技术人员之间收入悬殊的重要原因，同工不同酬，工资收入体现不出技能水平的差别，技师和高级技师津贴过低，都影响了高技能人才作用的进一步发挥，也制约了技术工人学技术，练技能，走劳动致富、高技能致富道路的积极性。

山东的调研情况也表明，传统的人才观仍有较大影响，并直接影响着技术工人的地位和待遇。2004年山东全省地方企业职工年平均工资约为9900元，而机关事业单位职工年平均工资超过15000元，技术工人收入明显偏低。一些地方在评选劳模、获得各种社会荣誉等方面，工人也被"边缘化"，挫伤了工人的积极性。

调查组在黑龙江的调研情况表明，尽管社会各方面对高技能人才重要意义的认识有了普遍提高，但对这项工作的重视程度还有待进一步提高，推动的力度还有待进一步加强，全社会还没有真正形成重视高技能人才的氛围。重视高技能人才培养是上边着急，下面使不上劲。政府主管部门缺乏推动工作的有效手段，政府相关部门和社会团体的积极性有待进一步发挥，教育培训机构的办学实力还需要进一步提高，企业对高技能人才的重视还需要进一步增强，在全社会真正形成尊重技能人才、争当技能人才的社会氛围还有大量艰苦的工作要做。

南京市劳动保障部门的调查显示，60%被调查企业对技术工人没有实行津贴制度；年收入在1万元以下有329人，占21.8%，而年收入在3万以上的，只有29人，占2%，技术工人的年收入大多数在2万元以下，占88.8%。而且技能型的人才十分讲究再培训，但目前南京很多企业对这一块的工作没有给予足够的重视，导致技术型人才频频跳槽。有的企业中，一些很有潜力的年轻技工，把精力放在攻"学历"上，目的就是为了尽早脱离生产一线。之所以这样做，就是因为技工工资太低。

原因二：人才培养上热下凉

由于高技能人才培养时间长、投入大，还可能对企业当前的生产经营产生一定影响，不少企业缺乏对高级技能人才培养的主动性和积极性，使得人才培养出现"上面热下面凉"的状况。一些效益好的企业不愿投入，效益不好的企业无力投入。企业用工单纯强调"拿来主义"和实用主义，只求经济效益，忽视职工培训。

从陕西的情况看，企业在高技能人才的培养、使用和待遇落实方面差异较大，发展不平衡。大概可分为三类：

第一，科技含量高、技术含量高的行业和企业对高技能人才工作普遍比较重视，明确提出"三支人才队伍"一起抓，高技能人才培训制度化，高技能人才与相应工程技术人员能够享受平等待遇，高技能人才队伍结构与企业发展需求吻合，推动了企业经济效益的提高，实现了良性发展。这类企业约占全省企业及职工总数的30%左右。

第二，一些国有大中型企业以及民营企业，尽管开始重视高技能人才的作用，但在工资待遇落实方面还很欠缺。如西电集团，高级技师与工程技术人员的工资相差悬殊（1000多元），尽管干的工作非常重要，但由于是工人身份，因而得不到相应的报酬。此外，一些中型企业和民营企业缺乏对人才培养基础性投入的热情，更倾向于需要什么就招聘什么。这类企业约占40%。

第三，一些地方中小企业和刚刚开始复苏的国有企业，没有意识也没有能力开展高技能人才培养工作，更有甚者，甚至将当工人作为对考核不合格的专业技术人员的一种惩罚手段。这类企业约占30%左右。

调查组在黑龙江也发现，全社会还没有真正形成重视高技能人才的氛围。政府主管部门缺乏推动工作的有效手段，教育培训机构的办学实力还需要进一步提高，企业对高技能人才的重视还需要进一步增强。

原因三：经费投入普遍不足

高技能人才的培养与开发，无疑需要一定的经费保证。但从调查情况看，大部分省市经费投入不足，制约着技能人才的培养。

一是政府投入不足。从湖南的情况看，近年来政府的教育经费主要用于普及义务教育和普通高等教育，职业教育和技能培训经费严重不足。2003年湖南省财政投入教育经费占国民生产总值的2.67%，技工学校占当年教育经费总投入的0.59%。黑龙江省近年虽然出台了高技能人才津贴、奖励等政策，但经费来源没有从制度上得到落实，政府没有将高技能人才工作经费列入预算，缺乏必要的经费保证。

二是企业培训经费难落实。湖南抽样调查的 325 家企业中，有 117 家企业多年基本上未开支职工教育培训费用。许多企业未按国家规定足额提取职工教育培训经费，有的被挪作他用或主要用于企业领导干部出国出境考察或参加 MBA 培训。在黑龙江，效益好的企业能够足额提取和合理使用职工教育经费，效益不好的企业则难以做到。哈尔滨全市企业职工教育经费投入没有超过企业工资总额的 1%。

三是职业技术学校缺乏稳定的经费投入渠道，办学经费不足。近年，陕西省财政对承担高技能人才培养任务的技师学院、技术学院等没有任何投入，而高技能人才培养所需要的先进的教学仪器、实验实训设备等仅靠学校自身积累解决，很难满足教学需求。另外，分配给陕西的国债资金中，技工学校每年只有 2—3 家，仅占全省技校总数的 1.5%。每年省财政投入 3000 万元专项经费用于职业教育发展，但承担全省技能人才特别是高技能人才培养 50% 以上任务的技工学校却分文未给。从企业内职工教育经费来看，能足额提取 1.5% 的企业为数不多，且真正用于一线技术工人培训特别是高技能人才培训的更少。

山东省的大部分技工学校主要依靠收取学费维持经费来源，没有大量的资金来更新设施设备，培训设施设备更新迟缓，造成培训能力弱、培训层次低，难以满足新工种、新技术、新工艺的培训需求。

四是社会投入动力不足。由于观念上的误区，人们宁愿花钱送孩子上大学、出国读书，也不愿意送孩子接受职业教育，造成社会对职业教育培训的投入甚少。另外，由于一些政策的限制，银行等金融机构不能或不愿意为职业教育培训机构提供贷款。

原因四：激励机制不健全

高技能人才能否脱颖而出，需要相应的激励机制。但从调查的情况看，目前高技能人才激励机制不健全。

近年，湖南省在建立和完善培训、鉴定与使用、待遇相联系的激励机制方面做了不少工作，出台了一些政策，但是政策措施不配套，尚未形成技能人才培养、评价、晋升、使用和待遇等方面相互配套和衔接的机制。企业在劳动用工及工资分配、福利待遇上未能充分体现从事技术工作的作用和技能人才的价值。造成高技能与专业技术人员、管理人员之间的工资待遇差距较大，高技能人才与普通技术工人的工资收入差距也不明显，不能体现技能水平的差别，尤其是在一些实行计件工资的企业，更是不能体现技能等级水平和从事工作的技术含量。在湖南省高技能人才座谈会上，有关人员调查了8位省级以上技术能手获得者的年薪，其中达到5万元的只有1人，2万—4万元的有5人，1万元左右的有2人。他们的带徒津贴只有200元/年·人，对进行技术改造给予的一次性奖励也只有200元。另外，由于制度性原因，机关事业单位与企业单位技术工人职业资格不能相互认同，湖南省技能大师彭中柱同志获得了劳动保障部门颁发的"高级技师"，但在其所在的事业单位中，只能享受人事部门评定的"高级工"工资待遇。

黑龙江一些加强高技能人才队伍建设的相关政策，由于种种原因一度难以落实。如关于技师、高级技师与工程师、高级工程师享受同等待遇的政策，技师、高级技师在养老、医疗等方面享受特殊待遇的政策，特别拔尖高技能人才享受正高级工程师待遇的政策等，都因为没有具体的操作方法而难以落实。再如关于企业工资要向高技能人才倾斜的政策，由于企业普遍实行的岗位工资、工时工资，难以体现工人的技能含量，高级技工从事简单劳动，技能优势难以发挥，也难以在工资中得到体现。

陕西大多数企业数十年来一直沿用的是按工龄、年限、资历晋升职业等级，企业内鉴定工作比较薄弱，有60%—70%的企业对高技能人才的评价和选拔工作没有开展或开展得不好。咸阳市技术工人持国家职业资格证书上岗率甚至还不到1/4。

原因五：培养机制不完善

目前，高技能人才培养机制不够完善，主要表现为：一是作为高技能人才培养的主要基地，技工学校的设施设备陈旧老化，培养规模小，高技能人才数量不能满足经济社会发展的需要。二是培养模式单一，培养质量不高，不能适应企业需要，一些职业院校的办学专业和教学内容与市场需求严重脱节，忽视了学生动手能力和创新能力的培养，造成许多毕业生不能及时就业或与所学专业不对口。三是各种教育培训机构在招生、收费、基建立项和银行贷款等方面不能享受同等政策，技工学校没有固定资金渠道，与职业教育经费、教育附加费更是无缘，民办职业培训机构由于没有明确的税费减免政策，仍需承担纳税义务。

山东职业教育与职业培训发展政策不平等，培养高技能人才的体制尚不顺畅。尽管中央和省明确技工学校是职业教育的重要组成部分，但由于体制方面的原因，技工学校与其他教育在很多方面难以一视同仁。高级技工学校毕业生难以享受高职毕业生待遇，一些地方招生生源也受到限制，享受不到教育费附加和其他职教投入。比较典型的如烟台市，现有 20 多所技工院校，其中地方政府办的学校多数没有列入政府财政预算，没有正常的经费保证。而其他职业院校都有财政拨款。烟台技术学院是全国知名的高级技工学校，其正常经费今年刚刚列了 500 万，而处于同一层次的烟台职业学院，每年经费达 1700 万元。

此外，在高技能人才开发方面，还存在着人才交流和保障机制建设方面滞后，缺乏推动高技能人才合理流动的有力手段和措施；高技能人才基础工作相对滞后，特别是在教材开发、师资队伍建设方面落后等困难。

有关人士认为，高技能人才开发不能只停留在空洞的口号上，只有扎扎实实解决一些具体问题，排除各种困难与障碍，高技能人才队伍建设才能出现新局面。

高技能人才开发在艰难中突破

全国人才工作会议召开后，各地对高技能人才工作日益重视，高技能人才开发列入了各地的重要议事日程。

首先，各省市对高技能人才开发工作重视程度不断加强。例如，黑龙江省委、省政府把高技能人才工作作为振兴东北老工业基地的重大战略举措加以部署和推动。他们多次召开省委常委会、省长办公会和省人才工作领导小组会议，听取汇报，研究解决问题。在省人才工作领导小组领导下，成立了黑龙江省高技能人才工作办公室，成员单位有劳动保障厅、人事厅、教育厅、发改委、财政厅、企业工委、科教办、中小企业局等，办公室设在劳动保障厅；建立了成员单位联席会议制度，定期研究推动有关工作。根据老工业基地振兴和经济发展的需要，黑龙江出台了《关于加强高技能人才队伍建设的意见》，在高技能人才评价体系、保障机制、待遇地位以及表彰奖励方面给予了明确规定。省劳动保障厅制定了《三年九万高技能人才培养计划》，提出了加强高技能人才队伍建设的"39330工程"（即力争通过3年努力，使高技能人才增加9万名，其中技师、高级技师增加3万名，中级技工增加30万名）和加快高技能人才培训基地建设的"21020工程"（即在全省组建2所技师学院、10所示范性高级技工学校、20个骨干名牌专业）。为实施上述计划，还制定了《关于进一步加快全省技工学校调整改革的工作意见》、《关于健全技能人才评价体系推进职业技能工作和职业资格证书制度的意见》等政策措施。

在人才培养模式上，各省市进行了许多探索。湖南省为了加快高技能人才的培养，实行了校企合作人才培养模式。校企合作可分为三种：一是行业企业主动与技工学校、职业院校联合办学，实行"订单式培养"。三一重工集团公司，先后与十余所学校进行联合办学，成立"三一班"，院校完全依据企业用人标准进行招生，按照企业要求设置专业和课程、选用教材和师资，学生到企业进行实践教学，培养学生实际技能。企业不仅对学校的整个教学过程进行全程监控，而且对毕业学生提出"择优录用、实现就业"的要求。二是学校依托行业，按照企业需要相对灵活地设置课程、执行教学计划和开展教学活动，实现"零距离"上岗。湖南工程高级技工学校按照行业岗位要求，构建具有行业特色的课程体系。在教学过程中，根据行业内各企业的需要，或先理论后实践，或边理论边实践，或先实践后理论。如遇到行业单位急需大批人才时，学校采取全班学生先去单位实习的方式，将理论教学和实践教学相结合，待学生有一定实践经验后，再上升到理论知识的学习。三是学校在设置和调整专业时，吸纳企业建议，建立合理专业评估机制，实行校内实践与校外实习相结合。湖南建筑高级技工学校以就业为导向，适应经济社会发展需要进行专业设置，同时充分听取企业专家建议，合理评估专业设置，及时调整专业设置和课程内容。在教学过程中，学校先行完成理论教学，然后按照岗位模块要求分段进行技能教学：在校内实践教学中，各实习或技能训练环节均配有专业教师指导，实习、技能训练课程尽可能贴近生产实际，通过实验、实训、现场仿真完成基本技能训练；在校外实习基地实习，采用师徒模式，由企业派师傅专人指导学生，让师傅评价学生实习成果。

江苏省实施了技师学院高端带动技工教育发展的高技能人才培养战略。目前，全省技工教育有 23 万在校生规模，其中有近 60% 学生集中在20 所技师学院，技师学院已成为高技能人才培养的摇篮。经过近两年的调整和资源整合，特别是根据市场和企业的需求改革办学模式，江苏省的学校培养高技能人才的模式呈现出了多样化、多层次的特色。出现了一批校企联合、校校联合、与民企合作甚至与国外院校合作办学的典型。同时，技师学院教学在与企业结合上也有了一些新的做法。如苏州市在培养不同级别人才时分别采用 3 + 1、3 + 2、3 + 3 和 3 + 3 + 1 的不同学制。江苏在校企联合培养高技能人才方面，也有了一些突破，如南京市公用事业技工学校，根据企业对技能人才需要，专门成立了人力资源派遣公司，这个公司成了企业与学校的一个桥梁，不仅承担学生的就业，同时，学校为毕业生建立了招回和托管制度；从这个学校毕业的学生，只要企业需要更新技能，就可以回来继续学习；这一方式为学校与企业建立一个长久的关系和技工的职业生涯发展铺设了一条通道。

山东省在推动校企联合方面，一是在推行"金蓝领"培训工程的过程中，探索建立了实行政府推动，企业培养，院校参与的"三元制"培养模式。政府根据经济发展对技能人才需求，选择部分职业工种，依照国家标准，制定培训大纲，依托高等院校、高级技工学校和大企业，对经选拔的企业一线的高级工进行集中培训。二是鼓励学校与企业联合办学，开展订单式培训，为生产一线直接培养技能人才。潍坊市诸城高级技工学校坚持"定向招生、定向培训、定向就业"的订单教育，走出了一条与企业无缝对接、与就业双向互动的市场办学之路。2003 年，该校还实行毕业生"召回制度"，承诺对毕业生跟踪服务三年。青岛技术学院与海尔集团联合建立"海尔家电学院"，实行教学外置。山东技术学院为济南钢铁公司建立"济钢班"，直接聘请企业教师进行针对性培养。部分高级技工学校还提出要将企业的技师带徒制引入学校的技师培养中，从企业一线的高级技师中聘任导师，建立技师培养的导师制。

在技能人才培养方面，许多省市特别注重技能大赛对人才培养的作用。据了解，目前职业技能竞赛已成为陕西省高技能人才选拔和加快成长的重要形式之一，得到了行业、企业和技术工人的普遍欢迎。2004 年，全省参加技能竞赛的职工达到 120 万人，占全省国有企业职工总数的1/3。通过比赛，促进了岗位练兵、岗位培训，选拔出了一批技术尖子，在广大职工队伍中起到了典型带动作用，产生了良好的社会影响。

从江苏的情况看，近年的职业技能竞赛极大地推动了学生学习技能和企业职工的岗位练兵的积极性，同时，政府和企业也以技能竞赛为抓手制定了很多奖励的政策。如江苏省文件规定对获得省级竞赛前五名选手授予"江苏省技术能手"，对获得省级竞赛前六名、市级竞赛前三名的选手由省颁发技师职业资格证书。2004 年，苏州市举办了主题为高技能人才培养与中国制造业前景的第二届"吴地工匠文化节"，集表彰了十佳蓝领、展示技能成果、开展职业技能竞赛、人才培养论坛、成立"大师工作室"等内容为一体的政策宣传发动活动，营造长三角地区技能人才高地舆论氛围，广泛吸引各地人才在苏州建功立业。

在激励机制方面，各省市对高技能人才的激励机制也逐步探索建立。陕西省规定，企业根据需要可设置"特聘技师"、"总技师"、"首席技师"职务，吸引、用好高技能人才，对用人单位聘任的技师和高级技师，可分别参照本单位工程师、高级工程师享受有关福利待遇。省劳动保障厅已向省政府建议，对确有突出贡献的高技能人才，由省高技能人才工作领导小组推荐申报"有突出贡献的专家"，申请享受政府津贴。西安市和咸阳市规定，对获得全国、全省、全市技能比赛第一名或授予技术能手等荣誉称号的，分别优先推荐国家和省市劳动模范，并由市政府给予一次性奖励。同时，对有突出贡献的技师、高级技师每三年评比表彰一次，由市政府给予一次性奖励。咸阳市对获得表彰的高级技工和技师，破格晋升为技师和高级技师，并享受每年 10 天的带薪休假。陕西的一些大型企业集团非常重视对高技能人才的激励，航空六院设立了特级技师，在企业内享受研究员待遇。一些企业提高技师津贴，兵工系统在集团内开展"关键技能带头人"评选活动，并给予每月 2000 元津贴。陕西鼓风机集团公司对高技能人才个人创设的操作法，以个人名义命名，并大加宣传。西飞集团积极推动持证上岗工作，对考取职业资格证书的给予奖励，目前公司内技术工人中98%已取得职业资格证书。西飞集团还将技师的生活福利等待遇，与工程技术、管理干部同等对待，技师月津贴达到300元。每两年评选一次有突出贡献的技术工人，除给予1000—3000元不等的奖励外，还可优先晋升技师或高级技师，优先解决"农转非"，优先解决夫妻两地分居问题。公司规定诸如关键岗位技术工人，收入水平比一般人员要高出50%以上，对完成技术传授任务者，按月奖励，有技术创新的可获得总经理创新奖。

山东不断优化激励政策，建立和完善政府津贴制度。一是省政府明确规定高级技工学校毕业生与大专学历人员同等待遇，技师、高级技师分别享受中、高级专业技术人员待遇。二是提高技能人才津贴标准，2002年经省政府同意，劳动保障厅、财政厅等4部门下发文件，率先建立了高级技能人才奖励制度（鲁劳社〔2002〕33号）。对获得"山东省技术能手称号"的人员，一次性奖励2000元，对"有突出贡献的技师"给予每人每月200元的政府津贴，享受3年。2004年，省委、省政府决定每年选拔100名首席技师，每人每月给予1000元政府津贴，享受4年。目前全省17个市也都据此建立了市级的评选奖励制度。省市两级已有540多人享受政府津贴。每年有1200多人享受省市政府一次性奖励。三是积极推动企业建立奖励制度。电力、冶金、机械、煤炭等行业的企业已普遍建立起技能津贴制度。近年来，山东逐步深化工资制度改革，引导企业在收入分配上向高技能人才倾斜。青岛市在劳动力市场，建立了数百个技术工种技能人才工资指导价位，指导企业合理确定技能人才的工资水平。企业普遍推行以岗位工资为主，根据技能等级和贡献大小确定收入的分配制度。部分企业对高技能人才采取了年薪制、协议工资等分配形式。部分企业开始探索在企业内部建立组合式的技能人才激励机制。济南钢铁集团总公司在工作中摸索出一整套技能人才激励机制。一是评选表彰一批"突出贡献技师"和"技术能手"。二是在月考核和年度考核的基础上，实行技能津贴制度。三是对特种作业人员实行关键重点技能岗位特贴制度。第一炼铁厂选择确定了9个关键重点技能岗位，167人试行岗位特贴制度，按岗位重要程度分为 7 个等级，最高每月补贴 1200 元，人均 462 元。四是对具备技师资格的人员实行竞争上岗。五是对技术革新项目的参与人员进行专项奖励，并对其中创造的先进操作法，以技能人才的名字命名。在济南机床二厂、青岛港务局、济南锅炉厂、省电建公司等企业也有类似的做法，效果比较明显。

在资金投入方面，各省市也不断加强。从 2004 年起，黑龙江省政府每年投入 1500 万元设立全省技工学校发展专项资金，劳动保障厅、财政厅制定了《技工学校发展专项资金管理暂行办法》。2004 年，在 10 个地市和 1 个省直单位的 18 所技工学校投入了 1000 万元的中央专项资金，加上配套资金 2416 万元、自筹资金 3000 万元及 2003 年国债资金 650 万元，全省在技工教育上投资已达到前所未有的 8566 万元。省劳动保障厅积极开展调查研究等基础工作，对全省技术工人队伍状况进行了摸底调查，开展了大规模的技能人才统计，建立了全省技术工人统计报表制度，初步掌握了技术工人基础情况。

江苏省级财政专门拨了高技能人才培养专项经费，在财政账户立了户头，用于高技能人才培养。江苏省委、省政府办公厅印发的《关于进一步加强高技能人才队伍建设的意见》中，明确了"城市教育费附加中用于职教的比例不少于 20%，其中不少于 20% 用于高技能人才的培训，重点建设高级技工学校和技师学院"。同时，2004 年劳动保障部门获准在财政立项了"高技能人才培养专项经费"和"紧缺型技能人才培养基地建设专项经费"，在省级财政的政策影响下，各地市在高技能人才培养工作中，也不同程度地获得了同级财政的一定支持。南京市 2004 年从再就业基金中专门划出了 1000 万元用于高技能人才培养，2005 年他们安排了更多的资金，支持高技能人才培养工作。

这些措施，对高技能人才的培养和开发，起到了积极作用。然而，同经济发展对技能人才的巨大需求相比，技能人才开发还面临着许多艰巨、复杂的任务。

奥运人才攻坚大提速

2008 年北京奥运会正向我们走来。

早在申奥成功之际，中国政府便庄重承诺，要把北京奥运办成人文奥运、绿色奥运、科技奥运，办成历史上最出色的奥运会。这意味着需要一大批高素质优秀人才的支撑。然而，奥运人才我们准备得怎样了？

奥运激活才市商机

奥运会是一项庞大复杂的系统工程，主办奥运会与参加奥运会完全是两个不同的概念，它不仅意味着体育竞技，更是涉及现代体育产业和体育商业运作的各个层面，包括体育市场、体育组织管理、体育财政、体育设施和场馆管理与规划、大型体育赛事的组织、体育赞助学、体育产品特许经营、体育法律、体育经济管理、运动医学、体育媒体、运动和体育休闲等诸多领域。奥运会与商业密不可分，也正因此，人们常用"奥运经济"这个词来形容它的商业属性，昭示它所潜藏的广阔商机。

从"奥运经济"这个名词，我们也可看出，奥运会对人才的需求，绝不仅仅是体育竞技人才。北京奥组委在其网站的人才频道上，建立了一个后备人才库，那里储备的人才分为项目管理、体育、外事联络、外语、新闻出版、大众传播、文化活动策划和管理、市场开发、建筑工程、工艺设计、环境工程、通信电子、计算机软件、法律事务、旅游管理、饭店管理、交通管理、餐饮管理、医疗卫生、金融财会、物流管理、信息管理、人力资源、监察审计、行政管理、理论研究和其他门类等 27 个专业门类。从上述专业门类的划分，我们也可大致了解奥运会对人才的需求状况。

2004 年 6 月 17 日，在北京奥组委人才招聘新闻发布会上，奥组委官员称，预计到 2008 年，北京奥组委共需 4000 多名奥运人才，而目前只有 256 名核心工作人员，人才缺口达 3000 多人，预计 2007 年将达到人才需求高峰。

3000 多人的人才缺口已经是不小的数字，但我们必须注意到，这仅仅是指直接为北京奥组委工作的人员。奥运会是个巨大的商业链，它将拉动与此密切相关的电子信息、环保产业、文化产业和旅游服务等产业的发展，给商业、旅游带来强劲的连锁效应，同时也带来众多的就业机会。

有关资料显示，1988 年汉城奥运会曾为服务业提供 16 万个就业岗位、为制造业提供 5 万个就业岗位、为建筑业提供 9 万个就业岗位。1992 年举行的巴塞罗那奥运会曾为该市增加就业人数达 8 万。2000 年的悉尼奥运会使悉尼的直接就业人数增加 45 万。2008 年北京奥运会将给我们带来多少就业机会？清华大学经济管理学院教授、经济学家魏杰认为，随着大量国内外资金进入北京，北京奥运将创造大约 200 万个就业机会，其中直接岗位就有 80 万个。

在就业形势严峻的今天，这确实是个鼓舞人心的消息。仅凭这一点，我们也没有理由轻视奥运经济。

奥运经济人才吃紧

目前，奥运会的场馆建设和相关配套设施建设正在紧锣密鼓进行，古都北京的奥运气息日益浓厚，奥运经济对人才的渴求也已显现。

在环保方面，按照规划，到 2008 年北京市区绿化率要达到 40% 以上，同时外围要构筑三大绿色生态屏障，总绿化面积为 100 平方公里。这将给绿色产业和绿色人才提供了巨大的发展空间。在基建方面，北京已启动 50 项环境和交通改造工程，到 2005 年形成城市环路体系和高速公路网络。北京将在几年内投资 130 亿元建设奥运会场馆。奥运村和相关工程的建设以及周边区域的综合治理和开发，需要大批高素质建筑规划师、设计师、监理师、房地产开发管理人员、物业管理人员以及工程建设人才。在北京一些机构里，不少人才已经在体验北京奥运带给他们的新机遇。

与奥运经济对人才的巨大需求相比，我们正面临着人才短缺的伤痛。

据中国物流与采购联合会人士分析，2008年北京奥运会物流价值将超过400亿元，但物流人才的职业化进程与市场需求差距甚远，物流专业人才奇缺已成为制约我国物流发展的重要因素。今后一段时期，除储存、运输、配送、货运代理等领域的物流人才紧缺外，相关的系统化管理人才，懂得进出口贸易业务的专业操作人才，电子商务物流人才，掌握商品配送和资金周转、成本核算等相关知识和操作方法的国际性物流高级人才将非常紧缺。

物流领域如此，别的领域同样人才告急。业内人士称，目前体育产业的每个环节都缺乏人才，其中最缺乏的是体育产业的高级经营管理人才，尤其是专业细分人才，人才缺乏与体育市场化程度低有很大关系。

奥运经济将给人才市场带来无尽商机。但谁来吃奥运人才这块大蛋糕？怎么吃这块大蛋糕？面对才市商机，政府人才管理部门、相关人才服务机构乃至广大人才，能否充分把握这一历史机遇？这是摆在我们面前一道紧迫的现实课题。

多方发力人才攻坚

奥运人才问题已经引起有关部门的高度重视。

笔者从国家体育总局了解到，2001年奥运会申办成功后，体育总局便及时研究了办赛与参赛工作的急需，将竞赛组织管理骨干人才队伍建设作为工作重点，迅速制定了《2008年奥运会竞赛组织管理骨干人才培养方案》，发动全系统各单位，开展了竞赛骨干人才的选拔推荐工作，已推荐102人作为培养对象。在最近推荐选拔高层次人才工作中，又推荐了52名竞赛管理骨干人才作为培养对象。

随着奥运会日益临近，奥运人才开发的攻坚战也不断提速。2003年，国家体育总局制定了《高层次体育人才培养工作计划》，提出用3～5年的时间，采取有力措施，培养和造就一支德才兼备、开拓创新、门类齐全、结构合理的高层次体育人才队伍，在举办2008年奥运会时发挥骨干作用。首批确定了329名人选作为培养对象和后备人选，下一步将按照培养计划采取有针对性的措施加强培养。为了加强体育产业经营管理人才队伍建设，体育总局初步确定了 34 名培养对象，采取与复旦大学联合举办体育产业方向 MBA 班、推荐人选参加清华—悉尼科大体育管理硕士学位项目学习、举办短期研修班等方式，加速培养。此外体育总局还采取多种措施，加紧培养高层次国际体育组织人才和体育外事人才。体育总局决心通过得力措施，选拔和造就一支熟悉奥林匹克事务、外语水平高、业务熟练，具有较强的体育竞赛组织管理能力，能够直接与国际体育组织进行良好沟通和交流，在 2008 年奥运会竞赛组织工作中起关键作用的高层次体育竞赛组织管理人才。

自从北京申奥成功后，世界的目光就聚集北京。作为 2008 年奥运会主办城市，北京也在加紧实施奥运人才攻坚战。在北京市制定的《北京奥运行动规划》中，专门列了"加强人力资源开发，为奥运会提供可靠人才保障"一章，阐述奥运人才开发构想。《规划》称："要充分发挥北京人才密集、国际交往活跃的优势，同时，发掘利用国内智力资源，引进吸收国外智力资源，为奥运会提供可靠的人才保障。加强人才培养。重点培养了解国际城市管理和经济管理规则、具有国际化眼光、能够直接与外国专家和专业机构交流的行政管理人才，熟悉国际体育和奥运事务、国际法事务、国际商务、国际金融和保险事务、国际电子信息技术、国际环保产业技术等方面的专门人才。"

记者从北京市人事局了解到，近年来北京市着力营造引才用才的好环境，从政策环境、舆论环境、生活环境等方面，为奥运人才开发铺平道路。2004年北京实行了"北京人才绿卡计划"，到 2005 年初已有 1.8 万多人领到北京"绿卡"。2005 年北京又出台了《关于鼓励和吸引优秀文化体育人才来京创业工作的若干规定》，至今已有近百人通过资格审查引进北京，为新奥运储备了尖子人才。2005 年 2 月，北京市举办了"北京交通与奥运"百千万人才工程学术论坛，邀请多名世界顶级专家为北京的道路交通规划与建设建言献策。北京市还面向海内外高薪招聘奥运经济政府雇员，年薪达 50 万元人民币。按照"新北京、新奥运"的要求，北京市下大力创新育才用才的新机制，突出抓好对全市公务员的英语培训、电子政务培训以及对非公经济组织人事干部的培训，使他们了解现行人才人事工作的方针政策，促进非公经济的发展，提高了为"新北京、新奥运"作贡献的决心和信心。

　　北京奥组委的人才开发工作也在加紧进行。在继 2002 年公开招聘后，2005 年 6 月他们再次向社会公开招聘工作人员，涉及管理岗位和技术岗位共 62 个职位。北京奥组会还在网站上长期开通"奥运人才"频道，建立后备人才库。希望到奥组委工作的人员可随时登录网站报名，北京奥组委将根据筹办工作需要和招聘职位的条件要求，按照招聘程序对后备人才库中符合招聘职位条件要求的人员，不定期地组织考试考核，择优聘用。

　　奥运人才开发是个庞大的工程。尽管有关方面采取了多种措施，与奥运经济人才短缺的现状相比，我们所面临的现实依然是时间紧、任务重，不可掉以轻心。

老区人才开发难在哪里

中国革命的星星之火是从老区点燃的，我们没有理由忘记老区。

近些年来，党中央、国务院对革命老区的发展极为重视。

2002 年 11 月 8 日，党的十六大报告提出："支持革命老区和少数民族地区加快发展。"

2004 年 3 月 5 日，温家宝总理在第十届全国人大第二次会议上指出，"国家继续采取措施，支持革命老区加快发展。"

2005 年 3 月 5 日，温家宝总理在第十届全国人大第三次会议上进一步强调："采取更加有力的措施，支持革命老区、少数民族地区、边疆地区和贫困地区加快经济社会发展。"

近一时期，国家有关部门开辟了"红色旅游"精品线路，这些都是促进老区发展的有力举措。

老区的发展需要人才，但由于种种条件的制约，老区人才工作却又面临着诸多困难。

在十届全国人大一次会议的一次小组讨论上，来自闽西革命老区的全国人大代表、龙岩市副市长张秀娟忧心忡忡地呼吁：老区考上大学的人不少，但是回来工作的很少，有的回来一段时间后又逐渐流向发达地区，人才流失十分严重。她说："建议对老区的人才给予一些特殊政策，他们的津贴由国家负责，也可以采取人到老区工作，关系允许放在发达地区的办法，帮助老区引进人才、留住人才！"

张秀娟的话给人们带来这样一个震撼：老区不应该成为被遗忘的角落，老区需要更多的关怀！

老区人才现状究竟如何？人才开发难点何在？在隆重纪念反法西斯战

争胜利和中国人民抗日战争胜利 60 周年之际，我们选择龙岩、临沂、赣州、遵义、百色、延安等六个较有代表性的老区地级市，组织了一次"老区人才"专题调研，试图了解老区人才的真实情况，洞察老区的困难，倾听老区的呼声。

脆弱的人才现状

因"遵义会议"而名扬中外的遵义市，地处贵州省北部，南临贵阳，北靠重庆，西部与四川接壤，现辖 10 县 2 区 2 市，国土面积 30762 平方公里，总人口 739 万。据遵义市组织人事部门的统计，至 2004 年底，遵义全市人才总量为 476485 人。其中党政人才达到 23514 人，事业单位管理人才和专业技术人才 94861 人，企业经营管理人才 3938 人。各类企业就业人员 335000 人，其中高技能人才 16000 人。农村实用人才 19172 人，占农村劳动力的 0.49%。这些数字同前些年相比，确实有较大幅度增加。

但尽管如此，遵义人才总量不足与人才分布不均衡的矛盾依然相当突出。从数量上看，截至 2004 年底，全市党政人才、事业单位管理人才和专业技术人才每万人中只有 156 人，远低于全国 487 人的平均水平，只占人口总量的 1.6% 左右，同国际通用的经济腾飞所需要的 7% 的人才密度标准相比，还有较大差距。从人才素质方面看，遵义的人才整体素质偏低，全市专业技术人才中初级、中级、高级的比例为 33:8:1，与国际上公认的 6:3:1 的理想比例差距较大。具有高级职称的只占专业技术人员总量的 2.1%，明显低于全国的平均水平。在人才分布方面，专业技术人才有 85.54% 集中在教育、卫生系统，而企业经营管理人才总量较少，仅占全市总人口 0.045%，企业经营管理人才的年龄呈中间大、两头小的特点，其中高级专业技术和管理人才几乎是空白。农村实用人才尤其是农业生产第一线的乡土人才奇缺，不少乡镇涉农站所缺少技术骨干。

遵义市面临的这些矛盾，在其他老区也同样存在。

改革开放初期，山东省临沂市人才总量为 18530 人，仅占人口总数的 0.24%。而今，临沂市现有总人口为 1008 万余人，人才总量为 25 万人，占全市总人口的 2.5%。人才数量占人口总数的比例上升到了 2.5%。每万人拥有人才由原来的 24 人提升到了 247 人。全市专业技术人才队伍的专业分布，由过去的 11 个系列发展到目前的教育、科研、工程、卫生、社会科学等企事业单位 35 个系列，初步形成了一支专业齐全、行业覆盖面宽、分布领域广泛的人才队伍。但同山东发达地区相比，临沂老区的人才形势不容乐观。

目前，临沂人才总量不足，人才结构不合理现象相当突出。从人才总量上说，临沂人才密度仅为 2.5%，低于山东省 5.7% 的平均比例。高学历层次比较低，研究生学历只占全市人才总数的 0.2%，低于全省 0.3 个百分点。研究生、本专科、中专及以下人数之比为 1:249:207，与全省 1:60:87 的比例差距较大。

在人才结构上，"三多三少"现象比较突出。一是党政机关事业单位人才较多，企业人才较少。有资料表明，外国专业技术人才大部分在企业，如美国在企业从事研究开发的科学家与工程师占其科技人才总量的 80.8%，英国为 61.4%。而临沂人才 70% 在党政机关事业单位，企业只占 30%。二是粗加工、小商贸等传统型人才多，与国民经济和社会发展密切相关的一些产业、行业人才较少，特别是经济发展急需的涉外经贸人才以及新材料、生物工程、微电子等高新技术人才奇缺。三是单一型、"大路化"人才多，复合型、拔尖型人才少。真正了解国际惯例、敢于搏击国际市场风浪的外向型人才尤为稀少；人才的国际化程度不高，特别是缺乏跨国经营人才、国际商务谈判人才、资本运作和风险投资人才、计算机软件人才、电子商务人才以及既懂现代科学又懂经济管理的复合型金融人才。职业分布也不尽合理。教育、卫生共有专业技术人才 111828 人，占 52%，相对多些；工业、农业共有 46804 人，占 22%，相对少些。

广西百色市是一个少数民族聚居地区，居住着壮、汉、瑶、苗、彝、仫佬、回等 7 个民族，少数民族人口占总人口的 87%。百色是"老、少、边、山、穷"地区，是全国 18 个连片贫困地区之一，所辖 12 个县（区）都是贫困县，其中 10 个是国定贫困县，2 个是区定贫困县。目前百色市人才资源（包括乡土人才）总量 73300 人，占人口总数的 2%（全国人口与人才之比为 27:1，广西为 36:1，百色为 50:1），均低于全国、全区的平均水平。

从增长速度看，2002 年底百色市专业技术人才 53727 人，比 1995 年的 50564 人净增 3163 人，增长 6.26%，平均每年增长 0.9%，同比低于全国平均增长 3.4% 的水平，更低于全区平均增长 4.04% 的水平。

从学历和职称结构来看，在全市人才资源总量中（不包含乡土人才）：研究生 168 人，占 0.23%；本科 5849 人，占 7.98%；大专 23139 人，占 31.57%；中专 32890 人，占 44.87%；高中及以下 7764 人，占 10.59%。可见，百色市人才队伍中，文化素质偏低，大学本科以上学历的偏少（国民教育的本科更少），中专学历所占比例大，高中及以下的学历也还占有相当高比例。

从地域和行业分布来看，也极不合理，在地、县级的人才占 93.42%，而在乡镇一级的人才只占 6.58%；工业、建筑、交通等系统的专业人才 9855 人，占总数的 12.22%，工交口的人才资源占的比例明显偏低，而撤地设市后，百色经济战略重点之一是发展工业特别是铝工业，以工业兴市、工业强市，把工业、城建、交通等放在优先发展地位，因此，百色大工业的人才资源比较紧缺。

福建省龙岩市是我国著名的革命老区，毛泽东等老一辈革命家曾奋战在这里，留下了"红旗跃过汀江，直下龙岩上杭"的诗句。据调查，近年来龙岩市人才资源总量逐年增大。到 2005 年上半年，龙岩市人才资源总量为 87401 人（含非公企业），比 2000 年的 72188 人增加了 15213 人，同比增长 21.07%。其中各类专业技术人员 66474 人（含非公企业），比 2000 年的 57147 人增加 9327 人，同比增长 16.32%。同时，高层次人才数量也稳步增加。到 2005 年上半年，全市有高中级专业技术职务人员 19578 人，比 2000 年的 15752 人增加了 3826 人，同比增长 19.54%；具有高级职称人数 2956 人，比 2000 年的 1734 人增加了 1222 人，同比增长 41.34%。全市现有享受政府特殊津贴的专家 34 名，共评选出 117 名市管拔尖人才，177 名市管优秀青年专业人才。

但龙岩的人才存量仍不适应当地经济和社会发展需要。目前，龙岩市人才资源总量仅占福建省人才资源总量的 5.6%；平均每万人口拥有人才资源量 302 人，比全省平均水平（450 人）少 148 人，比全国（470 人）少 168 人。全市各类专业技术人员占全省各类专业技术人员总量的

7.66%，平均每万人口拥有各类专业技术人员 268 人，较全省平均数（302 人）少 34 人。

在人才队伍结构方面，全市各类专业技术人员中，具有大学本科及以上学历的 9220 人，占 12.1%，比全省低 5 个百分点；在技术职务结构方面，高、中、初级结构比例为 1∶8.6∶21.7，逊于全省的平均结构比例 1∶5.6∶14.9，与国际通行的 1∶3∶6 的结构比例差距更加明显。在人才资源分布结构方面，现有的高中级人才分布不合理，大部分在教育、卫生系统，工程技术人员仅占 15.5%，农业技术人员仅占 3.9%，乡镇企业中几乎没有。高层次人才尤为匮乏，各类专业技术人才中高级职称人才仅占专业技术人员总数的 2.9%，特别是学科技术带头人数量相对不足，行业、专业权威人才较少，享受国务院特殊津贴人员虽然有 34 名，但有 21 名已经退休，且至今还没有一个国家有突出贡献的专家和"百千万人才工程"一、二、三层次人选。高新技术、支柱产业、重点工程、新兴产业等领域所需的高级人才极为缺乏。技能型人才占企业职工队伍的比例偏低，全市 9.5 万名企业职工队伍中，技术工人持有国家职业资格证书的有 1.9 万人，占企业职工总数的 20%，但技师、高级技工 2000 人，仅占企业职工总数的 2.1%。

革命圣地延安地处黄土高原丘陵沟壑区，全市辖 1 区 12 县，167 个乡镇（街道办事处），总面积 3.7 万平方公里，总人口 208.8 万人，其中农业人口 155.8 万人。据统计，截至 2004 年底，延安市有各级各类人才约 127228 人，其中机关党政人才 12978 人，占延安市人才总量的 10.2%；专业技术人才 52190 人，占 41%；企事业单位管理人才 21283 人，占 16.7%；技能人才 25177 人，占 19.8%；农村实用人才 15600 人，占 12.3%。同 2000 年相比，延安的人才总量有所增加。但目前的人才队伍状况仍存在不少问题。

其一，人才结构不合理。从层次看，人才主要集中在事业单位，占人才总量的 58%，技能人才和企业管理技术人才比较少，分别占 7.6% 和 5.7%。从地域看，乡镇和农村人才匮乏。从职称看，高级以上职称人员特别少，总量仅有 1502 人，占 1.8%。从行业分布看，主要集中在教育卫生这两大行业，占专业人员总量的 72.4%，新兴产业和企业的专业技术人才比较少。从区域分布看，市直部门的专业技术人才总量要高于县区2倍多，副高以上职称人员要高于县区7倍多，延安市宝塔区所拥有的专业技术人才比其他县的平均拥有量多1300多人。

其二，高层次人才严重短缺。目前，延安市共有陕西省有突出贡献专家、中青年专家和享受政府津贴人员50人，占陕西省总量的2.1%，且有30人为退休、退居二线人员，年轻的高级人才十分紧缺；专业技术人才总量占不到陕西省的4%，其中高中级人才约占全市专业技术人才总量的2.9%左右，比全国平均水平低2.8个百分点。目前，全市研究生总量只有205人，其中绝大多数是通过在职教育取得的学历，实际有学位人员非常少。

在艰难中突围

1998年12月5日，《闽西日报》刊发了《龙岩市专业技术人员晋升高级职务公示办法的暂行规定》。《规定》称，为提高专业技术人员职称评审工作的公开性、公平性和公正性，确保职称评审质量，决定对拟晋升高级职务的专业技术人员，在提交市职称改革领导小组审议通过之前，将其姓名、所在单位、晋升方式及拟晋升的专业技术职务，按不同的系列和专业，分期分批在《闽西日报》公示。公示时间从报纸公布之日起10天，公示期间，对被公示对象存在不适合晋升专业技术职务的问题，欢迎广大干部群众认真负责、实事求是地向市职改办反映。对核实确有问题的，提交审议时应视情节暂缓晋升，直到取消晋升资格。

时隔不久，12月20日，第一批晋升中学高级教师的名单在报纸上公布了，同时登在报纸上的还有市职改办的举报电话。

一石激起千重浪。许多读者手捧报纸奔走相告：龙岩的职称工作改革动真格的了！

闽西建设需要人才，但作为老区，要想大规模从外面引进人才，难度很大。关键还得盘活现有人才资源。对于专业技术人员而言，职称既是一种人才评价手段，在待遇方面又有非常切实的意义。稳定专业技术人才，职称工作无疑是个"杠杆"，把握住这个"杠杆"，就能收到"四两拨千斤"的效果。

过去一段时间里，一些专业技术人员对职称评审有意见，矛盾的焦点集中在"公平、公正"上面。有的人成绩突出而无法晋升，感到遭受了不公正待遇，灰心丧气，离开了闽西，有的人虽仍在原单位，积极性也大受影响。搞好职称工作，发挥杠杆效能，关键是要做到"公平、公正"。

以往，在职称申报推荐阶段，由于缺乏量化标准和民主监督，不少单位在谁上谁下这一问题上，经常争吵不休。有的单位领导不看实绩，只讲亲疏好恶，个人说了算。有的申报对象不惜手段，伪造材料，以图蒙混过关。这种无序现象极大地败坏了社会风气，严重挫伤了广大专业技术人员的工作热情。为从根本扭转这一局面，龙岩市人事局建立了量化申报推荐制度，并率先在专业技术人员最为集中，矛盾最为突出的全市中、小学（幼儿园）全面推行。

量化推荐制度的主要内容是：以县为单位统一标准，将教师晋升高一级职务的条件，细化成为 9 个大项、20 多个小项，根据可操作性原则确定量化内容，逐项进行打分。分数达到规定标准才有资格申报，否则无资格申报。这样，谁能上谁不能上，差距在哪里，大家一目了然。学校组成推荐小组，以自报公议的形式，通过量化将参评人员排出高低顺序。为了避免造假，量化结果须在校内公开展示 3—7 天，全面接受群众监督。然后根据上级下达的职数，按量化结果从高到低等额推荐。

这个制度出台后，正好碰上中学高级教师开评。某中学有位女教师想申报，但量化考核标准里有一条：申报高级职务必须当过三年班主任。这位女教师没有当过班主任，按规定不具备资格。她跟校长联系，把学校存放的考核表借出来，进行造假，谎称当过班主任。校长开始很为难，后来考虑到她丈夫是教委的一位领导，只好勉强同意了。量化结果公开展示后，一些老师感到奇怪：我在这所学校待十多年了，印象中这位女教师并没有当过班主任，她怎么会有这项分值？

举报信很快飞到了市人事局。人事局进行调查，查出了女教师造假的情况。女教师的申报资格被取消了。人事局通报了这起事件，并请市教委、区教委给该校老师重新打分，把结果向老师们公布。当宣布处理结果时，老师们报以雷鸣般的掌声。

量化推荐制度迅速得以推开。龙岩7个县（市、区）的中小学（幼儿园），无论是晋升小学高级，还是晋升中学一级和中学高级，均全面落实了这一制度。职称评审从第一关就已变得公正。

确保职称工作的公平、公正，评审关是一个重要关口。

为了把好这一关，龙岩市人事局结合当地实际，分别制定了职称评审五项配套制度，下发全市。

一、实行流动评委（专业组成员）制度。按规定，评委会一届两年，每年评一次。以前，有的申报者探听到谁是评委，开评之前想方设法找到评委，请求关照。评委们为此深感苦恼。现在，在评委会（专业组）组成人员名单严格保密的基础上，规定每个中、高级的评委会应由30名左右的评委组成，设立专业组的每组应由10—15人组成，并将上述人员分成A、B两组。在评委会届期内的二次开评中，分别让A、B两组人员轮换出评。由于人员保密加上实行轮换，有效地防止了申报者事先找关系、讲人情，杜绝了影响公正评审现象的发生。

二、实行封闭式评审制度。规定每次评委会开评前，只能提前半天至一天的时间通知评委到会，开评过程中做到人员、时间、地点"三集中"，连续开评，一气呵成，不中断，使评审工作最大限度地减少外界干扰。

三、实行代表作量化密封制度。申报者其他硬件指标达标后，代表作就是影响评审的主要因素。而代表作的优劣，往往仁者见仁、智者见智，写评语时随意性较大，模棱两可、似是而非。有些评委知道文章的作者，评判时还出现人情观点。实行量化密封制度，把送审的代表作一律将单位、姓名予以密封，防止了人情交易。

四、实行评审签名负责制度。谁签名谁负责，避免评委不负责任。在专业组对每个参评对象进行综合评议时，最后的综合评价意见也得由专业组长签名。这种做法，把责任落实到人，使每位评委和专业组成员倍感责任重大，进而更加认真负责地把好评审关。

五、实行责任连带制度。无论评委、专业组成员，还是职改办人员，都应坚持原则，实行谁盖章谁负责，谁出问题谁负责的办法，谁徇私舞弊、弄虚作假、泄露机密等，就取消其参与职称评审工作的资格，并按

《国务院关于国家行政机关工作人员的奖惩暂行规定》予以严肃处理。

这些评审配套制度的建立和实施，有效地制止了评审过程中存在的各种弊端，有效地维护了职称评审的严肃性和公正性，保证了评审质量。

职称评审改革在龙岩65000多名专业技术人员心里激起阵阵涟漪，人们心气顺了，工作积极性大大提高。一些学校校长欣喜地说："当班主任比较辛苦，以前一些老师不愿当。现在因为参评资格里有一条：必须当过三年班主任，老师们争着当。学校好管理了。"

我国的老区大部分属于农业市县，各地从当地实情出发，大力培养乡土人才，使乡土人才开发工作成为老区人才工作的一大亮点。

龙岩市是个农业大市，全市286万人口，农业人口243万，占85%。根据这一基本市情，龙岩市委市政府早在2001年就审时度势地提出了"农业稳市、工业立市、科教兴市"的战略决策。近年来，龙岩市高度重视农村乡土人才开发工作，把它作为实现农业稳市的重要依托和人才资源开发新的增长点，纳入人才发展战略，全市广大农村涌现出一大批"土专家"、"田秀才"和其他各类乡土人才，形成"培养一批能人，带动一方百姓，搞活一片经济"的人才效应，为龙岩农村经济的发展插上了腾飞的翅膀。

过去，农村乡土人才自生自灭、各自为战、管理无序。如今，龙岩市把"田秀才"、"土专家"纳入政府管理范围，各级人事部门对人才的服务延伸到农村经济和农村乡土人才。该市各县（市、区）均制定了乡土人才选拔管理办法，规定了乡土人才选拔的对象、范围、条件，以及选拔程序、管理制度和享受待遇。近年来先后为6467名乡土人才评定了技术职称，使其得到社会认可，体现人才价值。永定县还制定了《县管拔尖人才、优秀青年专业人才和乡土人才管理若干规定》，明确把乡土人才与拔尖人才和优秀青年专业人才一同纳入党委人才工作的管理、服务和协调范围。对评选出的县管乡土人才，实行滚动式管理，并对入选者给予1000元奖励，对乡土人才创业实行优惠政策等。连城县做好拔尖乡土人才的选拔表彰工作，激励各类优秀乡土人才脱颖而出，更好地为当地改革开放和经济建设服务。

为发挥乡土人才群体优势，永定县组建"农民讲师团"，聘请300名各行各业有一技之长、口头表达能力较好的乡土人才为农民讲师，组织农民讲师开展科技下乡活动，为广大群众传授农村实用技术。全市还组建25个农村科技服务组织、农民技术协会，如裕农协会、惠民协会、生猪产业协会、"六月红"芋子协会、红柿协会等，这些组织、协会基本由乡土人才组成。据统计，全市各类协会组织共吸纳各类乡土人才达2000余人，他们充分发挥专业特长和技术优势，服务农村社会，促进资源共享，在这些人才的辐射、示范、带动下，形成了大量的各类专业村、专业户。

管理的创新，给乡土人才工作带来生机勃发的局面。目前，乡土人才已成为闽西农村的致富带头人。一些乡土人才通过不断创新传统农业经营体制和经营方式，采取"能人 + 农户"、"公司 + 农户"的经营形式，延长产业链，推动了产业升级，给传统农业带来新的生机，乡土人才形成的大户经济正在成长为农业产业化经营新的生力军。

近年来，龙岩市积极鼓励一大批头脑灵活、市场意识强、信息灵通的农村经济能人和种养大户跳出农门，专搞农产品营销，发展现代物流，涌现出一批以流通服务为主的乡土人才——农民经纪人，他们产前抓信息、跑订单，产后抓营销，成为农村社会化服务体系中的骨干力量。这群农民经纪人队伍经过多年市场风浪的洗礼，积累了丰富的流通经验，有较强经营活力，通过他们的努力，使相当多种植户融入社会分工协作体系，融入市场体系，实现了山区农业与市场的对接，有效缓解了农产品销售难的问题。据了解，永定县仅从事红柿营销的农民经纪人就达400余人，年经营额在30万元以上的有100余人。

2003年，贵州省遵义市开展了全市拔尖乡土人才表彰活动，表彰45名优秀拔尖乡土人才。据调查，遵义各县、区（市）都把乡土人才开发列入重要议事日程，成立了以县、区（市）委、政府分管领导任组长，相关单位负责人为成员的农村乡土人才资源开发领导小组，从而形成了党委政府领导牵头、人事部门协调抓总、相关部门密切配合、齐抓共管的领导机制和工作机制，有力地推进了农村乡土人才资源开发工作的蓬勃发展。

遵义在全市推行典型带动战略，每县确定2—3个重点联系乡镇，每个重点联系乡镇确定5—8个重点联系村，在政策上重点倾斜、资金技术服务上重点扶持，强力推进农村乡土人才开发工作。全市已建立乡土人才重点联系乡镇41个、重点联系村138个。

为了提升农村乡土人才的整体素质，遵义市围绕农村产业结构调整和农村经济发展的需要，围绕种养殖业和高产、优质、高效农业发展，针对乡土人才文化偏低、接受教育面窄、系统学习机会少的状况，充分利用地方农校、农广校、乡镇各涉农站所的师资、技术和设施，开展应用性、技艺性培训，着力培养了一大批"用得上、留得住"的各类农村急需乡土人才。2000—2004年，全市共组织绿色证书培训1157期、85097人，颁发证书45730人；培养具有大专学历的农村乡土人才538名、中专学历的3088名。

除了乡土人才，不少老区市县在盘活、引进高层次人才方面也做了大量工作。江西省赣州市积极组织专家投身经济建设主战场，十多位专家深入瑞金、兴国、上犹等地为企业经营开展决策咨询，20多位专家分别从工业、农业、教育、文化、卫生等角度向市委、市政府建言献策，其中李书恺专家提出的"关于对章江水轮泵大坝进行改建"的建设得到市委、市政府主要领导同志的重视。

广西百色借助西部大开发的东风，制定优惠政策，积极引进高素质急需人才。近年，百色从自治区有关部门引进80多名科技人才到县区任副书记、副县长，引进了各类人才122人（其中平果工业园引进102人，田林纸厂引进12人，田阳百色特色农业科技示范园引进10人），聘请高级专家6人。

在刚性引进的同时，百色从老区实际出发，更加重视柔性引才。近两年，百色分别与中国科学院广州分院、福建农林大学签订了技术合作意向书；市农业、科技部门和企业以项目的形式与8个教学科研院校签订了12个合作项目协议，从而达到引才引智引资建设广西特色国家农业科技示范园区的目的，同时也为专家在百色创业建功创造条件。百色还聘请包括中组部博士服务团在内的41人作为经济科技顾问，请他们帮助当地抓管理、实施开发项目，对本地人才进行培训，带徒学艺。2004年又与16名全国有名的专家教授、8名博士生建立了长期联系和合作关系。

这些探索和实践，对打破老区人才工作困境，起到了积极作用。

人才开发面临多重制约

这些年来，尽管各地老区采取许多积极措施，加紧进行人才开发，但老区人才工作还是面临诸多难点。然而，是什么造成老区的人才困境？老区人才工作究竟有些什么难点？这是我们深为关切的一个问题。

从调查了解的情况看，老区人才工作面临着以下几个难点：

难点一：人才观念滞后。在一些老区，人才资源是第一资源的理念还没有在全社会真正树立起来。以人为本的人才观念尚未建立，有些领导干部对人才工作的重要性、紧迫性认识不到位，或仅停留在口头上。老区由于经济落后，人才使用机制、激励机制不健全，人才的作用往往得不到充分发挥，人才工作与经济建设往往出现脱节，这也使得一些人找到了轻视人才工作的理由。一位在老区某市市直机关工作的人士说："层次太高的人才，来了也用不上。因为这里限制人才发挥作用的因素太多了。相对而言，我们更缺的是项目、资金。领导对人才工作的重视程度也远远不够。一说起跑资金跑项目，他们兴致勃勃，对于人才工作，往往停留在口头上。"

一些民营企业主则存在"有钱就有人才"、"人才市场上有的是人才"、"现在大中专毕业生就业难，不愁人才不上门"等观念，不舍得投入资金与感情去培养人才。因为骨子里对人才不重视，他们自然也不可能拿出强有力的措施，凝聚人才。观念的滞后，致使人才流失加剧。

就人才本身而言，观念也存在问题。目前在人才队伍中，"官本位"思想、"专业优则从政"的价值取向还普遍存在，不少青年科技专业人才在取得学术成绩后，把主要精力置于争取行政职务或往行政职能的单位调动上。也有的年轻干部认为，"关系"比"能力"更重要。不少人不甘心长期在专业技术岗位上工作，总想谋个一官半职，一旦心愿未能实现，就心怀不满，人心思动。

难点二：人才外流严重。老区作为欠发达地区，经济社会的发展原本需要大量人才。但恰恰由于经济落后，人才环境较差，人才却又大量流失，造成恶性循环。老区脆弱的人才队伍状况，与人才流失率居高不下是分不开的。

据山东省临沂市人事部门的统计，临沂人才流失主要表现在两个方面：一是人才进出比例失调。据不完全统计，1979—2002年，全市调出人才为3933人，调入为2200人，出入比为2∶1，而且调走人员层次都比较高。二是本专科以上毕业生返回率低。临沂的基础教育很发达，政府每年拿出财政收入的一多半投入中等以下教育。高考升学率一直很高，但因为经济发展落后，大学生毕业"回头率"很低。据了解，临沂市每年被录取的本科生在6000人以上，而毕业后回临沂工作的却不到招生数的1/4，如2000年回到临沂安置的本科生仅有1200多人，约占招生数的20%，专科毕业生返回率大约在75%左右，研究生返回率仅在20%左右。结果是基础教育越发达，人才流失越严重，老区经济越落后。

据江西省吉安市人事部门的统计，1990—1996年，吉安各类专业技术人员流出人数高达2092人，而流入吉安的人才仅261人，流出与流入之比高达8∶1。人才流失最直接的原因，正是吉安的经济发展落后。这似乎使吉安陷入一个恶性循环：经济落后导致人才流失，人才流失致使经济更落后。

龙岩市的人才流失呈现高层次化、加速化的趋势，主要有以下几个特点：一是人才外流数量呈逐年增加之势。二是外流人才中高学历、高职称者居多，且多为部门、单位的中坚骨干力量。三是外流形式从单个分散外流向群体批量外流转化。1999—2004年专业技术人才流往市以外就达982人，而且呈逐年上升趋势。1999—2003年大专以上毕业生有43271人，回原籍（含待业）的有16826人，仅占38.89%，特别是一些高学历、紧缺专业的本科生回龙岩工作更少，如永定县近六年没有一个医学专业的本科生返回原籍工作，连城县近五年没有一个农学专业的本科生返回原籍工作。

遵义市提供的材料也显示，由于经济落后，遵义市引进人才难度很大，有限的财力难以吸引急需人才，人才流失现象较为严重，近两年每年都有一些高素质人才如会计师、律师、优秀骨干教师、博士生等到贵阳及其他发达地区。

延安的情况也表明，受自然条件等诸多因素限制，延安市要真正引进高级人才是十分困难的。一方面，引进人才的环境条件还不够成熟；另一方面，国有企业普遍处于倒闭破产境地，非公有制经济组织发展还比较缓慢，企业在引进人才中的主阵地作用难以发挥。

难点三：人才环境欠佳。政策环境方面，近年来老区虽然出台了一些引进人才、盘活人才的优惠政策，但受财力不足等因素影响，这些政策与发达地区相比，缺少吸引力，无法形成竞争优势。据了解，龙岩市近年来出台了不少人才优惠政策，但与广东、深圳和泉州、厦门等周边省市相比，吸引力不够，在人才竞争中处于劣势。事实上，除了龙净公司、紫金矿业公司等部分规模较大企业外，真正参与引进人才并获益的企业不多。

科研环境方面，老区许多市县科研经费严重不足。2003年延安全市科研三项费用为726万元，占同期地方财政总收入20亿元的0.36%，占财政总支出32亿元的0.22%，远远没有达到国家规定的1%的比例，特别是一些困难县，科研经费难以保证。目前，全市通过国家科技部验收合格的县只有4个（志丹、安塞、宝塔区、洛川）。

用人机制方面，制约人才发挥作用的体制和机制性障碍还比较多，也是老区人才环境欠佳的重要方面。这种状况导致了人才学非所用、用非所长的现象。在一些老区，部分单位思想观念不解放，缺乏识才的慧眼、爱才的感情，机关事业单位没有建立起能上能下、能进能出的机制，再加上公平竞争机制、人才价值实现机制，社会化评价机制不健全等原因，使部分优秀人才感到报酬不合理、人际关系紧张、无法实现自我价值，存在着既人才缺乏，又人才闲置的现象。

舆论环境方面，对优秀人才的贡献、先进事迹等宣传还不够，造成公众不了解优秀人才的作用和成就，挫伤了优秀人才的创业热情，影响了他们的价值取向。吸引人才的载体方面，机关、事业单位由于编制限制，进入的空间和容量较小。

在吸引人才的主体——企业方面，重点行业不突出、支柱产业无规模。以龙岩市为例，尽管龙岩正努力培植发展高科技企业，但劳动密集型企业居多，资金、技术密集型企业较少，企业有研发中心的为数不多，对高级专业人才需求不大，由此导致对高层次人才的吸附、承载作用偏低。

人才市场发展缓慢，人事代理制度不够完善，影响着老区的人才市场化配置。目前百色人才流动处于"有市无场"状态，直到 2004 年末，全市 12 个县区和市级均没有建立人才市场，所需人才进不来，需要出去的人才出不去。

难点四：管理机制不顺。目前一些地区，组织、人事、劳动等各部门虽有明确分工，但与相关行业主管部门的责、权、利没有明确的区分，尤其是在非公有制企业人才管理上相互协调沟通少。企业作为人才开发的主体，积极性没有得到充分发挥，普遍缺乏人才规划和人才引进的具体措施。人才市场的中介作用还没有得到充分发挥，进入市场的人员单一且层次较低，高级管理人才和企业家没有"入市"。在培养和选拔精通经济和法律、适应国际国内竞争需要的高级经营管理人才方面办法不多，渠道不畅，经费不足。

老区的建议与呼声

在本次调研中，不少地方对如何进一步支持老区人才开发提出了意见和建议，现摘编如下，供有关部门和广大读者参考。

龙岩市委组织部、市人事局建议：

1. 建议加大对老区工资政策的倾斜力度，建立老区津贴制度，逐步提高老区各类人才的工资水平，建立有利于老区留住人才、吸引人才的收入分配机制。

2. 建议在经济发达地区建立若干个人才培训基地，通过委托代培、联合办厂、对口帮扶等形式，培养老区特色产业人才。同时在老区建立人才培训基地，其建设经费由省里适当补贴一部分。建立老区中高级人才到省有关科研单位、高校进修制度，加大选派老区干部到省直机关和经济相对发达地市挂职锻炼工作。

3. 建议每年由省委省政府拨出一定的经费给老区人才开发基金，并列入省财政预算，主要用于人才培训基础建设、人才引进资金等方面。

4. 进一步制定人才向老区聚集和服务的政策。如制定全省优秀人才到老区对口服务政策；建立省直有关单位与老区挂钩、对口支援制度，有针对性地组织各种专家以各种方式为老区服务，加大校地、校企"专家服务团"和组织"老区专家行"活动。

5. 把老区人才开发列入全省人才发展战略，对老区在政策、项目、资金等方面给予适当倾斜。如在研究技术职称评定、科研项目申请、引智项目申报、优秀人才评选方面，给予倾斜。

百色市人事局建议：

1. 国家加大对西部市、县两级人才市场的投入，重点是基础设施建设和网络建设投入。制定全国统一规范的人事代理法规。

2. 国家尽快制定出事业单位人事制度改革配套文件，即养老保险、分配、未聘人员安置办法等。

遵义市委组织部建议：

1. 应有较为配套的政策倾斜来稳定老区现有人才。建议在"效率优先，兼顾公平"的前提下，改善老区各类人才特别是专业技术人才的工作、生活条件，加大对老区工资政策的倾斜力度，逐步提高各类人才的工资水平。

2. 西部地区特别是贵州这种欠发达地区，地方财政资金比较紧张，有的贫困县保人头工资都比较困难，为此，建议中央有关部门设立西部地区人才资源开发资金，帮助西部地区搞好人才资源开发。

3. 建立和完善东西部人才扶贫机制，加快人才资源开发进程。一是加强东西部干部交流；二是由中央有关部门牵头，协调东部有关省市发挥人才智力资源优势，对西部贫困省区实行对口人才扶贫。

4. 实施西部地区人才培训工程，将人才培训经费列入国家预算，侧重对专业技术人才和农村实用人才进行培训。

5. 帮助西部地区引进人才。建议国家出台鼓励各类人才到西部创业发展的优惠政策，如把入黔干部视为入藏干部对待，对自愿到西部工作的中直机关、东部地区干部，制定包括政治、经济等待遇的特殊优惠办法，完善配套后续管理制度，以解除他们的后顾之忧。

延安市委组织部建议：

1. 国家在人才政策、财力等方面应给予西部地区更多的倾斜和扶持。

2. 应进一步加强西部地区人才培养力度。

3. 在科技项目评审、人才奖励等方面应给西部地区一些优惠政策，放宽条件，以鼓励各类人才工作的积极性和创造性。

银发人才能否老有所用

令人不安的资源闲置

据统计，目前我国 60 岁以上的老年人口已有 1.1 亿人。早在 2000 年，老年人口占总人口的比例就已达到 10%。我国已开始进入人口结构老龄型社会。专家预测，到 2040 年，人口老龄化将出现一个高峰期，届时每 4 个人中就会有一位老年人。

在这日渐庞大的老年群体中，潜藏着一支老年人才队伍。有关资料显示，截至 1995 年底，我国离退休的专业技术人员已达 340.5 万人，其中高级专业技术人员 57.5 万人，中级专业技术人员 150.6 万人，初级专业技术人员 132.4 万人。随着人口结构进一步老龄化，这支老年人才队伍不断壮大。目前，在职的 145.8 万高级专业技术人员中，55 岁以上的有 60.4 万人。到 2000 年，60 岁以上的高级专业技术人员已超过 100 万人。由于不可抗拒的规律，他们在人生旅途中迈出了凝重的一步：离开工作岗位，加入离退休行列。近年来由于就业形势严峻以及许多单位实行用人机制改革，一大批不到退休年龄的人纷纷提前退休，使离退休人才群体进一步庞大。

这些信息表明，老年人才已经成为我国人才资源中不容忽视的重要组成部分。

然而，一个严峻的现实却令人忧虑：我国一方面人才短缺，另一方面又人才严重浪费。特别是众多的老年人才，离退休后英雄无用武之地，才干得不到施展和发挥。许多老年人不同程度患有离退休恐惧症，他们不仅担心离退休后待遇的变化，更为闲在家里无所事事而烦恼。

各种现实警醒我们，面对着社会发展迫切需要人才，而人才总量却又严重不足、人才资源分布结构不甚合理这一严峻现实，我们有必要从战略的高度，深入思索一个新的历史性课题：如何开发、利用好老年人才。

从调查情况看，大多数人离退休之后，在 60—69 岁这一年龄段，身体尚好，有继续工作的能力，也有继续工作的愿望。在一些地方举办的老年人才交流洽谈会上，老年人求职十分踊跃，甚至一些年近八旬的老人，也在热切地寻找发挥余热的机会。由于老年人有丰富的实践经验和社会阅历，与年轻人才相比，有其独特的优势，完全可以形成优势互补，为社会发展做出更多的贡献。

开发老年人才资源，并非虚无缥缈的主观臆想，而是完全切实可行的。

近几年，一些有远见的省市已经瞄准老年人才资源，并着手进行开发。

早在 1986 年，北京市人事局成立了离退休人才开发中心。十多年来为 4 万余名离退休各类专业人才提供了施展才华的舞台，为 7700 多个事业单位输送了急需的专业人才，同时也为自身的发展创造了一定的经济效益。

1993 年 7 月，哈尔滨市人事局创办了全省首家退休人才市场，成立仅三年时间，就接待 3160 多名求职退休干部和 146 个用人单位，成功地推荐 670 多名离退休干部，为他们找到了合适的工作岗位。此后，黑龙江省 6 个市 14 个县也陆续建立了退休人才市场，共接待离退休干部 3 万多人次，有近四千名退休干部走上了工作岗位。

深圳是个年轻的城市。然而，由于早些年到深圳的专业技术人员，如今已逐渐到了退休年龄，这里的退休人才也在不断增多。为了充分开发老年人才资源，深圳成立了退休工程师协会，在市人事局等有关部门的支持下，为离退休人才牵线搭桥，使他们有机会继续发挥自身的才干……

但是，从全国范围来看，有意识、有规划地开发老年人才，还做得很不够。对许多地方而言，离退休人才资源还是一片充满希望、有待开垦的处女地。

老龄社会的务实选择

1996 年 10 月底，国家人事部在合肥召开了全国整体性人才资源开发工作会议。时任人事部部长宋德福在会上明确提出，要以老年人才开发为呼应，形成整体性人才资源开发的恢宏气势。

老年人才开发作为整体性人才资源开发的一个有机组成部分，被郑重地提上了议事日程。

的确，如果从全局的、战略的高度来认识老年人才开发，我们将会发现，这项工作有着非同一般的重要意义。

我国经济南与北、东与西、沿海与内地、平原与山区发展很不平衡，在人才资源的分布上，地区之间不可避免地出现了显著差异。据统计，1995 年东部地区人才总量为 2088 万人，每万名劳动者中拥有人才 885 名；中部地区人才总量 1583 万人，每万名劳动者中拥有人才 103 人；西部地区人才总量 794 万人，每万名劳动者中仅拥有人才 92 人。由于种种原因，中西部地区人才流失严重，"孔雀东南飞"现象比较突出。在个别省区，人才密度甚至比改革开放前还有所下降。

经济要发展，人才是关键。中西部地区能否脱贫致富，能否长足发展，人才起着至关重要的作用。然而，这些地区目前的人才资源现状，与中央提出的扶贫攻坚目标和开发中西部地区的目标是不相适应的。

如何解决这一矛盾？有人或许会说：可以从外地引进人才。引进人才确实是解决人才紧缺的有效途径之一。对于某些急需的关键性的高级人才，不惜代价引进，是完全可行的、值得的。可是，中西部地区经济毕竟比较落后，能够提供给人才的物质待遇和工作环境，都可能远远不如沿海发达地区。大规模引进人才，显然不切实际。

引进既然不易，就必须更加珍惜本地人才，盘活现有人才资源。

从人才流动的实际状况看，中西部地区往外流动的，大都是中青年人才。大批离退休人才依然留在本地。毫无疑问，如果能将他们充分利用起来，将大大缓解人才短缺的燃眉之急。

黑龙江省地处东北高寒地区，条件艰苦，人才难以引进，"雁南飞"

问题一直比较突出。黑龙江省委、省政府冷静分析了省情，认为开发老年人才，是增大人才总量行之有效的办法，及时实施了"夕阳红工程"，多方组织和引导离退休干部投身经济建设，取得了良好成效。

哈尔滨市几位刚退下来的厂长、经理，利用他们经营企业经验丰富、信息广的优势，办了两个公司（下设58个分公司），职员三千多人，短短三年时间销售额就达12436万元，缴纳税金806万元，创利润1430万元。尚志市一位退休高级工程师，带领退休干部办了31家加工厂，上了18个项目，累计增加产值1600多万元。

黑龙江省机关、事业单位的198600多名退休干部，已有60000多人在大中型企业、乡镇企业、区街企业、集体所有制企业和农业生产等岗位发挥作用，占能发挥作用退休干部的70%，占退休干部总数的30%左右，成了经济建设不可忽视的生力军。由于有效地进行了老年人才的开发，黑龙江出现了"五满意"的新气象：企业增盈，职工满意；财政增收，政府满意；活跃市场，群众满意；个人创收，家庭满意；各尽所长，本人满意。

开发老年人才，不仅仅在于经济建设需要这支人才队伍，同时也是老龄化社会的客观需求。

我国是在经济不够发达的情况下迎接人口老龄化的。专家预测，人口老龄化与经济发展不同步的矛盾将持续几十年。从1978—1995年，我国的离退休费和退职生活费逐年增多，1978年为17.3亿元，1995年为1283.8亿元，养老费用支出年均增长28.8%。随着老龄化的发展，形势将更加严峻。

在这样的形势下，不仅国家的养老费用增加，青年一代，特别是正在成长的独生子女群，也将承受沉重的重负。在今后几十年里，老年人的生存与保障，将成为我国一个突出的社会问题。

进行老年人才资源开发，使老年人才发挥余热，一方面可为国家和社会创造财富，另一方面可以提高离退休人员的自我保障能力，这对于妥善解决人口老龄化问题，促进经济发展和社会稳定，都有着深远的历史和现实意义。

老年人才资源开发战略，可谓是历史的呼唤，时代的产物。

国家人事部有关官员透露，人事部已经总结、规划出了开发老年人才资源的主要形式和途径：

一、健全返聘和招聘机制。各单位可以根据工作需要，返聘本单位办理离退休手续的人才，或从社会上招聘工作急需的离退休人才。

二、组织高级专家顾问团。可以城市或行业为单位，由政府或主管部门牵头，集中一些老专家，有组织地承担决策咨询、重大工程论证、科技难题攻关、科技扶贫及一些科研教学任务。

三、发挥老年专家协会作用。老年专家协会等组织所联系的人才具有门类齐全、专业水平高、群体效应大等优势，要使这类组织不断发展和完善，更好地联系、团结和组织老年专家发挥更大的作用。

四、出国参加国际专业学术会议或参加经济技术活动。离退休高级专业技术人员受聘期间，可受聘用单位派遣，出国参加专业学术会议，进行经济技术考察或谈判，签订经济技术、贸易合同等。

五、办老年实体。企事业单位的离退休人才可开办技术型、咨询性、服务性的实体，也可领办、创办吸纳社会下岗人员和待业青年参加的生产、经营和服务性实体。

六、分散进行各种活动。离退休人才可根据自己的专长从事讲学、翻译、指导研究、人才培训、技术开发和技术咨询等专业技术活动。

战鼓已经擂响。老年人才开发，将掀开新的一页！

市场呼唤法制

由于老年人才开发尚处于摸索、起步阶段，未形成统一的规范化管理，一些地区、一些部门以及一些个人对这项工作的认识也就不可避免地出现了某些含混、偏差。

有人提出，既然要开发离退休人才，何不索性推迟退休年限？让大家多干几年？有的则说，老年人应受照顾，老年人的工作应当由政府统一安排。还有人认为，老年人出来工作，会与年轻人就业形成矛盾。一些地方青年人就业都成问题，老年人来凑什么热闹？

老年人才开发究竟应当走什么样的路？

国家人事部权威人士指出：开发老年人才资源，重点是解决离退休专业技术人员如何进一步发挥作用的问题。在开发对象和范围上，强调的是有专业技术特长和管理经验的人员，特别是高级专业技术人才。开发老年人才资源，与国家的离退休政策并不矛盾，它是以严格执行离退休政策为前提的。根据我国国情，不宜也不可能实行普遍推迟离退休年龄的做法。

让老年人才发挥余热，不宜采用行政手段进行指令性安排的办法，而应以服务于经济建设为原则，以社会需求为导向，以市场调节为基础，让老年人才在市场中与其他人才平等竞争。

开发老年人才主要是发挥他们在社会经济中薄弱环节的作用，注重发挥老年人才的传帮带作用，为中青年人才的迅速成长创造条件，为社会就业拓宽渠道。因此，它并不与社会就业相矛盾。让老年人才再工作，并非让他们与年轻人抢饭碗。如果开发的形成和途径得当，老年人还能为年轻人送饭碗。

笔者了解到，北京离退休人才开发中心成立后，坚持老年人的事老年人办的原则，除了向社会输送急需人才外，还自办经济实体，为老年人才发挥专长直接提供舞台。这几年，他们先后创办了环境与资源研究所、北京老年旅行社、北京银兴技术开发公司、京才电器修理部、医务专家联合体检部、技术开发部、技术市场部、建筑工程估算部、中老年服装厂、京才培训学校等14个经济实体，直接为4270名离退休人员提供再工作的舞台。

而黑龙江省鸡西市近年创办的老年经济实体，不仅安排了一批老年人才，还吸纳了1200多名待业人员、企业富余人员和农村剩余劳动力，对社会稳定起到了促进作用。

这些年，由于缺乏规范化的管理，离退休人才继续工作时在福利待遇、工伤事故等方面发生过不少纠纷、争议。为此，有关人士认为，聘用老年人才，要有比较完善的手续，用人单位、离退休人员及其原工作单位，要共同签订合同，明确各自的职责、权利和义务，明确受聘期间的待遇、保险福利、伤亡事故处理等事项，保护当事人的合法权益。

据了解，国家有关部门正酝酿出台老年人才开发、使用的管理规则。这些规则实施后，老年人才开发将变得有章可循，有法可依。届时，夕阳将会更红、更美，老年人才将会重新焕发出青春的光彩。

追踪中国的 MBA

持续不衰的 MBA 热

1984 年，大连理工大学将工业科技管理培训中心从单纯的短期培训机构变成短期培训和学位教育相结合的机构，与美国纽约大学合作，从美国请来老师，举办 MBA 研究生班。双方的合作持续了 7 年，共举办了 5 届 MBA 班，为社会培养了一批急需的高级管理人才。其中第 1 期培训班成员有 120 人，可授予 MBA 学位的就有 38 人。

这是 MBA 教育的内容和方法第一次输入到中国。

MBA（工商管理硕士）是高级经营管理人才的代名词。自 1910 年哈佛商学院首创 MBA 教育，MBA 在国外已有近百年历史。但在中国，MBA 还是随改革开放而产生的新生事物。很多人对 MBA 还不了解，有的甚至疑惑地问：什么是工商管理硕士？是为工商局干部开办的吗？

第一批 MBA 学子所走过的，是一条并不平坦的道路。然而，新生事物毕竟显示出了它的生机与活力。大连理工大学的这一做法，引起了许多有识之士的兴趣和重视。人们意识到，中国正在走一条改革开放之路，要发展经济，必须有大批新型的高层次经营管理人员，开放的中国，不仅要引进外资，还要引进人才，引进国外培养人才的方式。

于是，一批高等院校开始了在 MBA 教育上的投入与关注。1987 年起，中国人民大学选派一批青年教师到加拿大麦吉尔大学等 4 所大学进行 MBA 课程培训。1988 年 6 月 29 日，人民大学成立了工商管理学院，首任院长为吴树青，学院主要进行 MBA 的培养工作，这意味着人大正式系统地开始了 MBA 的教育。

1989 年初，原国家教委研究生司发出了关于设立"培养中国式 MBA

研究小组"的通知。一些院校十分重视，立即进行了研究，并做了大量准备工作。当时的国家经济委员会副主任兼人大校长袁宝华还召集有关部委和大型企业领导，数次召开关于培养中国 MBA 的研讨会，与会有关单位一致同意在今后的 MBA 招生工作中，给予大力支持。人大在此基础上，先于全国试点，于 1990 年招收了 30 名工商管理硕士研究生，成了国内 MBA 教育的排头兵。

1990 年 10 月，国务院学位委员会第九次会议原则上同意在我国设置和试办工商管理硕士即 MBA 学位。次年 3 月，国家教委和国务院学位委员会正式确定，在中国人民大学等 9 所大学设置 MBA 学位试点。1993 年初，第一批试点院校培养的首批 MBA 毕业了，人数从 30 名（上海财经大学）到 85 名（中国人民大学）不等。

迎着市场经济的晨曦，人们看到中国 MBA 的矫健身姿。

1993 年，原国家教委在其主持修订的高等院校学科目录中，将"工商管理"正式从"经济学"和"工学学位"中分离出来，成为一门独立的一级学科。这标志着我国对工商管理的认识进一步深化，也标志着中国的 MBA 正从孕育中走向成熟。1994 年 10 月，"全国 MBA 教育指导委员会"宣告成立，MBA 教育逐步走上了正规化的轨道。

MBA 在持续升温。

1994 年，MBA 试点院校增加到 26 所。1998 年，试点院校增加到 56 所，其中北京有 5 所。

1997 年首次实行全国 MBA 联考，当年招收 2000 人，到 2000 年招生数将达到 5000 人！

MBA 热起来了，成了知识界、企业界一个热门话题。

报考 MBA 的人急剧增多。关注 MBA 的人急剧增多。

有关 MBA 的书籍接连问世，蜂拥而来。

媒体爆炒 MBA，有关 MBA 的报道不时出现。

作为市场经济的宠儿，MBA 学子已经成为一个备受青睐的群体。

MBA 热并非偶然

进入 20 世纪 90 年代以来，燕山石化集团公司的决策者们便时常在思索这么一个问题：在市场经济的今天，燕化应该有怎样的人才战略？他们清醒地意识到，燕化作为一个国有大型企业，其技术人才是相当雄厚的。这支人才队伍为燕化的发展起到了至关重要的作用。然而，时代变了，燕化的运行模式已从计划经济变成市场经济。在计划经济模式下，企业只管生产，不问销售，对管理人才的需求不那么迫切。进入市场经济，光有技术人才不能适应需要，必须有一流的管理人才、财会人才。

燕化的领导者们凭着敏锐的洞察力，判定要在市场竞争中立于不败之地，必须依靠一批经营管理人才。他们果断地做出决策：开办 MBA 班，培养自己的管理人才。燕化要有自己的 MBA！

1993 年，燕化集团公司便着手进行推荐，从各个单位选择了一批已经工作四五年至十来年、本科毕业、平时表现不错、能够达到中层领导台阶的青年骨干，报考 MBA。初选 25 人，经过紧张的辅导、考试，有 22 人考上。

1994 年 4 月，北京春意盎然之时，燕化集团公司与中国人民大学工商管理学院合作开办的 MBA 燕化班开课了。22 名燕化青年骨干，重新走入课堂，不脱产攻读 MBA。学习十分紧张，他们每周五晚上，周六一整天，都在学。

经过两年半的学习，1997 年 1 月，22 名同学拿到 MBA 学位，7 月，拿到毕业证书。燕化集团在人才培养上走出了一条新路。

MBA 燕化班只是中国 MBA 热的一个缩影。

MBA 热并不是偶然的，它可以说是社会各界人才意识增强的反映，是 MBA 的教学特点与社会价值，和时代的需要与市场经济的召唤相交融，所合奏出来的激扬的时代乐章。

经过近一个世纪的发展，MBA 教育已形成了较为完善的学科体系，它的理论基础是经济学，知识结构是跨越经济学、自然科学、人文科学的不同领域的有机组合，研究对象涵盖了企业经济运作中的财务管理、资金筹措、投资分析、市场营销和资源配置等方面，充分体现了市场经济运行的典型特征。MBA 教育的另一个重要特点是注重实践。事实上，国外许多管理学院是在企业的支持下设立的，从它诞生之日起，就打上了"实用"的烙印。从学生来源看，报考 MBA 的学生，必须有 2—3 年的实践经验。美国 MBA 学生入学时一般为 25 岁左右，欧洲 MBA 学生入学时一般为 27—30 岁，各院校入学考试时都极注意学生的实践经验。

MBA 的教学目标是 MBA 热潮不衰的根本原因。

美国和世界工商管理教育的泰斗是哈佛大学的哈佛商学院。它成立于 1908 年，其目的在于培养高质量的管理人才，宣称以造就有责任感的、有道德的一流企业总经理为目标。哈佛商学院有两大首创，一是案例教学法，即它的案例基本就是其 MBA 用的教材，这些案例数量庞大，且经常更新；二是首创了尽展个人潜能的 MBA 精神，其核心是：崇尚自由竞争和个人奋斗，崇尚冒险和创业，崇尚对事业的追求与高度负责的工作态度，强调生活的富有应来自勤奋与努力，强调个人的智慧、毅力、能力和信心是事业成功的关键因素，注重理性分析，讲求实际和办事成效。

也正因为有着这样的教学特点，MBA 毕业生具有较宽的基础理论、较新的知识结构和较实用的能力素质，以及处理新的工商管理问题的背景知识，比较容易适应工作，开创出新的局面。

美国至今已有 700 多所大学开设 MBA 专业，累计毕业人数已有 100 多万名，授出的 MBA 学位占全世界授出 MBA 学位总数的 80%。他们活跃在金融、销售、生产等各个领域，是美国工商界不可缺少的主角，在激烈的市场竞争中表现非凡，为美国经济的繁荣与发展做出了诸多贡献。20 世纪五六十年代，欧洲也成为继美国之后的 MBA 人才培养的兴盛地区。欧美的工商学院吸引着有意投身商界的人们争相报考和攻读，热潮持续了数十年。

在国外，企业界比较愿意雇佣 MBA 毕业生，并愿支付高额酬金。在美国，MBA 的年薪往往比学士学位者高 0.6 万—2 万美元，比其他硕士也高出 15%—20%，名牌大学的 MBA 甚至比学士学位者高 4 万美元。据美国《商业周刊》1997 年第 3 期显示的一项调查，哈佛商学院 MBA 毕业生平均年薪比毕业前高一倍，年薪超过 11 万美元的人占 62%。其毕业生有 25 万人，有 1/3 成为公司的高层主管、董事、合伙人或公司拥有者。

荣耀和光环，使 MBA 分外受人关注。

在我国，随着市场经济体系的日趋完善，企业的职能已不再局限于计划、组织和生产，而是扩展到研究与开发、融资、理财、采购、生产、销售、服务、人力资源等多个环节，同时，企业不仅面向国内市场，还要参与国际市场竞争。这些环境因素对经营管理者提出了很高的要求。企业的竞争，归根结底是人才的竞争。MBA 作为高级经营管理人才，正是适应了市场经济的这种需求。MBA 在中国热起来，可以说是顺理成章的。只要这种需求存在，MBA 就会热下去。

谁在攻读 MBA

短短十来年，MBA 的招生规模迅速扩大，各院校对 MBA 的教育模式也进行了不懈的探索。一方面，教育的投入不断加大，实力不断增加；另一方面，培养方式也灵活多样，有统一招生、委托培养、校内班、校外班，一些有知名度和影响力、号召力的高校，还在其他省市办班，如内蒙班、太原班、安徽班，有的直接与企业联合，在企业办班。

那么，攻读 MBA 的都是些什么人呢？

在采访中我们发现，由于 MBA 的培养目标是高级经营管理人才，MBA 毕业生特别适合在企业工作，所以 MBA 生源主要也来自企业、事业单位，其次是政府机关。但他们的年龄、身份、资历，校外班、校内班又有所不同。

中国人民大学 96 级 MBA 北京校外班共有 80 名学生，主要来自联想集团、北京煤炭机械厂、中国大饭店、天伦王朝饭店、中国进口设备配件公司、微软公司、北辰集团、吉百利食品有限公司、中国医疗器械公司、中国海洋石油总公司、中国化工建设总公司、北京建国饭店、交通银行北京分行等企业，少数来自审计署、财政部、北京团市委、北京市教育工委统战部、国家旅游局、国内贸易部等机关单位，还有的则来自钢铁研究总院、中科院管理干部学院、煤炭管理干部学院、中科院软件研究所、北京建筑设计研究院等科研机构。

人大 96 级 MBA 安徽班有 24 名学生，主要来自芜湖钢铁厂焦化分厂、黄山旅行发展股份有限公司、铜陵有色金属集团公司、安徽古井集团、安徽轻工进出口公司、安徽红方集团公司、安徽商业联合总公司等企业，来自政府机关的为数甚少。

所谓的校外班是不脱产班，每周一至周五上两三个晚上的课，周末接着上。MBA 的招生简章有规定，报考 MBA 必须有两三年以上的工作经历。校外班很适合一些人的需要：不影响工作，又能够学习。读校外班的人员情况比较复杂，大都已事业有成，层次比较高，来自企业的学生，不少已在企业里担任重要职务，如董事长、总经理、厂长、厂党委书记、副总经理、总经理助理、经理办公室主任。来自政府机关的，不少是副县长、副局长、党委书记、处长。来自科研机构的，不少是经济师、工程师。

相对而言，校内班的学生，大都参加工作时间较短，比较年轻，身居要职的就不像校外班那么多了。

攻读 MBA，学费大约需要 3 万元左右，校外班比校内班便宜些，也得 2 万多元。这是一笔不小的开支。这笔费用如果纯粹个人支付，可以说是一个不轻的负担。但令人惊讶的是，攻读 MBA 的学生，许多是自费的，只有少数企业高层领导和政府官员是公费。

一位正在攻读 MBA 的工程师告诉笔者："我们班上 90％以上是自费的，只有不到 10% 是公费。有些名义上是企业委培，事实上也是自费。二三万块钱，一般单位是不会替我们出的。许多人为了读 MBA，几乎动用了全部积蓄。"

花这么多钱去读书，究竟是出于何种动因？

铁道部下属某计算机公司的陈先生说："我原来是学计算机的，原来在联想集团工作。国内计算机发展很快，企业管理方面也面临着许多新的课题。要适应这种不断变化的环境，在企业里干得出色，应该多充电，尤其要学些企业管理方面的知识。当时我觉得不一定非要再拿个文凭，主要是为了学点东西，当然能再拿个文凭最好了。听说有 MBA，觉得课程很实用，学了对自己的发展有用，就报了名。匆匆准备了 3 个月，真的考上了，花了 2 万多元，读的是校外班。一个星期至少学两个晚上，星期五下午、星期六也得学。我们班上大部分同学，都是抱着求知的心态读 MBA 的。"

在求学动机上，校内班的学生，与校外班有着微妙的差别。校外班的学生，大都年纪较大，已有一个不错的工作，他们不可能脱产学习，才上了校外班。读 MBA 对他们而言，不是为了求职，主要是觉得自己的知识结构不理想，希望多学点东西，把现有工作做得更好。

校内班就不同了，他们年纪比较轻，许多人对以往的工作并不满意，读 MBA 一方面是学习新知识，更实际的则是想找一个理想的工作。

一位校内班同学坦言："MBA 的文凭还是挺好用的，在就业方面很有优势，许多本科生和普通硕士生不好找工作，但 MBA 毕业生人家抢着要。拿个 MBA 文凭，对跳槽有利。我是单位委培，事实上是自己花钱。3 万元的学费，就当成投资吧。将来要找了个好工作，这点投资是能收得回来的。"

也许因为持这种心态的不在少数，所以有人说，MBA 是"不安分"的一群。

MBA 毕业生流向何方

存在着就业问题的，只是 MBA 校内班的统分生。

从采访中我们了解到，MBA 毕业生的就业行情是相当不错的。这几年，大中专毕业生就业压力逐年增大，而 MBA 毕业生目前还感受不到这种压力。他们并不存在找不到工作的问题，令他们困惑而举棋不定的是：这份工作是不是"最好"，有没有"更好"。前来高校要 MBA 毕业生的单位很多，一般的毕业生都有 3—4 个单位可供选择。尤其是名牌学校的 MBA，真是"牛"得很，不是单位挑他们，而是他们挑单位。

正因为处于一种供不应求、炙手可热的状况，MBA 毕业生大都眼光较高，他们在去向上，主要有以下几种选择：考博，留学，去外企，到沿海。选择企业的主要去大型企业，去私营企业的极少。在地区的选择上，大部分人选择北京、上海、广州、深圳等城市，去内地城市的微乎其微。

在中国人民大学工商管理学院采访时，我看到了一份某年级学生的去向表，34 名 MBA 毕业生，除了 8 名委培生，25 名统分的学生中，去上海的 1 名，广东的 2 名，其余都选择了北京。有六七人去了外企，另有几位去了联想集团、中国银行、中国邮电电信总局等大单位。

MBA 有不少是单位委培的。按道理，这部分毕业生应该回原单位。值得注意的是，单位委培的 MBA，跳槽的比例极高。究其原因，与读书时学费自己掏有关。一般而言，既属单位委培，学费应由单位出，毕业后回单位服务。事实上，许多 MBA 名为委培，实际上是自费。这部分学生报考 MBA 时，脱产出来读书时，心里隐隐就已对原单位感到不满意。加之学费又是自己掏，原单位没有多少可节制他们的地方，读了 MBA，眼界宽了，更清楚自己的价值了，毕业时觉得原单位不合适，便选择了跳槽。委培生不是学校统一分配，找工作时也就不像统分生那样，需要用人单位、毕业生、学校三方签署协议，而只要毕业生与用人单位双向选择即可。他们去哪里，学校也管不了。这些都是造成委培生大量跳槽的原因。

不少高校毕业生求职时感到茫然，不了解社会，也把握不住自己，选择职业多少有些盲目。MBA 不会如此。

一位主管过 MBA 分配工作的老师说："MBA 学生有过工作经验，对社会现实比较了解，很有自己的思想，什么样的单位好，什么样的单位不好，他们一清二楚，很有主见。"

去国有企业也罢，去外企也罢，MBA 毕业生有一种心态是一致的，那就是要实现自己的价值。

MBA 热已经好几年了，许多用人单位都瞄准了 MBA。然而，从采访的情况看，一些单位选人还带有很大的盲目性。他们一到学校，开口就要 MBA，非 MBA 不要。如果校方回答说 MBA 已经分配完了，没有人了，他们就会说：那我等明年再要。如果学校老师建议：要普通的研究生或者本科生行不行？他们则断然摇头：不行不行，我们就要 MBA。可是，如果问他们为何非要 MBA，准备要 MBA 毕业生去干什么？他们则会露出茫然的神色，有的甚至说：搞推销呀，我们厂的锅炉卖不出去……

这说明，许多人对 MBA 还是不了解的。如此盲目地选才用人，无疑将潜伏着某种危机。

MBA 毕业生到了新单位，也只是在普通岗位工作，是普通职员。中国人民大学工商管理学院党总支书记周石老师说："MBA 毕业后必须有个适应、成长的过程。一毕业就安排什么职务，进入管理层，是不现实的，也是不利于他们成长的。"

十多年来，我国培养了一批又一批 MBA 毕业生，这些毕业生基本上都在大城市、大企业工作，特别是国有企业、高新技术企业比较多。

也许是因为 MBA 的招生规模迅速扩大，一些人也产生了忧虑，觉得 MBA 发展得太快了，培养得太多了，给人一种过滥的感觉。有的说："MBA 应该是高级管理人才，是精英。既是精英，就不能多，多了就不值钱了。"

对于这个问题，不同的人有不同的看法。

周石老师说："MBA 多了还是少了？这不能简单笼统而论。主要要看市场需要不需要。如果市场不需要了，那就是多了，市场还需要，那就是少了。目前 MBA 毕业生，除了到大城市、沿海，内地很多地方，都没有去。河南洛阳有一家企业，屡次到我们这里来要人，就是没有人去。MBA 还是有市场呀。因此，从市场需求来说，从国有企业的改制来说，MBA 太少了。目前对 MBA 多了还是少了的评论，不少人是拍着脑袋来说的。中小企业的发展，内地的发展，需要多少人才！MBA 不是多了少了的问题，而是如何提高教学质量的问题，如何使毕业生更适合中国国情，适合中国经济建设需要的问题。"

让 MBA 人尽其才

1987 年末，《中国青年报》曾刊登一篇报道《命运备忘录——38 名工商管理硕士（MBA）的境遇剖析》，反映了在当时的形势下，第一批 38 位中美合作培养的 MBA 从美国实习归来，就业方面遇到的问题：他们被束之高阁，有的去做翻译，有的去了厂里的锻锤组，学识和能力难以得到施展与发挥。

在旧的用人机制下，这批 MBA 毕业生的遭遇实在令人心寒。

十多年过去了，中国培养的 MBA 已远不止 38 名，他们的境遇如何？第一批 MBA 的遭遇是否仍会重演？

MBA 被称为高级经营管理人才，在现实生活中，MBA 毕业生究竟能否发挥应有的作用，而不辱 MBA 这一称号？

这恐怕是 MBA 话题中，最令人关注、也最应该被关注的一点。

1999 年 4 月初的一个晚上，笔者拨通了燕山石化集团公司炼油厂党委副书记顾敏清的电话，请她谈谈读完 MBA 后的感受。

顾敏清是中国人民大学与燕化集团公司联合举办的 MBA 燕化班的 22 位学员之一，也是这个班上唯一的一位女性。

谈起这个 MBA 班，顾敏清深情地说："燕化公司的领导开办 MBA 班，是很有远见的。如今，我们 22 个同学发展都很好，有的在机关，有的搞科研，还有的在基层厂里，大部分都走上了处级领导岗位，成为燕化公司的中坚力量。"

我问顾敏清学了 MBA 对工作有些什么帮助，她说："MBA 的突出特点是实用性，每个课程讲完以后，都能有所启发。一边学，一边就觉得有收获。每一课讲完，都做案例分析，结合实际，这对工作有帮助。总的来看，学了 MBA 思维框架有了新认识，学工的对数、量概念比较强，爱就事论事，现在感觉思维开阔了。有时虽也是就事论事，但能找出为什么会出现这个问题，找出原因。考虑问题也比较全面。其次，管理上，课程设置不错，如市场营销、公共关系战略、财务学、管理学，内容特别实用。每学完一门，都能与实际工作对上号。比如公共关系，以前对企业公关，只认为无非是吃吃喝喝。当时不理解这些东西，宣传上也是给人这么一种错觉。学了 MBA，才觉得公关是一种高层次的活动，关系到企业的形象策划。此外，我们的同学，都是燕化的，但来自不同的厂，通过学习、交流，比自己埋头看书收获大得多。人民大学也给我们创造机会，与校内班的同学交流。"

顾敏清还给我举了一串例子，说明班上同学读完 MBA 的变化：供销部的一个同学，学完后通过市场营销理念，搞了个"燕化公司销售体制设想"，搞了个框架模式，对公司领导决策有参考价值。在管理上，对销售工作很有促进。炼油厂现任副厂长，原是车间主任。这个车间一度管理滑坡，各项指标排在厂里的后面。他学完 MBA 后，提出"激励理论在企业基层的应用"，并且运用激励理论来管理车间，车间面貌大变，被评为先进单位……

顾敏清夫妇都曾是 MBA 班的学员，当时，领导对他们说，夫妻俩都读 MBA 班，家里没人管，恐怕会影响家庭哩，要不就去一个人吧。他们却说，还是俩人都去好，一个去一个不去，反而会影响家庭的稳定。如今，他们夫妇事业上都有了长足的进展，她由炼油厂组织部长提拔为党委副书记，而丈夫也当上了研究院副院长。

对于理工科毕业的人来说，读 MBA 感觉收获最大。

航天工业总公司 625 所人事处的罗卫红本科读的是计算机专业，1994年她自费攻读 MBA，读的是校内班，毕业后又回 625 所工作。她说："考 MBA 之时，社会上对 MBA 还不太了解，觉得不搞工商，读 MBA 干吗？读完之后，我觉得还是很有帮助的。以前做一件事，往往就事论事，领导交办了，按领导要求去做，把它做好就是了，现在则会想一想，如何把事情做得更好。"

MBA 热是社会人才意识的体现。进入 90 年代的中国，人才的生存环境已经远远不同于改革开放之初的中国。MBA 的生存空间是巨大的。尽管 MBA 毕业生在发展道路上也难免存在不尽如人意之处，会有曲折，会有坎坷，但我们可以肯定地说，第一批 MBA 的遭遇是不会重演了。

毕竟，市场经济需要 MBA，中国需要 MBA。

我们有理由相信，MBA 能够人尽其才！

中央国家机关燃起培训热

中央国家机关，是国家机器的神经中枢。

中央国家机关公务员素质如何，直接影响着党和政府执政兴国的能力和水平，影响着全面建设小康社会的进程。

近些年，中央国家机关改革选才用人机制，公开考录了大批优秀大学毕业生，各大部委纷纷实行竞争上岗，使一批德才兼备的年轻干部脱颖而出。无可否认，中央国家机关是英才集聚之地，大批的高素质人才是国家的栋梁。

然而，进入21世纪，我国社会经济发展面临着许多新情况，对中央国家机关公务员驾驭市场经济的能力、应对复杂局面的能力、依法行政能力、战略决策能力和总揽全局能力提出了许多新的挑战。如何进一步提高机关公务员素质，成了令人关注的紧迫课题。

一时间，一场深入持久的人才培训热潮在各大部委机关悄然展开。

部长们重视人才培训

各大部委的领导对素质提升工程极为重视，直接领导、推动着人才培训工作的开展。

2004年初，财政部党组决定，切实抓好公务员教育培训工作，不断提高公务员队伍素质，使财政部机关真正成为学习型机关。在部领导的直接推动下，财政部逐步形成了针对司局级公务员、正处级公务员、副处级公务员、主任科员以及新录用人员在内的各级别公务员的岗位培训新机制，使公务员教育工作进入了一个全新的发展阶段。

劳动和社会保障部党组对机关公务员培训工作精心安排，提出处级干部培训以部机关党校为依托，由机关党委和人事教育司共同负责，每年举办两期为期3个半月的脱产培训，每年培训30名；司局级干部的培训由人事教育司负责，每年确定一个主题脱产培训、5年累计培训不少于90天。

铁道部部长刘志军多次了解干部培训的情况，亲自审定部管干部培训班每个班次的教学计划，并对重点班次亲自动员讲课，对不能前往讲课的培训班，他还以写信的方式对参培干部提出明确要求。刘志军等部领导还带头参加各种培训，为各级干部参加培训起到了良好的示范作用。

信息产业部党组提出，充分发挥人事部门在人才队伍建设中的支撑和服务职能，利用行业内外的资源，搭建培训平台，建设一支政策理论水平高、依法行政、懂技术、懂业务、懂市场的人才队伍。王旭东部长亲自参加听课，并明确提出干部培训要制度化、持久化。

交通部不断完善公务员培训工作领导体制和工作机制，成立了部机关培训工作领导小组，由分管人事工作的副部长担任领导小组组长，改变了过去培训工作各自为战、力量分散的局面，整合了公务员培训的组织领导力量，增强了培训工作的计划性。

部各领导的重视与支持，确保了中央国家机关的培训工程的顺利实施。

目标：提高执政能力

中央国家机关作为宏观决策部门，公务员最重要的素质就是要有较高的执政能力。尤其是党的十六届四中全会召开后，中央国家机关如何加强执政能力建设，是一个社会各界极为关注的话题。也正因为如此，各大部委的人才培训，都紧紧围绕执政能力建设这个主题，从而形成了鲜明的特点。

然而，在人才培训的具体做法上，各大部委又有自己的思考与探索。劳动和社会保障部围绕领导能力建设这个主题，将司局级干部分两批举办培训班，聘请中组部、国家发展和改革委员会、国家工商行政管理总局、中央党校、国家行政学院的领导和专家学者专题讲授"关注我们的学习"、"科学发展观"、"领导科学"、"宏观经济形势"、"官员与媒体"等有关知识,部属单位近90名司局级干部参加了培训。为了提高政府的管理创新能力,他们还根据形势发展需要,聘请有关部门的领导和研究机构的专家学者举办依法行政、《行政复议法》、《行政许可法》、世贸组织、公共政策制定、突发事件应急机制、心理调适能力、证券知识等专题讲座,使干部职工的观念得以不同程度的更新。

财政部将岗位培训的主要目标设定为"总结自己、学习他人、准备将来",针对不同级别公务员的角色特点,设计不同的岗位培训内容,在司(厅)级岗位培训突出"战略决策"的角色特点,在正处级岗位培训中突出"组织领导"的角色特点,在副处级岗位培训中突出"参谋助手"的角色特点,在主任科员岗位培训中突出"业务骨干"的角色特点。在让学员更好地适应现职岗位的同时,还着力培养学员适应高一级领导岗位的能力。

在全国信息产业工作会议上,信息产业部部长王旭东明确指出要"进一步加强领导班子建设,提高领导干部的理论水平、领导水平和实际工作能力,为信息产业各项工作提供强有力的思想组织保证"。信息产业部分批分期组织了由各省通信管理局领导、部机构局处级公务员和部属单位主要领导参加的脱产学习班,整个学习采取了专家讲、典型讲、自己学、大家议相结合的互动形式,系统学习包括《政府工作报告》、《中国共产党党内监督条例(试行)》、《行政许可法及对政府管理的影响》、《中国行政体制改革与政府管理创新》、《用科学发展观指导电信管理》以及现代管理知识、领导艺术等十几门课程。为了推广领导班子建设等方面的经验,他们分三片组织了全国通信管理局局长、部属事业单位主要负责人参加的领导班子思想政治建设经验交流座谈会,交流"如何当好一把手"的经验,进一步坚定"立党为公、执政为民"的信念。

21世纪,各种新技术、新业务层出不穷,作为中央国家机关的公务员,只有不断进行知识更新,及时了解新的科学知识,才能制定出正确的政策法规,有效地实施宏观调控。在加强政治学习的同时,各部委都非常重视业务知识的更新与拓展。

2004 年信息产业部集中精力组织了电子信息技术、通信网技术等内容的培训活动，力求使培训效果满足各部门的工作需要。如为增强国防质量意识，适应新形势下军工电子"高新工程"任务需要，他们会同相关部门举办了 3 期军工电子承制单位高层领导质量与可靠性学习班，对 156 个单位的主要领导进行轮训，提高了各级领导干部的质量管理与可靠性方面的业务能力。针对监管和服务工作中面临的困难和问题，他们挑选了部内有影响的多位专家组成师资队伍，认真组织编写包括移动通信技术、通信测试技术、电信资费结算、电信新业务、下一代网络以及网间互联互通等内容的"电信新技术新业务与电信监管"系列教材。将各省通信管理局的管理和业务骨干集中起来进行脱产培训，并希望通过他们将新业务、新技术、监管知识和最新研究成果尽快推广到各省。在此基础上又利用周五下午的时间，分四次在部机关公务员中组织专家讲授，使大家对信息行业中的技术、业务、监管在国际上的最新动向和我国的研究成果有了系统、全面的了解和掌握。

不培训，不提拔

国务院部委机构改革后，机构精简，人员压缩，但工作任务非但没有减少，却比原来更加繁重，许多部门都面临着人手紧缺的难题。在这种情况下，腾出时间来搞培训，一些人难免有些想法，这样做是否有必要？值不值得？

对此，各部部长的态度旗帜鲜明：人才培训、素质提升事关执政兴国之要务，绝非可有可无！为了使培训工作规范有序地实施，许多部委出台了措施，使培训形成一项制度。

铁道部规定，党政主要领导是落实干部培训工作的第一责任人。该部把干部参加培训同选拔任用结合起来，对无正当理由未参加组织调训的，不再继续任职；把后备干部参加培训同提拔使用结合起来，先培训后上岗，同等情况下参加过培训的优先提拔使用，对提拔前未参加过培训的干部，组织上必须在一年内优先安排培训。财政部、交通部也明确规定，进一步强化公务员教育培训机制，将培训与晋升、年度考核挂钩，真正做到

"先培训后上岗,不培训不上岗,先培训再提拔,不培训不提拔"。铁道部还把公务员参加培训同年度考核结合起来,对无正当理由未参加培训的,在年度考核中不得评为优秀等次。对专业技术干部则把参加继续教育同职称评聘结合起来,作为评聘重要条件,未完成继续教育学时的,不得申报参加职称评审,不得聘任专业技术职务。这样的机制确实给机关干部带来了动力,一些人感叹:培训与前途紧密相连,不认真对待不行啊。

专家认为,办好培训班主要取决于四个因素,一是要设定合适的培训目标,二是要有针对性地选择培训内容和授课教师;三是要采取灵活多样的培训形式;四是要严格管理。

为了使人才培训取得预期效果,避免流于形式,各部委精心组织,在方式方法上做了许多新的尝试。

第一,深入开展调研,了解机关干部对培训的需求。水利部在一些重点培训班次开班之前,均进行了广泛的问卷调查,并根据调查结果明确培训的重点内容,制定科学的培训方案和详细的培训计划。培训班结束后,还广泛征求学员的意见,了解培训的实际效果和存在的问题,为进一步改进今后的培训工作积累经验。交通部通过调查显示,55%的公务员认为最需要补充法律知识,48%的公务员认为最需要学习公共管理知识。为此,交通部与清华大学联合举办了两期公共管理高级研修班,70余名处级以上公务员和业务骨干参加了培训。同时他们还多次组织《宪法》、《行政许可法》、《港口法》等新颁布实施法律的讲座,不断提高公务员依法决策、依法行政、依法管理的意识、能力和水平。由于培训内容针对性强,收到了良好效果。

第二,根据不同岗位公务员的特点,设计培训内容。财政部在培训中不搞一刀切,而是以各级别公务员的角色特点为着眼点,设计各级岗位培训内容。在司(厅)级岗位培训中突出"战略决策"的角色特点,在正处级岗位培训中突出"组织领导"的角色特点,在副处级岗位培训中突出"参谋助手"的角色特点,在主任科员岗位培训中突出"业务骨干"的角色特点。他们遵循"全面兼顾、重点培养"的原则,参照《公务员通用能力标准框架(试行)》,在各级公务员的岗位培训中都考虑9项公务员通用能力,用时重点内容又各有侧重。例如对正处级公务员的岗位培训，侧重于提高学员的"领导能力"、"沟通与协调能力"和"依法行政能力"，相应的三个教学模块占总培训计划时间的48%。

第三，组织一流的师资。各大部委充分发挥北京大专院校多、专家学者多的优势，在培训中想方设法邀请一流的师资，保证培训成效。财政部在举办正处级公务员岗位培训班时，既邀请了全国人大、国务院研究室、中国人民银行、财政部有关司级的领导，又邀请北京大学、清华大学、中央党校、国家行政学院、中科院、外交学院等国内外一流的专家学者，共同承担培训教学任务。水利部在实施领导人才培训工程过程中，充分利用水利类高校和水利行业定点培训机构以及现有的资源开展教育培训工作，利用北京的各类教育资源为培养水利领导人才培训服务，培训授课教师大部分都是中央党校、国家行政学院的专家学者，确保了培训质量。

第四，培训方式灵活多样。据了解，各大部委举办培训班的主要方式包括，集中办班和面授，网上教学以及电视电话教学，举办系列学术讲座，与国内高校联合办学，选送部分高层次人才到国外著名大学和中央银行短期学习进修等形式。在培训的组织实施上，采取了脱产培训、专题讲座、在职自学、研讨交流、参观考察、国内培训与国外培训相结合等多种形式。在充分用好传统方式的同时，各部委积极探索，使培训走出了新路。

财政部在培训中，一是广泛应用了互动式培训方式。在开班式中，安排"破冰训练"，提升学员们的团队认同感。在教学中，安排演讲、小组讨论、代表发言、情景演练等大量互动式教学，增强学员思维操练的深度和广度。二是尝试体验式培训方式。在培训中，要学员充分参与，获得丰富的个人体验，又要求团队成员互相交流，分享个人体验，升华认知。三是积极探索启发式培训方式，"一事一议"，让每位学员就自己岗位工作中印象最深的一件事，总结成败得失，并登台演讲。在案例讨论中广泛运用"头脑风暴法"，让思想、观点充分碰撞和激荡，达到启迪智慧，开阔思路的效果。

中国人民银行还充分利用科技手段，开展远程教育，依靠人民银行的局域网开展远程教育，全系统员工可以根据需要选择学习内容。通过人民银行图书馆电子工作网站，发布有关图书馆信息资料，提供学习资料和图书信息。

　　第五，加强培训管理。铁道部把干部培训的落实情况同各级领导班子的评价和考核相结合，作为评定"四好班子"的重要条件之一，并细化了考核标准和分值。同时坚持干部培训工作指标完成情况通报制度，每年对部属单位完成培训情况进行通报，在表彰培训工作进展较好单位的同时，对培训工作中不注重培训质量、培训组织不好、培训任务未完成的单位进行了通报批评，引起了各单位的重视，起到了很好的推动作用。水利部则要求承办培训的机构每期培训班要有书面总结，参加培训的每位学员在培训结束后都要写一份学习总结，参加出国培训的还要写一份出国报告，每期培训班要进行优秀学员评选，激发学员的学习积极性；还定期组织各水利行业定点培训机构资质复审工作，开展教育培训工作经验交流和评选表彰活动等。由于严格了监督管理，各部委的培训工作越做越扎实，为中央国家机关公务员素质的提升发挥了不可低估的作用。

聚焦人才市场集团化探索

竞争催生联合

我 国放开人才中介服务市场后，民间资本纷纷进入人才市场。我国现有各类人才中介服务机构4600多家，其中政府人事部门所属的人才中介服务机构近3000家，行业部门所属的人才中介服务机构500多家，民营人才中介服务机构1100多家，中外合资人才中介服务机构近30家，民营和合资人才中介呈不断增多之势。

随着垄断格局被打破，各地人才市场的竞争日益激烈。一方面，民营、合资人才中介之间的竞争愈演愈烈，特别是在南方一些地区，民营人才中介之间的兼并重组风起云涌，一些规模小、实力差的中介机构被无情地淘汰出局，一些实力强劲的民营中介在竞争中称雄一方，逐渐走上规模化之路，意欲成为当地人才市场的寡头。另一方面，民营、合资人才中介与政府人才市场之间的竞争也日益明显。在一些城市，随着民营、合资人才中介的进入，政府人才市场的市场份额急剧缩水，业务受到明显冲击。此外，在一些大中城市，市级与区县级政府人才市场之间也在以不同方式，争夺生存空间。

面对激烈的竞争态势，人才市场如何生存发展？在民营中介步步进逼的情况下，政府人才市场又当如何应对？一些人事部门的人士认为：集团化、规模化的经营和管理，将成为人才中介的未来发展趋势。

青岛市人才服务中心主任董立勤说："人才市场进行集团化探索，有这么几个理论根据：其一，这是人才市场发展到一定程度，做大做强的客观要求。其二，市场在激烈地竞争，没有哪个市场哪一项业务能独立去占领市场，要想更多占领市场份额，增加竞争能力，联合是个出路。对政府人才市场而言，外部竞争我们免不了，但可以通过联合消除内部竞争。其三，联合必须以双赢为前提，实力强的要借别人的舞台发展自己，实力弱的要用自己的舞台借别人的节目来搞好演出，互相得利，最终实现双赢。大的人才市场不应该是火车头，如果仅仅是个火车头，后面的车厢拉得越多，那么最终就跑不动。它应该是联合舰队，大的是航母，小的是舰船，每艘船只都能独立作战，但总体效果大于各个舰只相加的总和。借用一位意大利诗人的话：'我们都是只有一只翅膀的天使，只有互相拥抱才能飞翔。'"

集团化探索悄然进行

近年来，一些地方人才市场在集团化、规模化经营方面，进行了一些有益的探索。有的省市在地市、区县开设分支机构，使业务的触角向基层延伸，人才市场的规模因此得以扩大。

相比之下，青岛人才市场走的是另外一条道路。从 1998 年开始，他们借鉴企业集团的运作经验，以市人才市场为中心，成立青岛人才市场集团。为了避免同区县人才市场形成矛盾，他们不是直接在区县开设分支机构，而是与市内几个区的人才市场、教育卫生行业以及几所驻青高校的人才机构进行联合，将其改组为分市场，统一挂"青岛人才市场分市场"的牌子。

成立集团之前，区县人才市场由于受客观条件的制约，发展比较缓慢，业务小而全，缺少特色，形不成品牌。区县之间，区县人才市场与市人才市场之间处于无序竞争状态。成立集团后，青岛人才市场用他们较为先进的理念、良好的品牌来帮助各分市场发展。他们对各个分市场的业务进行统一规划，13 个分市场各有侧重，都有一个专营主牌，如文秘、计算机、营销、工民建、高新技术、经营管理等，按照规划有序发展，减少了内部竞争。

经过五六年松散的联合，2005 年 5 月，青岛人才市场的集团化探索迈出了第二步：进行股份制改造，组建了市南、市北、四方、李沧、城阳、胶南六个股份制人才分市场，形成资源共享、合作共赢的紧密型人才服务共同体。加上原有国家级"中国青岛企业经营人才市场"、"青岛大学生就业市场"、省级"山东海洋人才市场",一个上联国家级人才服务机构,下携区(市)人才分市场,横跨专业、行业的人才市场"联合舰队"在青岛初具规模。

据了解,集团化管理带来了明显的好处:其一,区县一级市场能够融入大市场中去,有了统一的规划,每个分市场主抓一项业务主牌,不打乱仗,能够形成品牌效应,每个分市场都有一个亮点。其二,减少了政府人才市场之间的内部竞争,市区两级捆绑在一起,一致对外,大大增强了竞争实力。其三,市、区两级人才市场自身队伍建设得到加强,理念得到提升,市场运作能力得到提高。据透露,目前青岛市人才招聘80%的市场份额控制在青岛人才市场集团手里,一些合资人才中介向青岛扩张,但进入青岛后举步维艰。这说明了青岛人才市场集团的竞争实力。

合作必须双赢

人才市场的集团化管理,由于涉及集团成员方方面面的切身利益,因此合作必须积极稳妥地推行。

青岛人才服务中心主任董立勤说:"要想搞集团,市级人才市场这艘大船不能去沾区县人才市场的光,而应该立足于帮助区县人才市场发展。如果想沾区县的便宜,那就错了,肯定也行不通。"

据了解,青岛人才市场的集团化探索,是分三个阶段来实施的。第一阶段是松散型合作;第二阶段,进行股份制改造,但集团不控股;第三阶段,在条件成熟时,集团要控股。

集团刚组建时,区县人才市场也有这样那样的顾虑,担心市级人才市场会不会"吃"掉他们。为了减少阻力,市、区之间尝试着进行松散型合作,对区县分市场的人员与财务,市人才市场暂时不管,只是在业务上进行统一的规划。2005年5月实行股份制改造后,同样为了减少阻力和压力,市人才市场也不控股,集团往每个分市场派一名副职,协助分市场开展经营方面的业务,对分市场的内部流程进行改造,把公共服务与市场服务相对分离,加快市场业务的发展。对派出去的人员,工资也由集团承担。在利益分成方面，先请分市场把实行股份制之前的营业额统计出来，实行股份制后，先把这一块划归分市场。对新增长的部分，再由集团和分市场双方分成，分市场拿 60%，集团拿 40%。之所以这样做，是为了突出集团化之目的在于帮助区县人才市场发展，而不是"吃掉"他们。这样的优惠政策，使分市场积极性大大提高，通过公共服务和市场经营一起抓，市场业务有了长足的发展，营业额和收入都有显著提升。

人才市场的集团化经营，还是个新生事物，还有待于进一步的探索和完善。从目前的运作情况看，也还存在一些难点。如各分市场隶属当地人事部门，经营管理方面受当地人事部门制约较大，不能完全按照集团的意愿行事，集团、分市场以及分市场的上级行政主管部门之间的关系如何进一步理顺，在经营决策上形成共识，还需艰难的探索。此外，人才市场集团能否突破行政区划的限制，进行跨区域的联合经营，如青岛的人才市场能否到青岛以外地方经营；政府人才市场与民营人才中介之间能否开展合作等，都还需要深入的思考、探索。

人才市场公共服务难点何在

赚钱第一，还是服务第一

2005 年 6 月 11 日，浙江省人事厅会同全省各地人事部门在浙江世界贸易中心成功举办了面向 2005 届大中专毕业生的公益性就业招聘大会。全省 1200 余家招聘单位提供两万余个就业岗位，大会当天有 3.8 万名大中专毕业生参会洽谈，初步达成意向 1.8 万人次，当场录用 237 人。这是浙江人事部门第三次举办类似的全省性公益性人才招聘活动。

在人们印象中，用人单位到招聘会摆摊要缴纳一笔不菲的摊位费，求职者参加招聘会也要购入场券。不管用人单位是否能招到人才，求职者是否能找到工作，主办者总能稳稳当当赚上一笔。但近些年来，随着一系列公益性活动的举办，这样的状况已经发生很大改变，发展人事人才公共服务正成为人事部门高高举起的一面旗帜。

笔者了解到，近年来人事部对发展人事人才公共服务越来越重视。2004 年 12 月，在全国人事厅局长会议上，人事部部长张柏林旗帜鲜明地指出："发展人事人才公共服务，积极发挥政府部门所属人才流动机构的主渠道作用，为人才提供更广泛的社会化公共服务。"

就在张柏林部长说这番话前不久，2004 年 12 月初，人事部开发建设的"人才市场公共信息网"正式开通。这是一个面向社会提供人事人才政策咨询和人才服务的公益性网站（网站域名：www.chrm.gov.cn），它的主要功能是免费为高校毕业生、军转干部及部分公派留学生求职提供市场需求信息，发布人才市场信息统计调查情况，宣传有关人才市场和人才流动的政策法规等。目前，人才市场公共信息网已经成为国内权威的人才网站，点击率越来越高，许多人才通过这个网站了解了人才政策。

就在人才市场公共信息网开通的同时，2004 年 12 月 1—7 日，在人事部统一部署下，由各级人事部门及人才中心、人才信息网站共同参加的"全国人才市场第二届高校毕业生服务周"拉开了序幕。"服务周"是一次公益性活动，对参加各地现场招聘会和网络招聘会的应届高校毕业生，免费提供服务。同第一届服务周相比，各级人事部门更加重视，全国 31 个省、自治区、直辖市，15 个副省级城市及新疆生产建设兵团全都参加，大部分省会城市、30 多个地市级城市也参加了活动，在当地开展服务。第二届服务周的规模也更大，招聘会场次、用人单位需求信息均超过了第一届。形式也更加丰富多彩，服务更加完善。

在人事部的积极倡导、推动下，公益性活动在各地人事部门广泛开展，成为人才工作的新亮点。江苏省从 2000 年开始，所有政府所属的人才市场不再向大学生收取进场费，采取免费赠票的方式来控制入场人数。自 2003 年以来，浙江省人事部门每年在高校毕业生就业高峰时段举办一场全省性的大规模毕业生就业招聘大会。对参会单位和广大求职学生均实行免费服务，每年参会单位都在 1000 余家以上，推出各类专业岗位两万多个，每年通过活动平台实现毕业生就业近万人。除了举办公益性招聘会，厦门等地人事部门还积极探索公共服务的形式，使人事人才公共服务日益丰富多彩，凸显人文关怀。

文化节庆：服务的新平台

2005 年 9 月 24 日，山东省济宁市新落成的人才大厦门前，人如潮涌，彩旗飘扬，"2005 中国曲阜国际孔子文化节"人才交流活动在这里拉开了帷幕。这是依托文化节庆举办人才交流活动，开展公益服务，打造人才工作品牌的又一次尝试。

我国历史悠久，人文资源丰富，各地的文化节庆层出不穷。过去各地举办文化节庆，往往只是"文化搭台，经贸唱戏"，与商贸活动结合紧密，与招才引智比较疏远。近年来随着人才竞争日益激烈，各地越来越注意将人才交流与节庆活动捆绑在一起，充分利用节庆活动的知名度与影响力，提升人才工作品牌，扩大招才引智成果。"中关村电脑节"是北京中关村科技园区的品牌活动之一，自第六届电脑节起，海淀区人事局利用这一平台连续举办人才交流活动，吸纳高科技人才。2005 年 4 月，广东省惠州市利用"第三届国际数码节"举办数码节人才交流会，为相关企业招引人才。2005 年 5 月 18 日，河北省人事厅依托"东北亚暨环渤海国际商务节"，在廊坊举办大型人才交流洽谈会，场面火爆。"登山节"是山东泰安的一项重要活动，而今人才交流大会又为登山节注入了新的内容。由于类似活动越办越多，节庆人才交流成了人才工作的一道独特风景。

山东济宁是闻名海内外的"孔孟之乡，礼仪之邦"，孔、孟、颜、曾、子思五大圣人的故乡，华夏文化和儒家文化的发祥地。1989 年以来，"中国曲阜国际孔子文化节"已举办 22 届。它是一项融纪念活动、文化活动、旅游活动、学术活动、科经贸洽谈活动于一体的大型国际性节庆活动，已被国家旅游局确定为全国 14 个重点旅游节庆活动之一，在国内外产生了深远的影响，成为一个国际知名的品牌。如何利用孔子文化节这一平台，把人才工作做大做强，自然成了济宁市人事部门思考的一个问题。

济宁市委组织部副部长、市人事局局长张继民告诉笔者：2004 年中央决定在曲阜规划建设中华文化标志城，山东省政府也做出了构建"济宁都市圈"的战略决策，济宁面临着跨越式发展的新机遇，对人事人才工作也提出了更高的要求。举办孔子文化节人才交流活动，就是为了落实市委市政府提出的"打造人才济宁、实施人才强市"的发展战略，使更多的人才关注济宁，了解济宁，来到济宁建功立业。

笔者了解到，一般地区搞节庆人才交流，基本上是搞一场人才交流大会，利用节庆活动旺盛的人气，让更多的用人单位和求职者参会，扩大交流会的规模和成果。济宁市举办这次人才交流活动，策划更为精心，内容更为丰富，显示出主办者对把握大型节庆活动这一发展机遇、开拓人才工作领域的战略性思考。

"2005 中国曲阜国际孔子文化节"人才交流活动是由济宁市政府、山东省人事厅联合主办，济宁市委组织部、济宁市人事局、济宁高新区、曲阜市人民政府承办的，层次比较高，影响比较大。在活动方案方面，当地政府精心设计，突破了单纯举办人才交流会的常规，安排了三大活动：

一是举办人才交流大会。邀请企事业单位和各类人才与会洽谈。早在活动开始之前，济宁市组织人事部门就向 200 余家企事业单位发出人才需求调查表，向国内 100 家高校发出邀请函，吸引他们参会。尤其值得一提的是，大会还邀请了连云港、日照、临沂、枣庄等鲁南苏北城市组团参加，显示出济宁打造区域性人才市场的决心。由于组织得当，人才交流会出现了火爆场面。

二是举办海外留学人才孔孟之乡创业行。自 5 月底以来，人事部门就向全市 400 多家单位下发通知，进行人才、技术、项目等信息调查，收集整理了招商引资项目 43 个、技术难题 41 项、海外人才需求信息 80 多项。同时利用孔子文化节在国际上的影响力，通过海外留学人员中介机构，邀请了 22 名高层次海外留学人才和 3 名美国投资机构的负责人参加创业行活动。3 名美国人的投资领域主要是电厂、高速公路、旅游、煤矿及基础设施建设等，参加创业行活动的留学人才带来了大量的高新技术项目，涉及生物技术、医药、环保、电子、机械制造、旅游等多个方面。人才交流活动成了引进高层次人才智力的重要平台。

三是举办高层人才论坛。近年来，各地举办人才论坛越来越多，但一个地级市举办此类活动，仍不多见。济宁市为了营造人才工作的良好环境，两次派人赴京，邀请国务院发展研究中心、中国人事科学研究院、中国人民大学劳动人事学院的人才专家，就人才开发如何适应区域经济发展、现代人事人才工作新理念、企业国际竞争力与人力资源管理变革等课题，进行专题讲座。请市直有关部门、单位及企业、高等院校、各区县分管人事工作的书记、区县长、组织部、人事局、科技局负责人前来听讲。

由于组织周密，人才交流活动收到了良好成效。济宁市人事局长张继民欣喜地说：这次活动不仅引来了一批人才智力，而且产生了很好的宣传效果，各级党委政府对人才工作有了更多的理解和支持，为下一步工作的开展营造了良好环境。

随着经济的发展，依托节庆举办的人才交流活动还将增多。如何不断地总结经验，使这一人才交流平台更加完善、成熟，收到更好成效，是各地主办者面临的新课题。

最大瓶颈在投入不足

人事人才公共服务广泛开展，与政府人事部门观念转变密切相关。

2004年10月，人事部在江苏昆山召开"全国人才市场建设管理座谈会"，开展公共服务是本次会议的热点话题之一。福建省人事厅副厅长丛远东说："在传统的行政管理体制下，政府与社会、与民众之间存在着严格的管理与被管理的关系，政府往往过于强调管理的权力，而忽视为社会提供公共服务的责任。与社会主义市场经济体制相适应的新型行政管理体制要求政府要以人为本，要从管理型向服务型转变，强调的是管理就是服务。人事部门要加快观念的创新、职能的转变，在积极发挥市场配置人才资源的基础性作用的过程中，努力提高人事人才公共服务水平。"

从目前情况看，举办公益性人才招聘会，是人事部门开展公共服务最主要的手段。许多政府所属人才机构对开展公益性服务的热情越来越高。这与人们对政府所属人才机构职能定位的认识日益明确也有很大关系。对于政府人才市场向何处去，业内一度出现分歧。有人认为要走市场化之路，有人认为要以公益性为主。

辽宁鞍山市人才服务中心主任姜涛认为："政府人才服务机构是政府的附属机构，要为政府的社会目标与中心工作服务。在为经济和社会发展提供人才智力支持的同时，我们把促进人才就业作为自己不可推卸的重要任务。"

江西九江市人才服务中心主任熊明华认为，不应将人才服务机构视作"摇钱树"，人事部门应将一些属于市场服务的公共行政事务转移到人才市场来，通过人才市场完成行政职能的转变，实现社会化服务。

人事部门要提高公共服务水平，这已经成为人们的共识。但开展公共服务也还存在不少难点，最大的难点在于资金不足。就用人单位和求职者而言，都希望吃"免费的午餐"，摆摊招聘不要钱，进场应聘也不要钱。但政府所属人才机构基本上为自收自支事业单位，生存和发展基本上要靠自身的积累。如果要求他们每场招聘会都实行免费，人才机构显然无法生存。如果生存都无法保证，那么要做好公共服务，也是不可能的。

对于这个矛盾，许多人士呼吁，加强人事人才公共服务，政府应当加大投入。但从目前实际情况看，政府拨款很有限。资金无法保证，势必影响公共服务质量，最终也不能让广大人才很好地受益。

有一种观点认为，不能把公益性与免费画等号。公益性是指不追求利润最大化。在政府投入不足的情况下，人才机构举办活动可以适当收费，但目的不是追求利润，而是为了生存和发展，为了给社会提供持续性的服务。否则，如果人才机构生存不下去，要他们提供公共服务也就无从谈起。

青岛市人才交流服务中心主任董立勤认为，对人才服务机构而言，公益性服务与市场经营服务必须两手抓，两手都要硬。不能因为强调公共服务，就放松市场经营。否则人才市场得不到健康发展。

事业单位：3000万人才何以盘活

改革箭在弦上

2003 年的新年钟声余音犹在，我国事业单位改革吹响了嘹亮的号角。1月5日，在北京召开的全国人事厅局长会议上，时任国家人事部副部长的舒惠国宣布，我国将争取用两到三年时间，全面推行事业单位人员聘用制度；用五年左右时间，实现聘用制度的正常化、规范化。

这一时间表的推出，意味着酝酿数年之久的事业单位改革全面启动。敏感的新闻媒体立即注意到这一动向，纷纷进行报道。

事业单位是一种极富中国特色的称谓，它是指介于政府与社会之间的社会公共服务机构，既区别于生产型的企业，又区别于有决策权的行政单位。目前我国共有130多万个事业单位，主要集中在教育科研、医疗卫生、文化体育、新闻出版、广播电视等行业，拥有职工2997万多人，其中中央单位172万多人，地方单位2824万多人，专业技术人员1844万多人，占人员总数的62%；教学人员和卫生人员将近1500万人，占人员总数的49%。可以说，事业单位是我国各类专业技术人才最为集中之地。

卧虎藏龙的事业单位，原本应该是个出人才、出效益的地方，但在计划经济环境下，事业单位长期被纳入国家体制当中，以行政手段进行管理，造成僵化与混乱。目前，绝大多数事业单位都不同程度地存在着机制不活、权责不清、奖惩不明、效益不高等问题，论资排辈，吃大锅饭，干多干少一个样，干好干坏一个样，严重挫伤了员工的积极性、创造性，阻碍了事业的发展。很多事业单位职工都有这样的感觉：才华得不到充分发挥，潜力得不到充分发掘。"聚才"之地，往往沦为"窝人"之所，这真是国人莫大的悲哀。

十多年来，我国企业纷纷改革用人机制，实行绩效挂钩的分配制度，铁饭碗在企业早已不复存在。近些年，各级行政机关实施公务员制度，凡进必考，干得不好还要遭到告诫直至辞退。机关既不容易进，大锅饭吃得也不像以前那么香。相形之下，事业单位改革比较滞后，成了人事制度改革的最后一个堡垒。有的人进不了机关，又不愿去企业，就削尖脑袋往事业单位钻，事业单位成了他们旱涝保收的避风港。

在经济上，事业单位一直是各级财政支出的大头。事业单位有全额拨款、差额拨款、自收自支之别，其生存不同程度地依赖财政拨款。许多事业单位员工和机关干部没有什么区别，吃的都是"皇粮"。长期以来由于事业单位只增不减，人员急剧膨胀。目前我国有公务员近700万，而事业单位员工多达近3000万，庞大的"吃皇粮"队伍成为各级财政的沉重负担。

据统计，1995年深圳市事业费支出占财政总支出的23.5%，其中人员经费支出占事业费支出的42%左右。一个新兴的开放城市尚且如此，在其他一些地方，这一比例更高。在一些欠发达地区，市县领导仅仅为筹措教师的工资，每年就要绞尽脑汁！多年来，有关事业单位"断奶"呼声不绝于耳，但雷声大雨点小，"皇粮"不吃白不吃，"断奶"迟迟难以实现。更有甚者，由于管理的简单化、粗放化，一些部门为了骗取经费，竟然编造假名册"吃空饷"。几年来新闻媒体曾披露过几起个别单位把业已去世的人和刚刚几岁的孩童列入花名册，堂而皇之向财政索要"人头费"的案例，充分暴露了事业单位管理上的漏洞。

事业单位改革不仅仅关系到这些单位本身的发展，还关系着各级党政机关的运转。事业单位与党政机关有着千丝万缕的联系。在隶属关系上，它们大都隶属于各级党政机关，并且套用行政级别，低的科股级，高的省部级。在人员配备上，事业单位与机关经常相互轮换，机关官员可以到事业单位任职，事业单位的干部也可以到机关高就。在业务范围上，事业单位存在着政事不分现象，成了机关权力的补充和延伸。

在利益关系上，事业单位与主管机关也是密不可分。一些行政机关为了谋取部门利益，把机关里不方便办的事，交给下属事业单位来办，而机关则运用行政手段给下属事业单位的经营创造种种便利，为其鸣锣开道，保驾护航。事业单位靠政策庇护获取商业利益后，又反过来进贡机关，改善机关福利。事业单位扮演着机关"自留地"的角色。事业单位靠行业垄断和政策庇护生存，成了长不大的孩子，一旦离开机关的支持，生存往往就会陷入危机。这种"溺爱"既不利于事业单位走向市场自强自立，也不利于政府机关的建设。机构改革后，一些行政机关实际上并未认真转变职能，依然管着许多不该管的事。人员精简后人手不够，就从下属事业单位抽调。有的职员拿着事业单位的工资，人却在机关里干活。

正是事业单位与党政机关这种错综复杂的关系，使改革牵一发而动全身，变得极为敏感，步履维艰。但一些专家尖锐地指出，事业单位不改革，就会成为政府机构改革的"绊脚石"和政府机构精简后的"反弹基地"。事业单位与主管机关不脱钩，利益关系不打破，"廉洁公正"的政府也将无从谈起！

随着市场经济体制的建立和加入世界贸易组织，事业单位的种种弊端日益凸显。改革势在必行！

激活一潭死水

中央高层很早就意识到事业单位改革的重要性，并积极部署改革。改革开放以来，各省市按照中央有关精神，在选人用人制度、深化职称改革、促进人才流动、搞活工资分配等方面进行了有效的试点和探索，为改革全面铺开奠定了扎实的基础。

事业单位改革的目标与政府机构不同，从总体上看，主要不是转变职能问题，而是如何增强活力，适应经济社会的需要和社会主义市场经济体制的问题，是调整方向任务和改革管理体制的问题。因此，改革不应简单套用政府机构改革的模式，而是要着眼于调动广大人才的积极性，最大限度地盘活人才资源，促进事业发展。推行用人机制改革和分配制度改革，正是激活人才的关键。

我国事业单位人事制度改革是从推行聘用制度入手的。从1998年起，事业单位人事制度改革的试点工作便已在全国部分省市展开。

2000 年 6 月 9 日，中央组织部、人事部、教育部、科技部、卫生部联合在京举行新闻发布会，宣布事业单位改革将率先在科研、高校、卫生等行业开展，取得经验后逐步向文化、广播电视、出版等行业推广。改革的基本思路是，事业单位与党政机关脱钩，逐步取消行政级别，不再按行政级别确定事业单位人员的待遇。改革的目标是：建立职责分开、单位自主用人、人员自主择业、政府依法管理、配套措施完善的分类管理体制，逐步形成人员能进能出，职务能上能下，待遇能升能降，优秀人才能够脱颖而出，充满生机活力的用人机制，实现事业单位人事管理的法制化、科学化。

2000 年 7 月 21 日，中央组织部、人事部联合发出《关于加快推进事业单位人事制度改革的意见》，《意见》要求将加快推进事业单位人事制度改革作为促进国家整体改革和发展的一项重要任务，并在事业单位全面建立和推行聘用制度。

2002 年 7 月，国务院办公厅转发了人事部《关于在事业单位试行人员聘用制度的意见》，把推行聘用制作为事业单位改革的突破口，从而明确了事业单位改革的大方向。按照这一改革思路，事业单位职工由身份管理向岗位管理转变，由行政任用关系向平等协商的聘用关系转变。事业单位与职工通过签订聘用合同，明确双方的权利与义务。按照公开、平等、竞争、择优的原则，建立在什么岗位从事什么工作就享受什么待遇的用人机制。

在中央的高度重视下，事业单位人事制度改革稳步推进、不断深化。截至 2005 年末，我国已有 44% 的事业单位实行了人员聘用制，51% 的人员签订了聘用合同。

北京市朝阳区共有事业单位 783 家，其中全额拨款 488 家，差额拨款 142 家，自收自支 153 家，编制总数 34173 人，人员总数约 27792 人，其中专业技术人员总数为 19017 人。其中，教育、房地、卫生系统占朝阳区事业单位总数的 56%，人员相对集中。1999 年起，朝阳区在这三个系统开展了改革试点。

垂杨柳学区是朝阳区教育系统的改革试点。在改革中，学区实行岗位职级制。学区干部、教师全部实行了职级制，不管资格多老，职称多高，时间多长，一律按现实表现分 A、B、C 评定职级。职级制的出台，打破了利益分配的平均制，职称评定的终身制，论资排辈的享受制，干好干坏、干多干少的一样制。同时，学区启动了骨干名师分配激励机制。为吸引人才，留住人才，激励人才，学区评出垂杨柳学区百名骨干教师 18 名名师和 6 名名干。每年拿出近 30 万元专款，对他们实行专项奖励，从而提高了他们特别是名师名干的结构工资，激发了一批青年教师投身于教育事业，立志教育改革。

北京市垂杨柳医院是区属集医疗、预防、教学、科研为一体的综合性中心医院，担负着朝阳区南片 50 万人口的医疗、预防任务。在改革中，他们从打破"三铁"（铁交椅、铁饭碗、铁工资）入手，逐步建立起了新的竞争激励机制。医院根据三年来各科的平均工作量，同时保证重点支柱专业发展和开展新技术的需求，重新设置了岗位。行政管理科室从原来的 11 个减为 10 个，行政管理岗位从原来的 41 个减至 35 个；专业技术岗位从原来的 638 个减为 606 个；工勤岗位从原来的 120 个减为 97 个。全院岗位设置从原来的 835 个减为 738 个。在科学设岗的基础上，他们推行全员竞聘上岗，形成了能者上、平者让、庸者下的竞争局面。原有 76 名管理干部转岗者占 56.9%。有 56 名具有副高级以上职称的同志被聘为三线医师，有 6 名副高级职称的同志，经过竞争选择了中级职称的岗位，有 13 名中级职称的专业技术人员因学历或其他原因被低聘为初级职称，有 7 名初级职称的专业技术人员选择了工勤岗位。改革使全院职工意识到了危机感和紧迫感，人们感到，在竞争的氛围里，不认真学习、提升素质，不努力工作、爱岗敬业，不行了。一时间，医院的学习气氛和科研意识空前浓厚，许多本科生积极报读研究生。40 岁以下的护理中专生 100% 在读大专生。

用人机制改革实现了能者上、庸者下，但如果分配制度不合理，缺乏有效的激励机制，人们的拼搏奋斗的热情也很难持续。

在传统的分配方式中，职工的实际工资由档案工资，即国家和本市规定的基本工资，以及岗位津贴、奖金等两部分组成。员工收入多少主要由学历、资历决定。学历高的、资历长的，即使实际工作中业绩很小，收入也要比学历低、资历浅但贡献大的人高。这种论资排辈的分配方式，只看一个人的身份，而不看一个人的实绩，实际上是助长了员工熬年头混日子的惰性心理，必然挫伤员工的积极性。

在西方发达国家，百余年来实行的是依据岗位评价确定薪酬的办法，不管你年龄如何学历如何资历如何，只要你在重要岗位，实际贡献比别人多，拿的钱就是比别人多。如果你在关键岗位上实力不济，被竞争下来，那么收入也将随着岗位的变动而变化。目前，这一办法仍被欧美国家的工商企业广泛采用，实践证明，这是激发员工创造力行之有效的办法。

实行分配制度改革，是盘活人才的又一重要环节。

早在 20 世纪 80 年代，江苏一些地市就引入企业管理机制，改革各类事业单位的分配制度，打破大锅饭，取得了可观成效。

北京市现有事业单位 7000 余个，从业人员 47 万人。以前，事业单位分配上没有自主权，单位缺少活力，人浮于事的现象相当严重。为了改变这种状况，从 1987 年开始，北京市按照宏观调控、微观搞活的方针，开始探索工资总额管理办法，在部分科研单位试行工资总额挂钩和工资总额包干管理，并制定了具体的考核指标。陆续有涉及 5 个行业共 37 个自收自支事业单位实行了挂钩办法。1993 年他们还在部分原差额拨款事业单位中试行了工资总额动态包干。2001 年又对其他事业单位统一实行工资总额包干。严格而灵活的工资总额管理，使事业单位在宏观调控的前提下，在内部分配上有了一定的自主权，为搞活内部分配提供了条件，促进了事业单位"精简机构、提高效率、裁减冗员、把住进口"，适应了其逐步走向自我管理、自我发展、自我完善的渐进过程，收到良好效果。从 1998 年开始，北京市卫生系统进行人事分配制度改革，根据按劳分配及技术、成果和管理因素参与分配的原则，实行"四个倾斜"，即向一线倾斜、向有贡献的专家倾斜、向苦脏累险岗位倾斜、向管理人员倾斜。有的医院还实行了首席专家制度，设立首席专家津贴和技术骨干津贴，向高层次人才倾斜。

上海市在改革中出台措施，打破旧有分配方式，建立按岗定酬的新型分配机制，使学历、资历不再决定个人的实际收入，而是靠实力，竞争上什么岗位就拿什么岗位的工资。岗位工资必须根据岗位的重要程度、所承担的责任大小，因岗设薪、岗变薪变；岗位工资必须与劳动力市场价格接轨，受劳动力供求关系的制约；岗位工资还必须与单位效益挂钩，如果单位效益滑坡，职工只能削减工资。不管你的学历、资历怎样，只要你有实力竞争上关键岗位，你就能拿高工资。相反，如果你在关键岗位上实力不济，被竞争下来，那么收入也将随着岗位的变动而变化。目前，上海许多事业单位实行了档案工资与实际工资相分离，按岗定酬、一岗一薪、岗变薪变，向优秀人才和关键岗位倾斜。

高校大震荡

高等学校作为培养人才的地方，由于用人机制僵化，一度面临严重的人才危机。长期以来，高校在分配上存在着两大弊端：一是教师收入普遍偏低，有关资料显示，2000年，高校教职工平均月工资仅为1183元，2001年上升到1504元，而在20世纪90年代初期，这一数字要低得多。二是平均主义，优劳得不到优酬，一流教授与普通员工收入相差无几。

数年前，北京商情咨询公司和北京工业大学曾进行一项调查，结果显示，高校多数教师的月平均工资仅为1320.89元，而他们期望的月收入为3568.97元。由于收入过低，教师们普遍心理不平衡，39%的教师有跳槽的想法，45岁以下的年轻教师中，想跳槽的竟占41.4%。高校人才流失一度相当严重。加之大量的优秀人才出国不归，高校教学和科研队伍面临着老化和短缺。

高等院校如何才能凝聚人才、盘活人才？有识之士意识到，必须在改革中寻找出路。一时间，高等院校掀起了人事制度改革的风潮，在社会各界产生了强烈的震荡。

1998年5月，北京大学在庆祝建校一百周年典礼上，提出了将北大建设成为世界一流大学的目标。6月24日，北大召开人事财政工作会议，党委书记任彦申指出，体制改革是北大创办世界一流大学的突破口，而人事改革是内部管理体制改革的核心，一个大学的兴衰成败关键在人。这次会议对工资改革问题、岗位设置问题、人员聘任问题和分流人员的安排问题进行了研究。改革的目的是精简冗员，改变过去职责不明、效率低下的状况；调整结构，压缩非教学科研人员和年龄偏大的人员；对优秀人才实施政策倾斜，提高待遇；以及强化管理。目的都在于打破"大锅饭"，实现优劳优酬。

会后，北大即拉开了用人机制改革的序幕。

他们首先对行政部门实施大幅度的削减合并，其次是实行"九级岗位聘任制"，对各院系的教师实行定岗聘任。所谓"九级岗位聘任制"，是指将所有岗位分为3类，每类3级，共9级。A类岗位为校级关键岗，B类为院系重点岗，C类为基础岗。9级岗位的全年津贴依次为5万元、4万元、3万元、2.5万元、2万元、1.5万元、1万元、6000元、3000元（不含基本工资等）。第1级和第9级相差近17倍。教学、行政人员上岗，须先提出个人申请，经院系评议后由学校人事部初核，最后由学校党政联席会议审批并聘用。

实行"九级岗位聘任制"以来，每年都有几十名教授在自己当前的岗位上"落聘"，如由A2级降到A3级。与此同时，近百名教师在岗位职务上被"高聘"。教授"落聘"虽不对校外公开，但这一制度能激发教授的教学科研热情。

清华大学在改革中，把岗位分为校聘关键岗位、院系重点岗位和一般岗位，也分为九个级别，对岗位职责规定得十分具体明确，上岗者必须对岗位职责和工作目标制订计划、立下承诺。如责任教授必须承担学科建设任务或负责某一学科的重点发展方向，主讲教授全权负责基础课的教学任务等等。通过上岗定编，有2800多人获得上岗资格，近百名教职工下岗，数十人转到校人才流动中心等待流动。

一石激起千重浪，北大、清华的改革在社会各界引起强烈反响。

1999年5月，教育部召开全国高校内部管理体制改革座谈会，并印发了《关于当前深化高等学校人事分配制度改革的若干意见》，提出强化岗位聘任，打破平均主义"大锅饭"，破除职务终身制和人才单位所有制，形成能进能出、能上能下、能高能低的激励竞争机制。2000年6月，中组部、人事部、教育部又联合下发了《关于深化高等学校人事制度改革的实施意见》，新的一轮高校人事制度改革向纵深推进和深化，有力地促进了高校各方面的改革。几年间，各地高校纷纷实施用人机制改革，推行全员聘用制，打破终身雇佣制，改革的力度越来越大。

2003 年 1 月，上海交大安泰管理学院传出消息，在上海高校中率先试行"年薪制"，教师们每年的身价由他们自己根据授课情况、科研水平在年初时申报，到年底由学校进行统一的教学考评、审定。年薪由两部分组成，一是每月的基本年薪，另一部分是浮动年薪。另外学校对教师所有的科研项目和研究课题类别，以及发表的论文等都"明码标价"。只要在年底达到自己提出的年薪工作目标，学校就会兑现浮动年薪。如果考评与所报身价不符，第二年就有被降级评定的可能，如果连续三年考评不合格，则会从岗位上被淘汰。据报道，年薪差距非常大，最低的年薪才 2 万元，最高的则达 30 万元！那种干多干少一个样的旧有分配模式，已经成为历史。

单项改革难以推进

事业单位分布广、差别大，情况复杂，改革难度之大是可想而知的。仅就机构设置而言，如果某个机构设置不合理，甚或根本不必要存在，在机构未做调整的情况下，单纯进行人事改革，改革很难深入，改革的意义也令人怀疑。因此，人事分配制度改革必须与管理体制改革、机构编制改革密切协调。

2004 年初，笔者采访时任人事部专业技术人员管理司司长刘宝英，当谈及事业单位改革的难点和问题时，刘宝英坦言："事业单位的各项改革需要统筹协调。事业单位人事制度、分配制度改革与事业单位管理体制、机构编制和社会保障制度改革密切相关，人事制度改革单项推进面临很大困难。"

一些省市的人事厅局长也感叹："事业单位人事制度改革，如果不与机构改革、管理体制改革同步推进，将无法深入下去。"

有关部门能否携起手来，合力推进，可以说直接关系到事业单位改革的成败。

近年来，相关部门按照中央部署，日益重视沟通协调，联手攻坚，并且取得了一些成效。

地处闽西山区的龙岩市，是福建省经济欠发达地市之一。作为革命老区，龙岩面临着加快投入、加快发展的重任，如何迅速改善各级财政状况，减轻财政负担，开源节支，集中财力办大事、办好事，是摆在市委市政府面前的一个严峻课题。然而，在 1997 年龙岩撤地设市之际，龙岩各级财政养人却占到了全市总人口的 3.35%，高于全国 3% 和全省 2.74% 的水平。庞大的吃"皇粮"队伍使各级政府财政不堪重负。其中事业单位是财政支出的重头，而教育系统又是事业单位的大头。

据统计，龙岩市教育事业编制总数有 4.1 万名，占全市财拨事业编制的 71.3%。到 2001 年底，全市各类中小学 2664 所，总编制数为 36314名，实有教职工人数 36511 人，每万人口供养正式教职工数 127.71 人。教育系统年安排经费高达 4.29 亿元，实际支出更多。如何加强教育事业编制管理，降低用人成本，减轻财政负担，激活人才能量，就显得尤为重要。

近年，龙岩市在积极进行事业单位人事分配制度改革的同时，机构编制部门也充分发挥自身职能，加强对事业单位的宏观管理。

以前，编制部门核编工作往往由教育部门自行上报学校学生、教师的相关材料，进行简单化的教职工编制核算。这种做法导致了核编数据的"失真"和教育系统"吃空饷"不良现象的存在。1997 年以来，龙岩市各级编制部门对学校机构和人员编制进行深入调查摸底，建立台账，结合学校工作实际和当地财力，由编办、财政、教育等有关部门组成工作小组，深入到广大乡镇农村及每个教学点，根据学生数核定编制，杜绝了核编数据"失真"和教育系统"吃空饷"的不良现象，有效地堵住了漏洞。

在此基础上，他们又制定措施，控制编制。由于生源情况的变化，现有执行的早期大中专、技校编制标准已经不适应教育发展需要的情况，龙岩市编办结合学校实际，把学校几年来分年度实际教职工与在校学生数的平均比值作为生员比，创造性地开展核编工作，科学地核定出新学年教职工编制控制数。

2001 年，龙岩的大专学校闽西大学秋季在校生总数为 1814 名，若按照原有编制标准核实，该校当年教职工编制数至少达到 480 名。实际定编时，市编制办采取该校 1998—2000 年三年秋季在校生及教职工的平均比值 1:8.38 作为生员比，核定出 2001 年教职工编制控制数 216 名，比按标准定编减少 264 名。在对市直其他大中专、技校的核编工作中，编制部门均采取这种灵活措施，市直学校 1998—1999 年度仅此一项做法就节省编制 1141 名，有效减轻了财政负担。

从 1998—2001 年底，四年中龙岩市共核减了近 4000 名教育编制，按每名教师平均 2.5 万元经费支出计算，可为全市财政节约开支近亿元，有效地控制了教职工队伍增长过快的势头，减轻了各级财政负担和家长特别是农民家长的负担。

在很长一段时间里，由于学区重复设置，村村办完全小学，教学点分散，既加重了财政负担，又不利于教育事业的健康发展。近些年由于生源减少，教学点分散的状况带来的矛盾更加突出。为了改变这种状况，龙岩市编办加大对各类学校布局结构的调整，撤点并校，几年来共撤并中小学校教学点 1000 多个，压缩了非教育人员编制。对学区重复设置的乡镇教育办机构和编制予以撤销，职能理顺，人员充实到教学第一线。连城县、武平县仅学区编制就比以前分别减少 54 名和 43 名。有效优化了教育资源和布局结构，减轻了各级财政负担。

1999 年，龙岩成功地实施了龙岩农校对市第三技校的合并。随后，又对市第一技校、市劳动局技校、市纺织技校等市属五所技校实行合并重组，组建了以市第一技校为龙岩的有竞争力的国家级重点技校。2001 年底，龙岩师专又顺利实施了省资源工业学校的合并工作，随后又创建本科学院——龙岩学院。通过优化组合，既节省了编制，减少了财政支出，又提高了办学质量。

2005 年 5 月 18 日，北京市市委批准了《海淀区深化行政管理体制改革试点方案》，同意海淀区按照"政事分开、管办分离"的思路推进行政管理体制改革试点。按照改革方案，海淀区将成立政府公共服务委员会，统一管理具有公共服务职责的事业单位。这是事业单位管理体制改革的一次重要尝试。

据透露，这次行政管理体制改革试点的主要内容包括三个方面：

第一，重新界定政府部门职能。政府部门定位于管宏观、定政策、做规划、抓监管。一是取消政府部门举办事业单位的职能，压缩所属事业单位人、财、物等方面的内设机构和行政编制，加强其社会管理的业务力量；二是将原由事业单位承担的行政职能回归政府部门管理；三是将政府部门作为购买公共服务的代表，采取合同外包、招投标、民办公助等形式，与事业单位或其他社会主体建立契约式管理模式，逐步实现多元社会主体参与公共服务提供，实现公共服务资源由部门内配置向全社会配置的转变。

第二，成立管理政府公共服务提供的机构。在界定职能的基础上，海淀区成立了"公共委"，作为政府的特设机构。理顺公共服务机构内部管理及外部衔接工作机制，像推进经营性国有资本有序进退一样，加强政府所属公共事业资源的整合，为社会提供优质高效的公共服务。

第三，改革事业单位管理模式和制度。首先是梳理事业单位承担的职能，明确事业单位分类，将经营服务类事业单位转制或撤销，将承担公共服务职责的事业单位划入公共委管理。其次改革事业单位人事管理制度，扩大事业单位的用人自主权。公共委只负责所属事业单位法定代表人的考核任免，其他人员由事业单位自主逐级聘任。再次是按照中央关于事业单位改革的有关精神和办法，研究并促进公共委所属事业单位的改革，完善事业单位法人治理结构，推进事业单位依法独立运作，创建事业单位自我管理的现代运行机制。

2005 年 7 月 18 日，海淀公共委挂牌成立，一个月后，首批医院、图书馆、文化馆、博物馆共 29 家公共服务事业单位从卫生局和文化委两个政府部门中脱离出来，全部划转到公共委名下。2006 年，第二批人事、民政、劳动三部门下属的事业单位还将划拨公共委。

这一改革使事业单位与主管部门利益脱钩。也正因为如此，改革给行政机关和事业单位本身都带来了强烈震动。

有关人士称，这次改革要达到如下目标：一是解决政府部门政事不分、管办不分的问题，把政府部门从办事业中解脱出来，使政府部门集中精力履行社会管理职能；二是解决政府公共服务资源分割的问题，提高政府对公共服务的统筹能力和管理水平；三是解决事业单位人财物事的管理问题，建立新型的管理制度。

改革能否达到预期目标，人们拭目以待。但海淀区的这次改革却引起了社会各界的强烈关注。

事业单位改革，尽管不时有一些新闻见诸报端，引起社会关注，也有一些地区和单位改革取得了成果，但这项改革的艰巨性还是远远超出人们的想象。一位在中央部委某事业单位任职的人士称："我们单位也搞了竞争上岗、双向选择，也很轰轰烈烈，但从几年改革的情况看，一些深层次、实质性的问题并未触及。比如管理体制问题，我们单位领导是由部里任命的，一些不大懂行的人往往被派到这里来担任领导，部属事业单位几乎成了机关头头脑脑'洗职务'的地方。有的人在机关里提拔不了，领导又想提拔他们，于是就塞到事业单位来。本单位的人才，由于跟部领导接触少，即使很优秀，也很难提拔到领导岗位。在这样的管理体制下，事业单位如何能搞得好？员工如何能有积极性？"

事业单位改革还有很长的路要走。3000万人才能不能盘活，还有很多课题要做。